体育院校函授教材

教育学

体育院校成人教育协作组《教育学》教材编写组

人民体育出版社

图书在版编目（CIP）数据

教育学 / 全国体育院校成人教育协作组《教育学》教材编写组编. –北京：人民体育出版社，1999（2017.8.重印）

体育院校函授教材

ISBN 978-7-5009-1759-5

Ⅰ.教…　Ⅱ.全…　Ⅲ.教育学–函授教育–教材

Ⅳ.G40

中国版本图书馆 CIP 数据核字（1999）第 04672 号

*

人民体育出版社出版发行

三河兴达印务有限公司印刷

新　华　书　店　经　销

*

787×1092　32 开本　11 印张　250 千字

1999 年 6 月第 1 版　2017 年 8 月第 17 次印刷

印数：65,341—66,340 册

*

ISBN 978-7-5009-1759-5

定价：25.00 元

————————————————————

社址：北京市东城区体育馆路 8 号（天坛公园东门）

电话：67151482（发行部）　　邮编：100061

传真：67151483　　　　　　　邮购：67118491

网址：www.sportspublish.com

（购买本社图书，如遇有缺损页可与邮购部联系）

前　言

本教材是根据国家教委关于函授教材的编写要求和国家体委颁发直属体院函授指导性教育计划的精神，并总结了体育学院多年函授教学经验编写而成的。

本教材使用对象为函授体育专业本科生，并可供其他函授学制使用和体育工作者学习参考。

本教材编写内容力求系统、科学，文字简明，通俗易读，突出成人教育的特点。在每章开头，都简要写有自学指导，每章教材后面均附有思考题和作业题，以便读者把握本书的基本线索、深入思考和钻研。

本教材经国家体委审定的体育学院函授教材编写成员参加编写。由徐家杰、杨望友任主编。参加编写人员有（按章节先后为序）：杨望友（绪论、第一、二、九章），陈玉林（第三、四、八、十六章），陈达勇（第五、十四、十五章），李德章（第六、十章），徐家杰（第七、十一、十二章），鞠洪生（第十三章），最后由徐家杰、杨望友负责全书的统稿工作。

本教材经十所体育学院函授协作组从事成人教育的专家和学者审定。在编写教材过程中，参考了公开出版的教育专著，在此表示谢意。

由于编写时间较仓促，教材难免有不足之处，敬请广大读者提出宝贵意见，以备再版时修正。

全国体育学院成人教育协作组
《教育学》函授教材编写组
1994 年 6 月

目 录

绪　　论

内容简介

绪论主要论述教育学研究对象、教学任务、发展简史及主要研究方法。为什么要学习教育学以及怎样学习教育学。

重点和难点

重点在于弄清三个问题，即什么是教育学，为什么要学教育学以及如何学习教育学。难点是教育学发展中有代表性的教育家及其著作在教育科学发展中的地位和作用。

教学要求

由于学员是第一次接触本学科，而教育学发展简史涉及的知识面较广，要求教学中特别注意基础知识的教学，使学员通过学习对教育学有初步的了解。

学习方法

学习教育学，要注意联系社会发展简史、哲学等学科有关知识，以加深对本课内容的理解。

一、什么是教育学

(一)教育学的研究对象

教育学是研究什么的？这是我们学习这门学科首先必须明确的问题。作为一门学科，必须有其独特的研究对象，教育学的研究对象是研究人类教育现象及其一般规律的科学。教育作为伴随人类社会存在的一种活动，有其自身发展的规律。

古今中外从事教育活动的志士仁人们,无不在探索:怎样使教育人的活动取得更好的效果?这就是对教育规律的探求。在对教育规律的探求中,总是离不开对教育活动中教育内部诸因素的必然联系,以及与教育密切联系的外部事物之间的必然联系的考察。这些内外部因素之间的必然联系,呈现在教育活动中,即表现为一系列的教育现象、教育问题,教育学就是通过对教育现象和教育问题的研究,去揭示教育规律的一门科学。如教育的本质、教育目的、教育制度、课程、教学等等都是教育学研究的课题。

教育学是一门社会科学。它是研究在具体历史条件下,如何根据社会需要和身心发展规律培养人的科学。是从总结教育实践经验的过程中逐渐形成理论,经过长期积累而发展起来的。

对于教育学的研究对象还必须明确,教育学是以教育实践为基础,不是教育经验的汇编,同时,教育学与教育方针、政策有所不同。教育学之所以不同于教育经验汇编和教育方针、政策,根本区别在于教育学的任务是揭示教育规律,而教育规律是客观存在的,不以人们的主观意志为转移的。对于教育规律,人们只能去研究它、发现它、应用它,而不能人为地制造它。而教育方针、政策和教育经验汇编,都是与人们的主体认识有关,方针、政策的提出总是针对一定教育倾向的;教育经验又与个体的体验认识有关,往往带有局部性和个体性。很显然,我们只能要求教育方针、政策的制定和教育经验的总结、汇编符合教育规律。

另外,作为教育学课程的教学任务,也应与教育学的研究任务区别开来。作为这门课程的教学任务,只是把教育学已研究出的教育规律等作为知识,加以精选、组合,为从事体育教学、运动训练、体育管理的同志奠定初步的教育学理论基础。

(二)教育学发展简史

教育学的产生和发展经历了一个漫长的历史过程。综观教育学发展的历史进程,可以得出如下两点:人类社会生产力和科学文化发展水平是教育学产生和发展的前提条件;教育学的产生和发展也离不开人类自身的教育活动实践。因为,一定的教育学发展水平,总是离不开人类社会的物质文明和精神文明这个大的时代背景,总是人类社会的科学文化发展水平的体现。同时,教育学的产生与发展水平也与教育活动自身的发展水平有关,而且是教育学发展水平更为重要的因素。由于人类其他科学发展水平不能替代教育学的发展水平,教育学有其自身发生、发展的历史。现简介如下:

1. 萌芽时期。这是教育学的最早时期,大体在奴隶社会。人类进入奴隶社会以后,有了文字,出现学校,就开始了对培养人的教育活动的研究,并用文字记载下来。由于当时社会的生产力和科学文化水平都比较低,对教育现象的研究、教育规律的探索,是与对人类社会的其他现象如政治、宗教、伦理、哲学的研究合在一起,这时我们称为"合论时期"。代表这一时期教育学发展水平的有中国的《论语》,记载孔子(公元前551~前479)的言论集;古希腊柏拉图(约公元前427~前347)的《理想国》。这两篇历史文献中所阐明的观点、内容,按今天的学科分类,涉及到社会学、政治学、哲学、伦理学、教育学等学科,其中关于教育方面的论述所占的份量更大。如孔子的"因材施教"、"温故知新"等名言一直沿用到今天,因为它符合育人的活动规律,是对教育规律的最早的探索和表述。随着人类社会的向前发展,教育学也发展到新的水平,在历史文献中出现了专门论述教育的名篇,即进入"专论时期"。其代表著作有中国的《学记》、古罗马的昆体良(公元35~96)的《演说术原理》。据查中国的《学记》比昆体良的《演说术原理》早三百来年。这是中华民族对教育学的发展作出的突出贡献。

2. 独立形成时期。教育学独立成为一门学科,是在欧洲文艺复兴运动以后。欧洲的文艺复兴运动是人类文明史发展进程中的重要里程碑。文艺复兴运动发生于西欧封建社会解体、资本主义萌芽时的14~16世纪,新兴的资产阶级代表人物利用古希腊、罗马的世俗文化以及和谐发展的教育思想,反对中世纪的神学教育,其基本特征是提倡以"人"为中心,反对以"神"为中心。随之建立了一些新的学科,教育学也就在这个时候独立出来成为一门新的学科。反映这一历史时期教育学发展水平的教育名著很多,在教育学史上最具有代表性的是捷克教育家夸美纽斯(1592~1670)的《大教学论》(1632)和德国教育家赫尔巴特(1776~1841)的《普通教育学》(1806)。一门学科独立的重要标志在于其形成独立的体系和理论时代。《大教学论》对教育、教学等多方面的问题进行了理论上的探讨,夸美纽斯把人作为自然界的一部分,提出自然适应性的教育原则,对人及其发展试图作出规律性的探索,从而提出了量力性、系统性等教学原则,促进了教育学的发展,也是教育学独立形成的标志。《普通教育学》分绪论、教育的一般目的、兴趣之多方面(教学)、品格之道德力量(德育)等部分,自成一个体系,构成了教育学的理论框架。赫尔巴特以心理学为基础,将教学分为明了、联想、系统、方法四段,后来被继承者们发展为预备、提示、联想、总结和运用,即称五段教学法,当时盛行于欧美各国,对世界的教学理论与实践产生了巨大影响。

3. 科学化时期。教育作为人类社会中一种极为复杂的社会现象,如观察、分析、研究,对于不同立场的人,得出的结论是不同的。因此,科学的教育学必须建立在科学的世界观和方法论的基础上,才能正确地揭示教育规律。马列主义的辩证唯物主义和历史唯物主义为我们奠定了观察、研究一切自然现象与社会现象的理论基础,也为研究教育学提供了科学的世界观和方法论,使教育学建立在真正的科学基础上。世界无产阶级革命导师马克思、恩格斯、列宁、斯大林、毛泽东等,他们在研究社会革命中,也涉及了教育问题,对教育学领域的一些重大问题,作了科学回答,因而也就揭示了某些教育规律,如马克思、恩格斯关于人的本质的论述、人的全面发展学说、教育与生产劳动相结合的原理等,毛泽东同志关于文化与政治经济的关系,都较深刻地揭示了教育的某些规律。作为无产阶级革命导师,肩负着研究整个人类社会革命的重担,对教育规律的研究,只能靠从事教育科学研究的专家。马列主义诞生以后,不少教育家们都试图用马列主义的观点来研究科学,也出版了不少著作,最有代表性的是前苏联凯洛夫(1893～1978)的《教育学》(1939),凯洛夫认真总结了当时苏联的教育经验,批判地吸收了历史上进步教育家的教育学成果。该著作被介绍到新中国,对我国的教育科学发生过较大的影响。

4. 体系化阶段。教育学发展到今天,已经有许多分支学科,并构成了一个庞大的教育科学体系。由于研究对象的范围、层次不同,又各自形成既有联系又有区别的不同系列。教育科学的体系反映了教育学的发展进入更深入、更成熟的阶段,而且还在不断地向前发展。

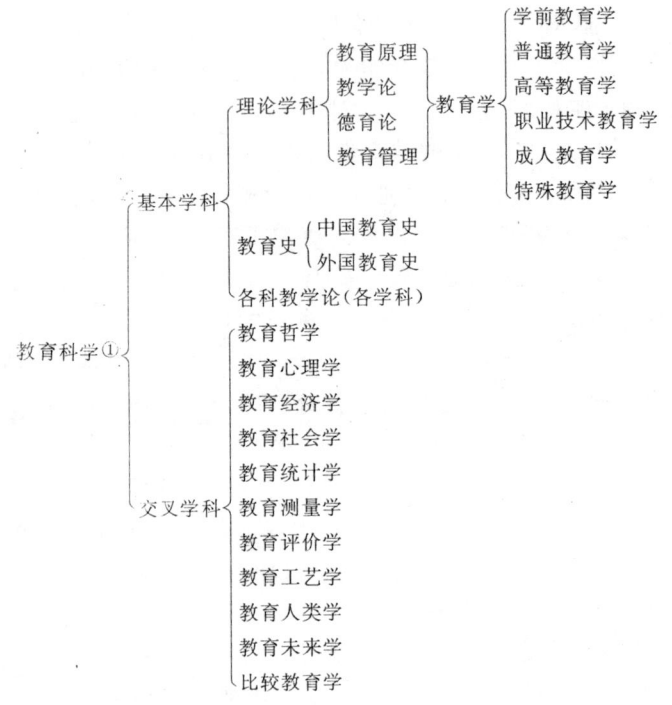

教育科学①
├ 基本学科
│ ├ 理论学科
│ │ ├ 教育原理
│ │ ├ 教学论 ── 教育学
│ │ ├ 德育论
│ │ └ 教育管理
│ │   ├ 学前教育学
│ │   ├ 普通教育学
│ │   ├ 高等教育学
│ │   ├ 职业技术教育学
│ │   ├ 成人教育学
│ │   └ 特殊教育学
│ ├ 教育史
│ │ ├ 中国教育史
│ │ └ 外国教育史
│ └ 各科教学论(各学科)
└ 交叉学科
   ├ 教育哲学
   ├ 教育心理学
   ├ 教育经济学
   ├ 教育社会学
   ├ 教育统计学
   ├ 教育测量学
   ├ 教育评价学
   ├ 教育工艺学
   ├ 教育人类学
   ├ 教育未来学
   └ 比较教育学

（三）教育学的研究方法

对于教育学的研究，必须以马列主义为指导，用控制论、信息论、系统论的新思想，吸收哲学、心理学、教育史、社会学、生理学等有关学科的理论，深入地研究教育现象，探索教育规律。常用的研究方法有：

1.教育观察法。研究者按照一定的目的和计划，在自然条

---

① 高维岳、唱印余编：《教育学》，东北师范大学出版社，1991 年 8 月第
1 版，第 2 页。

件下，对研究对象进行系统的连续的观察，并作出准确、具体和详尽的记录，以便全面而正确地掌握所要研究的情况。教育观察法的意义在于研究者通过观察，对研究对象有感性认识，并搜集有关材料和数据，使对研究的问题做到"持之有据"，更有说服力。观察是包括多方面的，既可以在校内，也可以在校外；在校内既可以课内，也可以课外；既可以是全过程，也可以是某些部分。总之，一切教育活动，一切教育对象都可作为观察对象。问题在于根据教育研究的需要加以选择。观察除了眼看、耳听、手记外，还可以利用视听工具如录音机等。

观察时要做到：一定要有计划；一定要作记录；对搜集到的材料一定要进行整理、分析；如有遗漏，要及时补救。

2. 教育文献法。通过阅读有关图书、资料和文件，全面正确地掌握要研究的情况。文献法的意义在于给研究者提供书面材料，为研究者全面地掌握情况，历史地分析问题奠定基础。

教育文献法要注意：文字材料真实性（以第一手材料为最好，要去伪存真）；材料的时间性（不同时间的材料价值不同）；材料的实用性（注意筛选与课题有关的材料）；材料的实效性（对材料与所研究问题的关系写出分析报告）。

3. 教育调查法。研究者有计划地通过亲身接触和广泛了解，比较充分地掌握有关教育实际的历史、现状和发展趋势，并在掌握大量第一手材料的基础上，进行分析综合，找出科学的结论，以指导以后的教育实践活动。调查法的意义在于研究者可以根据自己研究课题来进行调查，主体导向增强，有目的去索取所需要的资料，是教育研究经常采用的方法。调查的方式也很多：如访问，开调查会，问卷，测验等均可。

教育调查法要求：目的必须明确，为此，必须事前拟定调查计划，包括表格、问卷、测验的设计等；对被调查对象的要求应明白清楚，否则达不到目的；对调查材料进行整理、分析，作出科学结论。

4.教育实验法。在人工控制教育现象的情况下，有目的有计划地观察教育现象的变化和结果。教育实验法的意义在于人为控制条件下，对引起教育变化的因素关系的研究，来探讨教育现象及其规律，为研究者提供解决问题的可靠方案。现代教育学，很注重教育实验法的应用。如赞科夫、布鲁纳等的教改理论，都作了广泛的教育实验，我国中小学的教育改革，也在广泛地进行着教育实验。

教育实验法应做到：实验目的的明确，要有科学的实验方案；实验中应严格控制实验因素；如实记载实验；整理实验结果，作出科学结论；为检验实验结论，要反复进行实验。

二、为什么要学教育学

教育学课现在已列入体育函授各专业、各层次的教学计划，成为必修的课程。从事体育教学、运动训练的体育专业人员，为什么要学习教育学？

从宏观来说，教育是我国社会主义现代化建设中的一条重要战线，教育所培养人才的质量如何，直接关系到我国四化的实现。国富民强人人有关，而办教育，要按教育规律，教育学可以给我们一些基本的知识。这是发展教育的客观需要。

从微观来说，也就是与每个人的关系来说，我们无论是从事中学体育教学，还是从事运动员培训，都是与人打交道，特别是那些正在发育成长的青少年，如何正确引导教育他们，教育学可以告诉我们这方面的规律性知识，这也是科学育人的客观需要。在教书育人的科学知识方面,作为教育学这门课程的教学着重在下面三个问题:一是关于教育规律,通过学习教育学,应初步了解教育学的科学规律,这是教育学的重点。二是教育观点,即教育中的一些是非观念问题,通过学习教育学,树立起基本的马列主义教育观,对于教育领域里的是与非有较清楚的认识。三是教育方法,即教育做法中,对于正确和错误的,应有科学的认识。

三、怎样学教育学

函授学员都有一定的实践经验,是有条件学好教育学的。如何学好教育学呢?

(一)明确指导思想。首先,坚持马列主义毛泽东思想作指导。教育学是一门社会科学,用马列主义观点去研究教育,固然重要;学习教育学时同样地要用马列主义作指导。只有运用了马列主义原理,才能对科学的教育规律有深刻的理解。其次,要坚持理论联系实际的原则。教育学也是一门实践性很强的科学,科学的教育规律,都来自教育实践,通过联系教育的实践,以加深对教育原理的理解。

(二)学习的具体方法。自学、作业、面授、辅导答疑等是非常重要的学习方法。而不能忽视的是:首先,要对教育学课有一个正确的认识,学习目的明确。其次,学习中要善于动脑,多提问题,以加深对知识的理解。第三,要把听讲、看书、思考结合起来。第四,紧扣教材中的复习思考题和作业题,因为它体现教材中所必须掌握的主要知识。

思 考 题

1.教育学的研究对象是什么?教育学的教学任务是什么?

二者的关系怎样？

2.教育学是怎样产生和发展的？

3.研究教育学有哪些方法？这些方法各有什么特点？

4.你是怎样认识教育学的？你打算如何学习教育学？

作 业 题

将教育学发展中有重要意义的教育学名著的作者、国籍、著作名用表列出来。

第一章　教育概述

内容简介

本章简要论述教育的概念、本质、职能、构成、形态等基础知识,使之在学习教育规律前,对教育有一初步的了解,为学好教育学打下基础。

重点和难点

本章重点是教育的概念、教育的属性和教育变化形态。难点是教育概念的三个内涵的联系与区别。教育属性的原由及各形态教育的联系与区别。

教学要求

教师要根据教育学对同学们既熟悉又陌生的特点,讲清、讲好基本概念,启发学生思考,引导学生科学地去掌握教育学的基础知识,讲解要清楚,分析要透彻,把好教育学的入门关。

学习方法

同学们初次学习教育学的概念,要认真听讲,特别要从老师讲解中理解、掌握教育学概念;对于听不懂、弄不清楚的问题,及时问老师,一方面可及时扫除学习障碍,另一方面有助于老师调整、改进教学,配合讲解,立即复习看书,把听讲、看书、思考结合起来。

第一节 教育概念

一、教育的概念

（一）教育字意

1. 教字溯源。文字作为一种符号、工具，是表示人们的思想的一种文字符号，代表着人们对该事物的认识。中国汉字有它形成发展的历史，我们中华民族用汉字作符号来表达人们对变化万千世界的认识，这独特的汉文字也是对人类文化作出的独特贡献。事实上汉字也经历了漫长的历史过程，从简单的文字符号，发展到今天的汉字，表现了中华民族的勤劳智慧。在汉字里，人们用什么符号来表示对"教育"这种现象的认识呢？为什么用这种符号呢？我们把"教"这个汉字符号的发展作一分析。"教"这个符号最接近今天的"教"字，这是古人最早使用这个复杂的符号来表示"教"这一事物。然而，人们对这个符号的分析解释不完全相同，我们从解释中以较符合"教"的内涵来取舍，"教"这一复杂符号，至少包含如下四层意思："爻"：有作"文"解，有作"经典"解（爻一音 yao，是组成八卦的长短横道，因《易经》对八卦的论述带有权威性，这里可能借"爻"代表经典）；子：代表小孩子；卜：代表小棒（或工具）；又：代表手。将四部分合起来，就可理解为：有人用手，拿着一个工具，指示（引导）小孩要向父辈（或经典）学习，这即是"教"之意，无论怎么说，古代象形汉字赋予"教"的基本含义——受教育者在教育者的示范、鞭策下学习、觉悟。这就把"教育"的本质含义最朴实地表示了出来。

2.《说文解字》释教育。中国最早的汉字工具书——《说文解字》对"教","育"的解释更是简明清楚:"教,上所施,下所效也","育,养子使作善也"。这里,"教"有上下之分,而上下又各有其责,"上"者"施","下"者"效",而"施""效"之内容即"育":"使作善也"。这样,长者引导晚辈向善方面发展,即为教育。

3."教育"词组。中国古汉字里,分别只有"教"、"育"单字,将"教"、"育"两字组成"教育"词组的,是来源于孟子。在《孟子·尽心上》记载:"得天下英才而教育之",即把"教育"二字第一次组成教育词组,一直沿用到今天,成为我们日常社会生活中经常用的一个概念。

4.外文"教育"。查西方教育一词,英法德美等文,均来之拉丁文 Educare,其由两部分组成:词首 E,原意为"出";词干 ducare,意为"引",含义为"引出"。拉丁文"教育"原意即为:引导受教育者使其完善地发展。由此可见,中外"教育"一词,其原意内涵是相同的。

(二)教育定义

"教育"一词,今天在日常生活中,已广泛应用,追究其内容,教育学上可将其定为广义教育、狭义教育、专义教育。

1.广义教育。凡是能给人以影响的活动皆可称教育,这种影响既可以是增进人们的知识技能,也可能是影响人的思想品德。这种影响既可能是有组织、系统的,也可能是无组织、零散的。如说:我看了一部电影,从中受到很大的教育;我看了一部小说,受到一些教育;假期遇到多年不见的老同学,交谈中,受到很大教育,……这些"教育"都是广义教育。也就是说,把文化、宗教、道德、政治、经济乃至生产与社会生活对人的影响都说成是教育。明确广义教育的概念很有必要,因为人类社会最早就只有广义教育,而现在广义教育对人的成长仍在起着很大的作用。

2. 狭义教育即学校教育。这也是我们教育学所主要研究的教育。这是在社会发展到一定阶段后才产生的。其定义是:教育者根据一定社会(或阶级)的要求和受教育者的发展需要,有目的、有计划、有组织地对受教育者的身心施加影响,把他们培养成为一定社会(或阶级)所需要人的活动。这个定义,大体上把学校教育概念的素质都包含在里面了。具体地说,它包含有一特、二方、三有这些基本素质。一特:即是人类社会特有的现象,是根据社会需要和身心发展规律,培养成社会所需要的人;二方:即教育者与受教育者二者缺一不可;三有:即有目的、有计划、有组织,这是区别广义教育与狭义教育之根本所在。

3. 专义教育。也有说特指教育,其含义是专指对受教育者进行的思想政治观点和道德品质的活动,即德育。如"教学永远具有教育性","加强对学生进行教育",其"教育"专指德育。又如你在走路之中,有人随地吐痰,且喷在了你的身上,你随即说句:"这个人没有受教育",其"教育"内涵也是指该人的品行不好! 这种专义教育,在我们日常社会生活中也经常应用。

因此,学了教育的概念有三个内涵以后,我们应该清楚地认识到口头的、书面的语言中出现"教育"时,它所指的是哪种含义的教育。

二、教育的本质

(一)教育本质解决什么问题

1. 教育本质是解决教育是什么的问题。具体地说解决教育自身的特点,并以此特点与其他事物区别开来。也就是从理论角度最简单明确地回答教育是什么？或者说教育本质的规定性是什么?古今中外教育家们对这个问题的回答是不同的，也就是说对教育本质的认定是不同的。

2.关于教育本质的争论。正由于人们对教育本质的认定不同，因而就有关于教育本质的争论。20世纪50年代初,前苏联教育界就展开了一场关于教育本质的讨论,最后由《苏维埃教育学》杂志编辑社讨论总结,提出教育是社会上层建筑的观点而告段落。1978年,中国教育界开展了教育本质的讨论,大致有如下几种不同意见:教育是社会的上层建筑;教育是生产力;教育既是上层建筑也是生产力具有双重性;教育是一种综合性的社会实践活动;教育是个体社会化过程;教育是培养人的社会活动等等,讨论并没得出明确的答案。但是,通过讨论,澄清了关于教育本质的一些模糊认识,对推动我国教育理论向科学化道路迈进起了很大作用。

3.关于教育本质社会属性的归属问题。在上述争论的流派中,很显然,是用社会的哲学范畴即生产力、上层建筑等来认定教育,没有抓住教育的自身特性来分析,因,就出现了教育既有上层建筑因素,又不全是上层建筑;即有生产力因素,也不是直接的生产力,不能得出教育的质的规定性。

（二）教育本质是什么

讨论中愈来愈使大家认识到还是需要回到教育自身的独特活动来找它的本质。

1.教育是培养人的社会活动。教育作为人类社会特有的现象,它与其他社会现象有着根本的不同。纵观古今中外历史,无论哪种社会,哪类国家,哪种民族,都进行着教育活动,这种教育活动就是使教育者从不知到知,从知之甚少到知之更多,从没有某种道德修养到有某种道德修养,从身体弱小到身体强大,从无审美感到有审美感,从无劳动能力到能从事劳动的人。一句话,就是使受教育者从一个自然的人成为一个社会的人,教育活动就是促进这一转化实现的活动。教育者就是研究转化规律,根据转化规律,以促进受教育者顺利实现转化,这就是大家的共识。因此,教育就是培养人的社会活动。培养人的社会活动就是教育的本质。教育的这个本质的规定性,把教育同一切其他事物区别开来。

2.各种教育的共同特点。很显然,人类社会的发展,经历了不同的历史阶段,即使在同一历史阶段,各个国家、各个民族的具体情况不同,教育也有许多不同特点。无论是教育目的,也无论是教育制度;无论是教育内容,也无论是教育方法、手段,无一不在发生变化,有些变化还十分显著。然而,"培养人",更详细地说按社会需要培养人,却贯穿于一切教育之中,是一切教育所共同的,这就把教育这一社会现象的共有特性突现出来了。

(三)教育的特性

1.教育的特性。教育的特性就是教育自身所具有的属性。教育的特有属性是教育本质的质的规定性的具体化,它反映教育本质,但与教育本质不同。从理论上说教育本质是从最高层次解决教育是什么的问题,而教育的特性则是解决什么样的问题。当然,这种"什么样的"不是从具体上讲,是从"质的规定性"的层次的概括。

2.教育属性内涵的确定。教育特性有哪些? 其属性的含义如何内定? 这也是教育学理论中非常重视的一个问题。如教育学中经常提到的教育的社会性、永恒性、历史性、阶级性、生产性等等。如何来内定教育的这些属性？这虽然是以后教育学理论中要解决的问题。不过我们首先要明确的是：教育的属性是教育的本质——培养人的社会活动，在与其他社会相联系时，表现出的其他属性在培养人的活动中特有体现。它内化在教育本质中，其属性内涵就是这样去内定的。

三、教育的职能

（一）教育职能概念

教育职能又称教育社会职能：指教育作为社会的一个子系统所具有的职能。亦称教育作用、教育功能。自从教育作为一个社会独立的门类以后，就对社会发展起着很大作用。因此，任何社会都有相应的教育，因为它对社会的作用，是其他部门所不能代替的。

（二）传统的教育职能观

1. 只限于对青少年的教育。在传统的观念里，教育学只研究对年轻一代的教育，因此教育的功能也只停留在对青少年的培养上。不可否认，正在成长的青少年，永远是教育的主要对象，但若把教育只限于青少年那就过于狭窄了。

2. 传统的教育职能观。在历来的教育学里，传统教育职能无非是两方面：一是把人类积累的知识、经验传授给新一代，促进其身心发展，成为适合社会需要的人；二是推动和保障社会的发展。亦称促进身心发展，推动社会发展的两大功能；或者说这两大功能是互相联系的，既是通过培养人以促进社会的发展，同时又适应社会发展要求来培养人。很显然，历史的事实证明，教育这两大功能是客观存在的，这也是社会之所以需要教育的根由所在。

（三）现代的教育职能观

1. 现代教育观。人类社会进入科学技术发展的新时代,教育在这科技新时代的作用更为明显了。新时代里的新知识、新技术层出不穷,一个人只靠学校求学时所得的知识和技术已不够了,要跟上时代,就得不断学习,重新受教育。因此,现代教育观认为,人受教育不只限于青少年时代,而包括人的一生,要不断学习新知识,接受新教育。所以,现代教育已成为现代国家立民立国不可缺少的基础了。

2. 现代教育基本功能。人们研究发现,现代教育对社会的功能是多方面的,具体地表现为以下几个方面。

(1)现代教育的经济功能。具体表现为:经济持续和稳定发展提供良好的背景、基础和条件;为经济发展的各部门提供一支有足够数量、较高质量和搭配合理的人才队伍;帮助人们形成各种新的观点、态度、行为和习惯,以适应现代经济生活和现代生产的节奏和变化。

(2)现代教育的文化功能。选择、整理、传递和保存文化;创造、更新文化;吸收融合世界先进文化。

(3)现代教育的政治功能。传播一定社会的政治意识形态,使受教育者形成适应和拥护一定社会政治制度和政治活动的思想意识和行为方式,完成人的政治社会化;选择和培养专门的政治人才,促进社会的政治稳定,完善和发展;对社会当前的各种政治变化和发展产生影响。

(4)现代教育的调整社会人才构成与流动的功能。①调整和控制社会人才结构层次,调整和控制人才类型,增强社会人才结构对社会需求的适应机制。②促进人才在不同技术特征的部门间的流动,促进人才从第一产业流向第二、第三、第四产业,促进各地区间人才流动,提供人们在不同阶层间流动。

（5）现代教育促进人的身心多方面协调发展的功能。促进人的身心多方面发展，促进人的身心和谐发展，促进人的身心发展潜力充分发展。

四、教育的要素

从教育定义中，我们可以看出，教育是一个很复杂的社会现象，从对象层次来说有学前、初等、高等教育；从整体来说它包括目的、内容、制度、方法等；从内容来说它又包括德、智、体、美、劳诸方面。可以说教育是一个多因素、多层次的整体系统。但就教育活动的实践而言，其构成要素来看，主要有这样三个因素：教育者、受教育者、教育影响。

（一）教育者

凡是对受教育者在知识、技能、思想品德、身体健康等方面施加影响作用的人。如家庭中的父母，社会中的师傅，生活中的朋友……广而言之皆可称之为教育者。而在学校，就是指教师和其他教育工作人员。教育者是构成教育活动的一个基本要素，无教育者，就无教育活动，这是说文解字时就认定了的。教育者在教育构成中的地位是教育活动的主导者。教育者在教育活动中的主导作用表现出以下特点：一是目的性，教育活动是有目的的影响活动，教育活动的目的，无论是社会要求，也无论是身心发展水平，教育要达到的目标，都是通过教育者体现出来，或者通过教育者来调控。二是指导性，教育活动的最终目的是把受教育者培养成合格人才。对受教育者来说，教育者只是一个外在因素，但重要的是教育者指引着整个教育活动的方向，影响着教育活动的发展。确切地说，受教育者的一切活动，都是在教育者的指导下进行的。三是活动性，教育者在整个教育活动中总是以自身的活动来引起和促进受教育者的行为变化,一切教育的影响因素,都要通过教育者的活动传导到教育对象,以使受教育者达到预期的变化。

（二）受教育者

受教育者是指在各种教育活动中从事学习的人,在学校即是学生。这也是构成教育的要素之一。受教育者在教育活动中的地位是双重的,既是主体,又是客体。对教育者来说,受教育者是教育者的工作对象,是客体。对学习来说,受教育者是学习活动的主人,是主体。一切教育影响都是用来为受教育者服务的,教育活动的目的也是通过受教育者自己的努力,使自己达到了所要求的变化,教育目的才能实现。受教育者的这种双重性表现出独有的特点:第一,受教性。人和动物有本质的不同,人具有受教性,而动物没有。动物,特别是少数高级动物,可以按条件反射原理进行训练,也是本能行为的再现,即是在性细胞中编了码的一种简单定型行为,它不可能来自于同类其他个体或群体的经验,因为它们的感觉器官、运动器官及其机能,在母胎时就已发育成熟,而且行为方式已经固定化。而人却不同,人的发育成熟,最基础发育时期不是在胎儿期,而是在出生以后。初离母体的婴孩,其实质意义来说,仅是一个生物的人,一切社会人所具有的特性,此时皆无。知识、才能、思想、品德都是在出生以后,经过教育才有的,即使生下的婴儿四肢健全,但一切运动的技能,也是后天锻炼的结果。因此,人具有可教性,身心发展有着很大的潜力,是一个可塑的客体。第二,内化性。人的可教性只是说明身心发展有着巨大的潜在可能性,可以塑造成社会所需要的人。但是,社会的目的,教育者的引导,教育影响是否能达到引起受教育者的行为变化,那也不一定,因为,把这些外化因素转化成受教育者的行为,还需要一个内化过程,而这一"内化"过程,就涉及到受教育者主体了,与受教育者的主观能动性有关了,也就是说,"教育"的内化,靠受教育者自己,通过受教育者主动努力,积极配合教育者,利用教育影响,实现内化,达到教育活动最终目的。受教育者的这种内化性,对于整个教育活动来说,也是很重要的。

(三)教育影响

这是构成教育活动的第三个要素。教育影响是指教育者和受教育者之间的相互作用,进行双边活动的一切中介的总和,包括作用于受教育者的影响物以及运用这种影响物的活动方式和方法。可以说,一切运用于教育活动中的内容、形式、方法、手段,都是教育影响。教育影响在教育活动中处于中介的地位,是实现教育目的的工具、媒介和手段。教育者和受教育者之间的一切活动都是通过教育影响进行的,如果没有教育影响这一因素,也就没有教育活动。因此,教育者对受教育者的主导作用,是通过教育影响来实现的,受教育者的行为变化,也是通过教育影响而引起的;而教育目的的实现,还是通过教育影响的实施来达到的。教育活动中的教育影响也有其显著特点:其一是选择性。作为教育活动中的教育影响因素,无论是内容、形式、方法、手段,都是经过选择的。我们知道,教育是一种有目的、有计划、有组织的人类社会活动,而教育活动中的教育影响因素,都是按照有目的、有计划、有组织的要求,加以选择了。教育目的的实现,也是通过选择了的教育影响来实现的。其二是价值性。什么能被选择为教育影响运用于教育活动中,很重要的是它有一定的价值性。这种价值性既包括社会价值性,也包括身心价值性。所谓教育影响的社会价值性,是指影响因素对社会发展有积极意义,也就是其体现了社会的性质、方向和发展水平的要求,是从社会需要来选择的。当然,这种教育影响的身心价值性,对不同身心发展水平的人来说是不同的,这也就形成教育影响的多样化。我们所说的"教育影响",从价值性上说,它应该是社会价值和身心价值二者的统一。

综上所述,教育者、受教育者、教育影响是构成教育的三个基本要素。它们在教育活动中各占有不同的地位和作用,实际上,在教育活动中,它们三者又构成了有机联系的整体,互相发生着作用。

第二节 教 育 形 态

一、教育的产生

教育究竟是怎样产生的?从理论上回答这个问题,各有其说,在这个问题上,我们必须有一个正确的认识。

(一)教育产生于社会的生产劳动

马列主义认为:人与动物的最本质区别在于劳动,也可以说,就是因为劳动,才使人成为了人。劳动与本能活动的根本区别在于制造工具、使用工具。一切动物(哪怕是最高级猿类动物)都能利用自然,顺其自然,否则,就被淘汰。当然,人生存下来,也要顺其自然,但是人类不仅是顺其自然,而且人类能够根据自身的需要来改造自然,即使是人类最初一步开始的对石块"磨尖"的磨制,也与动物拿起石块打小动物有着本质的不同,这种"磨制"即是意味对自然物的制作、改造,也是来自于自身的需要,并通过劳动来实现。教育就是在这样的劳动中产生的。

1. 劳动的需要。人类的劳动是社会性的,它总是与制造工具和使用工具相联系。随着社会的发展,人类的制造和使用工具的水平越来越高,经验越来越丰富,这种在劳动中积累的技能、技巧等生产经验,需要传给下一代,并且一代一代延续下去,以维持人类社会的生存和发展,这种生产经验的传递,就是教育,教育就在这种劳动的需要下产生。同时,最早的人类,由于当时的生产力和科学技术的水平较低,各原始部落在生存中,形成了各自的风俗、习惯,这些生活习俗也要传给他们的下一代,这也需要教育。

2. 劳动也为教育产生提供可能。劳动不仅需要教育,而且,劳动也为教育产生提供了可能性,这种可能性也就是劳动为教育产生提供了必要的条件:四肢分工,语言,思维。人类由爬行,到直立行走,到四肢分工,是经历了一个漫长的过程,这一过程也是在人类的劳动过程中实现的,如果没有直立行走,四肢分工,也不可能产生教育。因为只有四肢分工,把前肢——两手从支撑人体的工具中解放出来,成为劳动之手,创造工具,使用工具才有可能,指导、传递生产技能、技巧才成为可能,汉字"教"字从"手"沿化而来是有其科学道理的。其次,语言——作为教育必不可少的因素,也是在劳动中产生和发展的。不可否认,劳动的技能、技巧的传递,可用手的示范,手把手的带教来实现。但那毕竟太慢,有语言,就更方便,语言是在劳动中产生和发展的,这也是劳动为教育的产生提供可能。最后,思维也是教育产生必不可少的条件。劳动技能、技巧的传递,怎样传递,先讲什么? 后讲什么? 也要先"思考",而思维则是在劳动中产生和发展的。任何一个劳动工具的制作和**改造**,

在动手之前,须有改造、制作的蓝图,即劳动之末的结果,劳动之先就已在头脑里产生,观念已存在了。

因此,劳动不仅自发地产生了对教育的需要;同时,劳动也为教育的产生提供了可能,从这意义上说,教育产生于劳动是科学的。

(二)教育的社会性和永恒性

教育产生于劳动,教育就具有了社会性和永恒性。

1.教育的社会性。由于劳动是人类社会特有的,而教育又是产生于劳动之中,因此,教育是人类社会所特有的,这即是教育的社会性。通过教育来传递经验(即包括生产经验也包括生活经验)是人类社会特有的。我们知道,人们的劳动经验、生活习俗是人类社会在劳动之中产生,这是不同于动物适应环境的信息传递。一切动物适应环境的信息,是通过遗传密码传递的,是在个体的先天发育中,已编码储存了的,用"个体本能"形式传递,即个体发育到一定的时候,就自然表现出来。即你不能让蜜蜂织网,当然也不能让蜘蛛来造蜂房。

2.教育的永恒性。正因为教育一产生就与传递劳动生产经验相联系,而劳动则作为社会存在、发展的一个必要条件,也就是一旦人类停止了劳动,人类社会也就不存在了,因此,作为传递劳动生产经验为主的教育,也就成了社会存在、发展的一个必要条件,教育与人类社会共存之,教育也就与人类社会永远存在。

(三)批判两种教育观点

教育产生于劳动是人类社会所特有的,但也有人不同意这种看法,与这种科学观点对立的主要有两种:

1.教育生物起源论,即教育生物学化派,持这种观点代表人物首推法国社会家利托尔诺(1831～1902)。这派观点认为：教育不是人类社会所特有的,动物也有。利托尔诺在《各人种的教育演化》中认为,教育现象不仅存在于人类社会中,在人类产生以前,已在动物界存在。动物为保存自己的物种,本能地把自己的"知识"、"技巧"传给小的动物,甚至设想在昆虫界也有教师和学生。

2. 教育心理起源论。即教育心理学化派。此派代表首推美国孟禄(1869～1947)。这派认为教育的实质是儿童的模仿,即教育起源于儿童心理的对成年人的无意识模仿。孟禄在《教育史课本》(1905)中写道,原始社会的教育"普遍采用的方法是简单的、无意识的模仿",即承认模仿即是最初的教育形式和手段,也是教育的本质。

以上两派,从名称和主体上来看,似乎大不相同,但从理论上看,这两派都是异曲同工,无论是利托尔诺的"生存本能",还是孟禄的"心理模仿",其理论的核心就是否认教育是一种有社会目的的活动——这也就是我们所要批判的。我们认为,即使是最初的教育,它既不是纯粹人的"生物本能"冲动,也不是单纯儿童"心理模仿",而是有着明确的社会目的——把年长一代形成的生产经验和生活习俗传授给下一代,使人类更好地生存下去,社会更好地发展下去。教育永远是人类社会特有的一种社会活动,伴随人类社会存在,发展下去。

二、教育的发展

教育不仅是人类社会永存的现象,而是一个发展、变化的社会现象。

(一)教育的发展变化

教育自从在劳动中产生以后,一直存在于社会之中,但它存在不是以一成不变的状态存在,而是以不断发展、变化的状态存在着。教育随着社会的发展而发展,随着社会的变化而变化。我们所研究的教育,是一个不断发展、变化的教育。因此,我们研究教育,总是离不开它所产生的具体的社会历史背景。

(二)教育的历史性和阶级性

由于教育是一种不断发展、变化的现象,在其发展、变化中,又表现出它特有的两个属性:历史性和阶级性。

1.教育的历史性。教育随着人类社会的发展、变化而发展、变化,这就是教育的历史性。也就是说,人类社会发展的不同历史阶段,由于社会的政治、经济、生产、科技等发展水平的不同,教育也表现出不同的状态,因此,我们看待教育领域的一切问题,都要从具体历史状况出发,历史地对待,否则,就难以弄清事实真相。

2.教育的阶级性。是阶级社会里教育的属性之一,即一定的教育反映一定的阶级要求并为它服务。也就是,在阶级社会里,教育打上阶级烙印。一般地说,在阶级社会的教育,主要是统治阶级占主导的教育,其他的阶级不占统治地位,也不是主要的。这是因为,作为社会的统治阶级,会把一切权利都牢牢地掌握在自己手里,教育也不会例外。教育目的、制度、内容、方法等,都受统治阶级的控制。因此,教育的阶级性在有阶级的社会里,是教育的一个很主要的属性,但是在无阶级的社会里,教育的阶级属性也就不存在了。

(三)五种形态的教育

由于教育是在不断地发展变化,在阶级社会里具有阶级性,我们分析教育,就必须从具体历史状态出发,作出具体的分析。人类社会历史发展到今天,经历了五个不同的社会形态,因而,相应地也有五种不同形态的教育。下面就教育的性质、目的、内容、形式四个方面,对五种形态的教育作一个简要分析。

1. 原始社会教育。原始社会是人类社会最早的一个历史阶段,在这漫长的时代里,社会本身也在发展并不断的变化。原始社会的教育,是原始社会历史在教育上的反映,从性质上来说,原始社会是无阶级,民主平等的社会,教育也是民主平等的。在原始社会里,教育对社会的一切成员都是一样的,即无阶级差别,也无性别差异。其目的就是培养适应当时社会生活的人。内容大体包括两方面:劳动的经验和生活习俗。当然对于原始社会某一个部落来说,由于其所在的社会生活不同,教育子女的内容,在不同部落间也许是不同的。教育形式,由于当时还没文字,也没有专门的学校、教师,教育是在生产劳动中进行的,严格地说,原始社会只有广义教育,还无学校的教育。

2. 奴隶社会教育。奴隶社会的生产力和社会发展水平都比原始社会有较大发展,奴隶社会是人类历史上第一个有阶级的社会,教育也就有了阶级性。奴隶社会教育的阶级性突出地表现为垄断性,即为奴隶主阶级所垄断,教育是奴隶主阶级所专有的。因为在奴隶社会,统治阶级是奴隶主阶级,奴隶被奴隶主阶级所占有,没有什么权利可言,当然也与教育无关。奴隶社会的教育目的就是把奴隶主的子女培养成奴隶主。奴隶社会教育的内容,是与奴隶主阶级对奴隶的统治方式有关(当然有些也与所在环境条件有关)。中国奴隶社会时期学校的六门教育教学课程,称为"六艺",即礼、乐、射、御、书、数。内容包括五礼、六乐、五射、五御、六书、九数,这是当时奴隶主阶级统治奴隶的需要。古希腊,同是奴隶制国家,形成了雅典和斯巴达两种教育模式。斯巴达是农业型国家,残酷的剥削和压迫常引起奴隶的反抗,发生暴动,而斯巴达奴隶主为了维持自己的统治地位,常以武力镇压奴隶,因而,斯巴达的教育特别重视体操和军事训练,教育的目的,就是把氏族贵族的子弟训练成为镇压奴隶的武士。而雅典属于商业比较发达的国家,奴隶主对其子女的教育除了体操和军事训练外,还有从政、从商等方面的内容,以培养成具有文化修养和多种才能的政治家和商人。因此,同样是古希腊奴隶社会教育,就有特点不同的斯巴达和雅典两种教育。所以,真正有目的、有计划、有组织的教育,产生于奴隶社会。因为,这时产生了文字,出现了学校,有了专门从事教育的教师或有狭义的教育——学校教育。学校教育的出现,无疑是社会向前发展的一个重要标志。

3. 封建社会教育。封建社会的教育不仅具有明显的阶级性,而且还具有严格的等级性。封建社会教育的等级性,在中国主要表现在中央官学的招生对象上,这类官学不仅劳动人民子弟不能进入,就连统治阶级的子弟入学也要按其父兄官位品级的大小而定。这种制度在唐代尤为明显。唐朝的教育制度,即由中央直接设立的学校为"二馆六学"。学校制度规定:二馆即东宫的崇文馆和门下省的弘文馆,只收皇帝、皇后的近亲及宰相大臣的子孙。六学依次是:国子学收三品以上文武官员的子孙,太学收五品以上文武官员的子孙,四门学收七品以上文武官员子孙,律学、书学和算学则收八品以下官员的子女和通晓律学、书学、算学的庶族地主的子弟入学。封建社会教育的内容,主要是传授封建伦理道德,以维护其封建统治,由于东西方传统的不同,具体内容也不尽完全一样。中国的主要是儒家经典——四书五经(四书为《论语》、《孟子》、《大学》、《中庸》,五经为《诗经》、《书经》、《易经》、《礼记》、《春秋》);而在西方,有"七艺","骑士七技"两种教育。"七艺"指宗教系统的地主贵族教育,以培养僧侣封建主,培养教士,是西欧中世纪早期学校的七种主要学科,即文法、修辞、辩证法、算术、几何、天文、音乐。"骑士七技"即世俗封建主为把自己的子弟培养成为勇武善战的骑士的教育,其内容为骑马、游泳、投枪、击剑、打猎、弈棋、吟诗。封建社会教育以个别教育为主,强调呆读死记。

4.资本主义社会教育。资本主义社会是人类社会发展史上的一个新的历史阶段,社会的物质文明、精神文明都有了较大的发展,有了较高的水平,机器的出现,新技术的产生,不断增加了社会的物质财富。资本主义社会仍然是一个有阶级的社会,当然统治阶级也同样要把教育牢牢地掌握在自己手里,资本主义社会的教育的阶级性表现为以金钱为背景的竞争。由于资本主义的生产是建立在机器生产的基础上,而机器生产的一个显著特点,即技术是不断革新的,新的机器不断代替旧的机器,新的技术不断产生。这样,对于从事生产的工人,不能不给以教育,让他们掌握技术,创造更多的剩余价值。因此,教育不再是统治阶级的专利,一些发达国家,还推行免费义务教育来提高群众的文化教育水平。但资本主义社会是一个竞争性很强的社会,教育的竞争也很突出,而教育竞争又是以经济为前提的,特别是高等学校,在社会上声望较高的大学,一般是进入上层社会的阶梯,然而,这类学校收费高,投资大。因此,教育也充分体现着金钱的阶级实质。就是一些西方国家的学者,也不否认这点。如美国的鲍尔斯·金蒂就认为教育不是一种促进公共利益的机构，而是当权者维持对被统治者的控制的工具。在资本主义制度中，学校成了资产阶级维护它对无产阶级的统治地位的手段，这首先是保证资产阶级的子女有更多的受教育机会，取得更出色的学业成绩，并因此而享受到更高级的职业和其它职业的报偿（参见［瑞典］法格林达，［澳］沙哈：《教育、国家和发展》，《教育学文集·教育与社会发展》，人民教育出版社，1989年版，第380页）。资本主义社会的教育目的具有双重性，一方面为资产阶级培养各种统治人才，另一方面也要给工人一定的教育，以达到既给资本家创造利润也不扰乱资本家的安宁。教育内容当然要传授各种科学技术知识，同时宗教也一直是学校的一门主课。资本主义教育的形式是多样化的，无论办学的形式、管理体制等各方面，没有一个统一的模式。

5. 社会主义社会教育。社会主义是与以往任何一种社会的性质都不相同的新型社会，是以无产阶级为领导，逐步走向消灭一切阶级，向无阶级的共产主义过渡的社会。社会主义社会教育的性质具有人民性。其教育是为着人民，对一切人民是一样的，是保证社会主义国家的公民在一切教育上享受民主平等的，是人民大众的教育。其目的是使受教育者得到全面发展的社会主义建设者和接班人。教育内容是给学生以德育、智育、体育、美育、劳动技术教育等科学知识，排除一切宗教对学校教育的影响。为了确保各级教育培养出合格人才，国家对教育实施统一领导，制定统一的方针、政策，以指导全国的教育健康发展。

思 考 题

1. 什么是广义教育、狭义教育、专义教育？

2. 为什么说教育是产生于生产劳动？

3. 构成教育的要素有哪些？它们之间的关系怎样？

4. 什么是教育的社会性、永恒性、历史性、阶级性？教育为什么有这些属性？

5. 五种教育的性质各是怎样？其内容各有何特色？

6. 你对教育的本质是怎样认识的？为什么？

作 业 题

1. 写出下列概念内涵：学校教育，"六艺"，"七艺"，"骑士七技"，"四书五经"，古希腊奴隶教育"两体系"。

2. 你认为教育的本质是什么？为什么教育生物起源论、教育心理起源论不对？

第二章 教育基本规律

内容简介

本章主要论述影响人的身心发展的四个因素——遗传、环境、教育和人的主观能动性在人的发育、成长中的作用,教育的两个基本规律——社会发展规律制约教育和教育要适应年轻一代身心发展的规律。

重点难点

本章重点是四个因素在人的身心发展过程中的作用和特点及教育的两个基本规律的内涵;难点是四个因素在人的身心发展中的作用、对四个因素辩证关系的认识,及以科技为先导的现代社会的教育变革。

教学要求

影响人的身心发展的理论,与学过的运动解剖学、运动心理学的知识有关,本章教学特别要从教育学原理讲清遗传、环境、教育和人的主观能动性在人的身心发展中所起的作用;以科技为先导的当代社会的特点以及由此而引起的一系列的变革,既是一个很深的理论问题,也是与每个人的认识情感相关的实际问题,要求教师从学生实际出发,讲清、讲好此问题,为学生树立现代教育观奠定初步的理论基础。

学习方法

用自学和讨论相结合的方法,正确理解遗传、环境、教育和人的主观能动性在人的身心发展中的作用,特别要从思想上划清是非界限；为了树立正确的当代教育观，要参阅有关当代社会、科技、教育发展的资料，加深对当代教育变革的深刻认识。

第一节　影响人的发展的因素及其作用

人是怎样发展的？教育和人的发展有什么关系？这历来都是教育理论的一个根本问题。人的发展是指人的身心的发展。人的身心发展是一个极其复杂的过程，有其自身的规律。人的身体发展是人的身体各系统的结构和机能的发展，它是通过新陈代谢的矛盾运动来实现的；人的心理发展是人的一般心理过程及其个性的发展，也是一个极其复杂的过程，它是通过人的心理发展新旧水平之间的矛盾运动来实现的。教育学所要探讨的是人的身心发展受什么因素的影响？教育如何来促进人的身心的健康发展。

关于影响人的身心发展的因素，理论界的学说很多，我们认为，影响人的身心发展的因素主要有遗传、环境、教育和人的主观能动性四个因素，这四个因素在人的身心发展中的作用简述如下：

一、遗传在人的身心发展中的作用

（一）遗传概念

遗传一般是指生物亲子性状的传递过程，即生物体的构造和生理机能等由上一代传递给下一代。对人来说，就是父母的生物体构造和生理机能上的特点遗传给下一代。构造是指人的机体的各种器官、系统的解剖结构，如神经细胞、肌肉、骨骼系统等；生理机能是指人的各种器官、系统的功能，如心脏、血管系统的血液循环,食道、肠胃系统的消化功能。在个体发育中,这些机体的结构、生理功能是通过的基因的传递来实现的,即这些结构、生理机能的特点作为密码保持在基因之中。科学家们发现,作为存储、复制和传递遗传信息的化学物质是脱氧核糖核酸,又称 DNA,并制造出它的结构模型,这即是染色体基因说。父体的精子和母体的卵子结合(即受精)后,这个受精卵就开始了人的个体生命的发育。经测定,受精卵有 23 对染色体,每对染色体一半来自父体,一半来自母体,即存带着父母机体的结构、生理机能的密码,子代就有了与父母相同的性状。这 23 对染色体就储存着人的机体的全部构造和生理机能密码,如第 21 对决定脑神经系统,第 23 对决定人的性别。这种个人先天具有的解剖生理特点,是通过遗传获得的,故又称遗传素质,在中国人的习惯称谓中,如禀赋、天赋、天资,都是遗传的同义语。

(二)遗传的作用

遗传是人的身心发展的自然前提(亦称生理基础),无论人的身体发展,也无论人的心理发展,都是指建立在个体的机能结构、生理机能上的发展。如人的身高、体重的发展,离不开人的骨骼、肌肉的结构和生理机能;人的心理发展,如认识、情感、个性等,也离不开人的各种感官和神经系统,否则,就谈不上人的发展。遗传在人的身心发展中的自然前提作用体现出如下特点:

1.物质性。遗传是指人的机体的结构、生理机能的传递,这种传递是通过"基因"物质来实现的,它是实实在在的物质结构,因而具有物质性,不能因为遗传是天生的即先天性,就把遗传看成"神秘莫测"、"空的"、"看不见的"。

2. 差异性。由于人的生命是由受精卵开始的,科学研究证明,男性能产生近 800 万个遗传上不同的精子,女性也能产生众多遗传上不同的卵子,因而,受精卵里染色体可能组合的方式数目是无限的,这样,就没有两个遗传特征绝对相同的人,即使是同卵双生子女也存在一些差异。虽然同类生物体有着同类的遗传基因,但在同类的个体中,染色体的复杂性,排列组合的多样性就决定了个体的遗传素质上的千差万别。

3. 可能性。遗传虽然是人的身心发展必不可少的生物前提,这前提只是为人的后天发展提供可能,遗传素质是否能在后天得到发展,以及其发展的程度、水平如何,还要看后天发展的可能条件。如果后天的条件不具备,其先天的遗传优势也不一定能发挥出来。如一个生长在山区的小孩,他的声带物质结构很好,可以培养成为一个歌唱家,由于生在山区,未被人发现,更没有可能进行发声、唱歌培训,而没有成为一个歌唱家。因此,遗传只是为人的身心发展提供可能(即潜在性),把可能性变为现实,还要靠后天的环境和教育。

(三)批判遗传决定论

遗传决定论也称生物因素决定论,这种理论认为:人的机体构造、形态、神经系统机制以至能力和性格的发展及差异的形成都由遗传决定的。通俗说,就是人的身心发展,也就是人的聪明才智都是先天决定的。这种理论的错误在于,把人的遗传是人的身心发展的前提作用夸大到唯一起决定作用,否认后天的环境和教育对人的身心发展所起的作用。我们不否认遗传对人的身心发展的前提作用,而且应该看到这种前提作用对人的身心发展是有影响的。但是,我们认为,这种前提作用的发挥,还有赖于后天的环境和教育,它仅为人的身心发展提供可能,不决定人的身心发展。如果人的生理结构更多地体现遗传特性,而人的思想、智慧、品德行为等更是后天环境、教育的结果,不是先天遗传所能决定的。

二、环境在人的身心发展中的作用

(一)环境概念

环境是直接或间接影响人的个体的形成和发展的全部外在因素,即在周围的外部世界。这些外在因素,包括先天的环境(胎内环境)和后天的环境(自然环境、社会环境)。比较而言,人们更重视后天环境的影响,在后天的环境中,又更重视社会环境的作用,在社会环境中,人的个体社会生活实践对其身心发展起更大的作用。

(二)环境作用

环境对人的身心发展起客观影响的作用。如何理解环境对人的身心发展起客观影响作用呢?

1. 必然性。人总是在一定的环境中生存发展,而人所在的环境就自然地对其身心发展有一定的影响,这是个人的主观所难以控制的。如婴儿在母体内,母体就是婴儿生存发展的一个环境,而母亲的身体健康、营养、心境等因素,无不对婴儿的发育成长给予影响,这是婴儿个体无法选择的。婴儿出生以后,又是生活在一定的自然环境和社会环境中,无不受到这些环境的影响,这就是环境影响的必然性。

2. 交重性。环境对人的身心发展起的客观影响在数量上具有交重性,即是多种外在因素的交叉重复在起作用。如后天的自然环境包括地理环境、气候环境、土壤水质环境、农业耕作主食品种等等因素,对人的身心发展都有影响。中国北方人,一般高大宽厚;南方人,一般瘦小机灵,不能不说是与一定的自然环境有关。再说社会环境,每个人都有家庭、亲戚、朋友、社会活动等等,无一不对其身心发展给予影响,而且这些因素的作用,不是孤立实现的,而是反复交叉起作用的。

3.多质性。环境对人的身心发展所起的客观影响作用在质量上具有多质性,即有的起好的影响,有的起坏的影响;有的影响限于一般,有影响很深很广,即影响的质量是不同的。中国谚语中"近朱者赤,近墨者黑",说的就是环境影响的多质性。

4.无意性。环境对人的身心发展所起的客观影响作用还具有无意性,而环境是在自发地起作用,对人的主体来说,是在不知不觉中,潜移默化地在起作用。荀子说"蓬生麻中,不扶而直,白沙在涅,与之俱黑"。就是说的环境对人的影响是自发的。当然,我们也不否认人对环境影响有选择性,这在人的主观能动性理论中再加说明。

(三)批判环境决定论

认为人的机体构造、形态、神经系统机制以至能力和性格的发展及差异的形成都由环境决定的一种理论。环境决定论中有许多派别,如有地理环境决定论,家庭环境决定论,社会环境决定论等。这些理论的共同特点是:把人的身心发展的决定因素归结为某一客观环境的影响。我们不否认,人所生存的外在环境,对其身心发展有影响,有时还具有明显的影响,但是,我们不能把这种具有多质性的客观影响作用夸大到起决定作用。因为,人的身心发展,除了受环境的客观影响作用外,还受遗传、教育、人的主观能动性等因素的作用,并且,环境的客观影响作用还受到其无意性、多质性、多量性等特点的限制,也使环境的客观影响作用具有局限性。还有,人还可以调节、控制环境,甚至在一定程度上可以改造环境。这些说明,环境对人的身心发展起一定的客观影响作用,不起决定作用。

三、教育在人的身心发展中的作用

（一）教育概念

这里是指学校教育。学校教育也是影响人的身心发展的一个因素,对于正在成长的年轻一代来说,更有特殊意义。

（二）教育作用

教育在人的身心发展中起主导作用。教育起主导作用,是与遗传、环境和人的主观能动性等因素相比较而言的。教育能起主导作用,也是因为教育具有其他因素所没有的特点所决定的,这就是:

1.师导性。教育能起主导作用,是因为有教育者即教师。一般来讲,教师都是经过专门培训的,能按社会需要和受教育者身心发展特点,来正确指导受教育者的身心健康发展。这是其他因素所没有的。

2.目的性。教育是一种有目的、有计划、有组织的系统影响活动,这是其他因素所没有的,这种目的性,可使受教育者的身心得到顺利发展。

3.可控性。由于遗传是先天性的,环境又具有多量多质性,这其中有些因素不利于人的身心发展,教育可充分利用现代科技成果,对遗传、环境因素中的不利影响,加以调节控制,让其身心得到发展,如对先天的盲、聋、哑儿童,我们用盲文、手语等对其进行特殊教育,以补其先天之不足,促其身心发展。对于环境中的不利因素,加以人为改造、控制,促使人的身心得到正常健康的发展。

4.培养性。对正在成长的青少年,由于他们知识经验少,他们的成长主要是靠培养,即有人指引教育,不像成年人的身心发展靠修养,即靠自我学习、自我完善来实现。教育正适应了青少年身心发展靠培养的这一需要,将受教育者培养成社会所需要的人才。

(三)批判两种观点

教育万能论和教育无能论。教育万能论,夸大了教育的作用,认为教育能解决一切问题,更有甚者,认为教育可以改造社会、挽救国家。教育无能论,抹煞教育在人的身心发展中作用,即教育对人的身心发展不起多大作用。教育在人的身心发展中起主导作用是客观存在的,对于这种主导作用,我们只能科学地去认识它,不能任意夸大或缩小。教育的这种主导作用,是由教育的特点及其与遗传、环境、人的主观能动性相比较而言的。我们不能把这种教育主导作用夸大到可以挽救国家、改造社会。因为国家的兴亡、社会的改造,虽然与教育有关,但绝非是教育所决定的,即使对人的身心发展来说,影响的因素还有遗传、环境、人的主观能动性,教育也不是万能的。有人用社会环境或其他某些因素对受教育者的个体影响,以显示教育作用不大,因而得出教育无能,这也是不对的。教育是否起主导作用,与构成教育的三要素有关,即教育者是否按教育规律施以教育,受教育者是否接受了教育者所施的影响,教育者所采取的手段是否科学,都会直接影响教育主导作用的发挥。因此,问题不在教育本身,而是在教育者,或在受教育者,或在教育措施上,一旦发现这种情况,我们就要找出问题,分析原因,采取措施,解决问题。问题解决了,教育又按教育规律加以实施,教育的主导作用也就充分发挥,教育就不再无能,而是充分发挥其主导作用。

四、人的主观能动性在人的身心发展中的作用

（一）主观能动性概念

主观能动性亦称自觉能动性，是指人的主观意识和活动对于客观世界的积极作用。这种积极作用就是指个体对某事物的态度及行为，也就是为实现目的所付出的精力。对人的身心发展，环境、教育都是个体的外在因素，而人的主观能动性是内在因素。人的身心发展总是通过个人来实现的，外因只是变化的条件，内因是变化的根据，外因通过内因起作用。教育者的活动、教育影响的实施、环境的影响，都是通过受教育者的内化来实现的。"内化"程度如何，与个体的主观能动性有关，受教育者主观能动性发挥的程度不同，受教育者个体身心的发展水平就不同，甚至差异很大。因此，人的主观能动性构成了影响人的身心发展的必要因素。

（二）主观能动性作用

主观能动性在人的身心发展中起内部动力的作用。这就是：教育者、教育措施、环境是否对受教育者起作用。作用的大小视受教育者是否接受这些影响，即主观能动性如何；有了主观能动性，受教育者的身心就会朝着影响所施的方向转化，即实现"内化"，身心就能健康发展。如果受教育者否定或抵制这些影响，即没有主观能动性，也就不能实现"内化"，受教育者的身心发展就不能实现预期的变化。这种内部动力作用有如下特点：

1. 需求性。外在影响因素一定要变成个体的内在需求，即变要求为需求，受教育者有了需求，就有了个人的主观能动性，无内化需求，也就无主观能动可言。就学习而言，使受教育者由要我学变为我要学。这里关键在"要"，是外在"要"，还是

内在"要"。有了内在要,就像钟表上足了发条,就可自动化行动了。

2.活动性。受教育者的主观能动性总是通过活动表现出来的。受教育者有了内在需求后,就会将这种内在需求指向一定的行动中,也就是作用在客观活动中,在活动中表现出自己的积极性。同时,人的身心也是在活动中受到锻炼,得到发展的。

(三)批判个性自由化

这是一种唯心主义理论,即片面夸大主观意识的能动作用,以为人的主观能动性可以任意脱离物质条件和超越客观规律,因而只强调"个性自由","个人主宰一切"。如何发挥人的主观能动性?关键在于"人的主观"要正确,要符合客观规律,不是以个人主观去主宰一切。个人主体的经验是有限的,这种有限就必然带来认识的片面,因而形成偏见,有了片面、偏见,就不能认识客观事物。正如恩格斯所说:"自由不是在于想像中的摆脱自然规律而独立,而是在于认识这些规律,在于根据这种知识来有计划地迫使自然规律为一定目的服务的可能性。"① 这就是自由是认识之必然。只有主观认识符合客观规律时,才能达到"自由"的境地。因此,只有将改造客观与改造主观统一起来,克服片面性,才能更好地发挥个人的主观能动性。

五、遗传、环境、教育和人的主观能动性与体育人才的培养

(一)四因素在人的身心发展中的作用的辩证认识

---

① 恩格斯《反杜林论》,三联书店,1954年版,第137页。

上面我们对遗传、环境、教育、人的主观能动性在人的身心发展中所起的作用分别作了论述,事实上,在人的身心发展中,这四个因素构成一个整体,共同作用于人,不可否认,在人的个体身心发展上的某一阶段或某一时期,可能出现某一因素的影响作用更为突出些,其余因素影响的作用不太明显,这只是在具体条件下所形成的一时现象,从人的身心发展整个历程来看,遗传、环境、教育、主观能动性四因素同时在起作用。这即是四个因素作用的辩证关系。

　　(二)四因素与体育人才

　　体育人才特别是优秀运动员的成长,同样与遗传、环境、教育、主观能动性四因素有关。由于优秀运动员所从事的竞技运动的特殊性,更显得四因素有其独特作用。如今,优秀运动员的选材更为科学,就是充分运用了遗传、环境、教育、主观能动性对人的身心发展有重要作用的原理。就遗传来说,不同竞赛项目对运动员的身体素质有特殊要求,这就与人的解剖生理特点有关。如篮排球的比赛有空中的激烈争夺,要求运动员有一定的身高;举重、摔跤的较量,是力量与技巧的竞争。在选拔运动员时,进行骨龄、握力、灵敏、反应等的测试,就是着重从"机体的结构和生理功能"上选拔。如在武术之乡选拔武术运动员,在传统项目学校去选择有关项目的苗子来进行专项培养,就是因为其外在环境好。还有选拔体育苗子时,一般到实地去看其学习、训练情况,找其面谈,更主要是进行心理、能力的考查,重点在主观能动性。当然,一个优秀运动员,奖牌获得者,无一不是经过长期地有计划地培育、训练的结果。总之,我们体育战线,更应该充分运用遗传、环境、教育、主观能动性在人的身心发展中所起的重要作用的原理,科学选材,选好苗子,再加以严格教育训练,为祖国培养出更多创纪录的优秀运动员。

第二节　教育要适应年轻一代身心发展规律

教育是培养人的社会活动,培养什么样的人,使受教育者具有哪些思想品德、学习什么知识技能、如何增强学生体质,怎样培养审美情趣,都要受社会的生产力和经济政治制度决定的;教育的对象是人,正在成长的年轻一代的身心发展也是有规律的,教育要适应年轻一代身心发展的规律,如教育任务的要求高低,教学内容的多少深浅,教育方法的选择运用,都要根据受教育者的身心发展水平来确定。因此,社会发展规律和年轻一代身心发展规律是制约教育的两个基本规律。这里,先将年轻一代身心发展规律制约教育的规律简述如下

一、顺序性与适时开发

(一)身心发展的顺序性

人的身心发展具有一定的先后顺序的特性。古今中外,凡人皆如此,这是人的身心发展客观规律。如身体的发展呈自上而下,自中心而边缘。自上而下也叫头尾法则,即身体发展是从头部延伸到下半部的,依次是头部—颈部—躯干—下肢。自中心而周围也叫近远法则,即发展从身体的中心轴到边缘,头部和躯干比四肢先发育,手臂和腿比手指和脚趾先发育。人的心理发展也是有顺序的,一般是从低级到高级,如先发展机械记忆,后发展意义记忆,先发展具体形象思维,后发展抽象逻辑思维,先有一般情感,后才有理智感、道德感。

(二)教育的适时开发

教育要遵循人的身心发展的顺序性规律,适时开发,促其身心健康发展。不要提出超出身心发展顺序的过高要求,研究新生儿行动的材料证明:襁褓里的婴儿,喜欢手舞足蹈,6个月的小孩喜欢爬和站,1岁后的小孩喜欢学步,2~3岁的孩子跳着走,到处钻和攀高。这"行动变化"正好说明人的身心发展是有顺序的,一岁半教小孩学走步是适宜的。

二、阶段性和量力适度

(一)身心发展的阶段性

个体发展中由质变引起的阶段特性。人的身心发展是一个连续不断的过程,但在其发展的不同的年龄阶段,其身心发展表现出一些不同的特点。由于这阶段是按年龄划分的,所以也叫年龄特征,即一个年龄阶段所有青少年儿童身心发展所具有的共同特点。中国对年龄划段是:从出生到3岁称婴儿期,3~6岁称幼儿期(亦称学前期),7~12岁称学龄初期(亦称童年期),11、12岁~14、15岁称少年期(亦称学龄中期),14、15岁~17、18岁称青年期(亦称青春期)。在这每一个年龄阶段的青少年儿童身心发展,都具有各自年龄的身心发展的共同特点。

(二)教育要量力适度

由于各个年龄阶段青少年儿童,其身心发展有着不同的特点,教育一定要适应各个年龄阶段的青少年儿童身心发展的特点;从年龄特征出发,施以合适的教育。不能用对幼儿园小朋友的方法对待小学生,同理,也不能用对待小学生的方法来对待中学生,因为他们的年龄特征不同。

三、差异性与因材施教

(一)身心发展的差异性

差异性是指个体发展之间有差异的特性,即同一年龄阶段的儿童个体,由于遗传、环境和教育影响不同,由于个人的努力和实践不同,身心发展存在着千差万别,也叫个别差异。这些差异可能是发展速度,也可能是发展水平,还可能是发展优势,具体表现为以下三方面:一是儿童身心同一方面发展的速度和水平不同,如同是 11 岁的孩子,有的高些,有的矮些。二是儿童身心不同方面发展的相互关系存在差异,如有的学生数理逻辑能力较强,而音乐、绘画较差;有的则相反。三是儿童身心发展有不同的个性心理倾向,如兴趣、爱好不同,内外倾向有异。

　　(二)教育要因材施教

　　由于儿童身心发展存在个别差异,因此,教育一定要从儿童的个体实际情况出发,因人而异,即因材施教。特别要注意儿童早期表现出的某些特长、优势,我们要创设条件,使其特长和优势得到充分发展,这样无论是对学生个人,也无论是对社会,都是有好处的,因为我们国家需要各方面的人才。我们体育战线,更应注意学生在体育方面的特长和优势,早日发现,并给予科学培训,为祖国培养出更多的能在世界大赛上夺银争金的优秀人才。

第三节　社会发展规律制约教育

　　这是教育的另一个基本规律,它是研究教育与社会发展的关系,具体地讲,就是研究教育与社会的生产力、社会的政治经济制度的关系。

一、教育与生产力的关系

(一)当代社会生产力发展的特点

当代社会,一般是指第二次世界大战以后的人类社会,人类社会的现代化进程更加广泛和深入,被称为进入了一个新的历史时期。这一时期的人类社会的生产力有了新的特点,即科学技术成为现代生产的先导,也就是生产力的发展,依靠科学技术在生产中的应用。在这以前,科技和生产的关系,表现为"生产—技术—科学"的循环,也就是说首先在生产中,出现了革新,产生了新技术,再进行理论探讨,总结成为科学成果。第二次世界大战后,科技和生产的关系出现了"科学—技术—生产"的新的循环过程,即当代生产的发展,许多重大的科学技术发明,是直接从科学实验中产生出来,然后再应用于生产过程中,促进了生产的发展,这就是科学技术日益成为生产的先导。因此,当代社会,各国科学技术发展水平,已成为社会发展水平的标志之一。

当代社会国民经济的增长,当然是生产力发展的结果,而社会生产力的发展,又直接与运用先进的科学技术相联系,一项科研成果、新的技术的应用于生产中,可带来产品产量的大增加、质量的大提高。科技成为推动经济增长的首要因素具体表现为:其一是自然科学从知识形态的生产力转化为物质生产的周期日益缩短,科技成果转化为直接生产力的速度越来越快;其二是科技成果应用于生产过程所创造的价值越来越高。如有些发达国家在本世纪初,科技因素在劳动生产率和经济增长中仅占 5～20%,而在本世纪末已达到 60～80%。

当代社会生产的发展要求把教育摆在优先发展的战略地位。科技已成为生产的先导,这从物质方面说明了科技的重要。就科技而言，是离不开人的。无论是科学技术的实验研究，也无论是科学技术的推广应用，都是靠人操作完成的。科学技术，作为一种知识形态，更是与人的智力分不开，是人的智力的物化结果。而人的智力，不是先天就有的，而是靠后天教育培养的。所以，培养科技人才，促进知识生产以及实现整个社会的智力开发，都要靠教育。发展现在生产要靠现代科技，现代科技发展的基础在教育，这已是人们的共识。从社会的精神文明建设来说，随着当代社会的全面进步，要求人们的文化修养、思想意识、道德水平都要达到新的高度。这些都要靠教育来培养。因此，必须把教育摆在优先发展的战略地位，是实现我国现代化的根本大计。

(二)生产力对教育的推动作用

以科学技术为先导的当代社会，生产力的发展也为教育的发展提供了物质基础，推动着教育的发展。主要表现在以下几点：

1.教育发展的规模和速度。教育的发展总要有一定的物质基础，这一物质基础，要靠生产力来提供。如各级教育的规模程度，发展快慢，都要考虑社会生产力所能提供的物质基础。

2.教育内容的选择和组成。学校教什么，学生学什么？必然要考虑生产力发展的要求，代表先进生产力的科学技术知识，总是很快地被选作教育内容，随着新的科学技术的出现，学校也随即开设新的学科。

3.教育手段的多样和科学。随着科学技术的发展，生产力水平的提高，也为教育提供更科学的教育手段，有力地推动着教育质量的提高。如电化教育的发展，由通用教室发展到有专业课设备的专用教室,这些,都是要以生产力的发展为前提条件。

4.教育设备的改造和更新。办教育总要有一定的教育设备,如教室、实验室、办公室、体育活动的场地、器材等,房屋年代久了要维修,器材设备损坏了要更新等,都是要靠生产力提供可能。

(三)教育对生产力的促进作用

生产力的发展推动和制约着教育的发展,而教育对生产力的发展也起重大的促进作用。主要表现在:

1.劳动力再生产的手段。人一生下来只是一个生物的人,不是劳动力,而只是一个可能的劳动力,把可能的劳动力变为现实的劳动力,要靠教育。在当代社会,生产力的发展,生产效率的提高,越来越依靠科学技术,要求劳动者接受更多、更专门的教育。教育对促进生产力发展的作用就愈来愈大。据统计,在机械化的初级阶段,在生产中体力劳动与脑力劳动的比例是9比1;在中等机械化阶段,生产中体力劳动与脑力劳动的比例是6比4;在全盘自动化时期,生产中体力劳动与脑力劳动的比例是1比9。这说明脑力劳动在现代生产中的作用愈来愈大,知识生产的扩大与提高,已成为决定生产力、竞争力和经济增长的关键因素,今天的教育决定着明天的科学文化和生产力的发展水平,已为世界各国有识之士所公认。

2.科学知识再生产的手段。科学技术是第一生产力,已是人们的共识,但严格地说来,只是一个潜在的生产力,科学知识作为一种知识形态,在专用于生产中,它是不能创造物质财富的,只有科学技术被劳动者所掌握,并应用到生产中去,创造出物质财富,才成为现实的生产力。科学知识怎样才能为劳动者所掌握呢?这要靠教育。通过教育,使劳动者掌握科学技术,在劳动者中推广科学技术知识,并帮助劳动者将科学技术应用到生产中去。所以教育是实现科学知识再生产的重要手段。

3.发展科学的重要手段。教育的主要职能是传递已有的科学知识,但同时也担负着发展科学、生产新的科学技术知识的任务。这在高等学校更为明显。教育领域里,是知识分子集中的地方,在高等学校里,更有许多专家学者,又有较先进的实验设备,可进行高水平的科学研究,是发展科学技术的一个重要方面军。事实上许多新技术、新发明都产生于高等学校。教育也是产生新知识的领地之一,因而也是发展科学的一个重要手段。

由于教育能把可能的劳动力转化为现实的劳动力,是科学知识再生产和发展科学的重要手段,对提高生产效率和增加社会财富起着重要作用,因而教育是具有生产性的。日本总结的经验是:"谁要想经济得到发展,谁就必须先办教育。"这种重视教育的先导作用,优先发展教育的做法,越来越被世界各国所重视。在联合国教科文组织出版的《学会生存——教育世界的今天和明天》一书中写道:"现在,教育在全世界的发展正倾向先于经济的发展,这在人类历史上大概还是第一次。"因此,在以科技为生产的先导的当代社会,经济要起飞,教育须先行,这是我们对当今世界生产力和教育的关系应有的认识。

二、教育与政治、经济制度的关系

(一)政治经济制度对教育的决定作用

关于教育和政治、经济制度的关系,可以用毛泽东同志的以下论断来分析:"一定的文化(当作观念形态的文化)是一定社会政治和经济的反映,又给予伟大影响和作用于一定社会的政治和经济;而经济是基础,政治则是经济的集中表现。"

（《新民主主义论》）这里的文化、政治、经济关系中，教育是包括在文化之内的，教育和政治、经济的关系如同文化和政治、经济的关系，即首先教育是政治、经济的反映，然后才是教育影响和作用政治、经济。这是因为，先有了什么样的政治、经济以后，教育才去反映这种政治、经济，这就是先是政治、经济，然后才是教育，是政治、经济决定教育。这种决定与被决定的关系是不能颠倒的。那么，政治、经济怎样决定教育呢？

1. 政治、经济决定教育的性质。教育性质如何，是受政治、经济的性质决定的。同样是有阶级的奴隶社会、封建社会、资本主义社会，所反映的教育性质就不同，这是因为这些社会的政治、经济制度的性质不同，就有不同性质的教育去反映它。等级森严的封建社会里，就有等级分明的教育制度来维护封建社会的政治、经济。

2. 政治、经济决定教育的权利。教育的权利，无论是教育的领导权，还是受教育权，在任何社会，都是受这个社会的政治、经济决定的，一般地讲，这个社会的政治、经济的统治者，也就是教育的领导者，教育的领导权一定会牢牢掌握在政治、经济的统治阶层手里。同理，受教育的权利，也是受政治、经济决定的，什么人能受教育，受到怎样的教育，都是由统治政治、经济的阶层按照其政治、经济的需要来决定。在奴隶社会，教育的领导权和受教育的权，都被奴隶主阶级所垄断，奴隶是没有受教育的权利。在社会主义社会，人民是国家的主人，人人都享有受教育的权利。

3. 政治、经济决定教育目的、性质和部分教育内容。教育要培养什么样的人，进行什么样的思想品德教育，都是受政治、经济决定的，即使文化科学知识的内容，也会受到掌握领导权的统治阶层的审定,以服务于其政治、经济的需要。

4.政治、经济决定教育的方针、政策和改革。对教育活动有重要意义的教育方针、政策和教育改革,总是受政治、经济决定的。无论哪个国家,其教育方针、政策的制定,教育改革的实施,总是从当时社会的政治、经济需要出发,为其政治、经济服务。即使是同一个国家,在不同时期,制定出不同的教育方针、政策和改革,就是源于不同政治、经济的需要。因此,教育方针、政策和改革的时代性很强,其实就是政治性强。

(二)教育对政治、经济的影响作用

被一定的政治、经济决定的教育,又给予一定的政治、经济以极大的影响和作用,这就是教育促进政治、经济的发展。具体表现在:

1.培养人才。教育是以为社会培养人才为己任的。为社会培养人才,首先是为社会的政治、经济需要培养人才。这种人才一方面是政治、经济各行业所需要的普通劳动者,另一方面是政治、经济各行业所需要的领导者。就普通劳动者来说,在当今的社会,无论从事政治、经济哪一部门的工作,没有一定的教育训练是不行的。在日本,对各行业的职员的学历要求,最低是高中毕业,有些部门,还需要经过专门的职业技术培训,有的部门明文规定需要大学毕业文凭,这种对工作人员的学历要求愈来愈高,可以说是人类社会日益进步的一个重要标志。在我国深圳特区,具有硕士毕业文凭的人容易被用人单位所录用,已成为公认的事实。在物质文明和精神文明日益发展的当今社会,对于政治、经济部门各行业的领导人,需要更高的文化教育水平,一个国家的某些大学成为这个国家政治、经济的领导人的培养基地,越来越成为一个普遍的事实。

如日本的东京大学,英国的剑桥、牛津大学,法国的巴黎大学,俄罗斯的莫斯科大学等,都为该国培养了一代又一代的各部高级领导人。我国中共十四大新当选的中央政治局委员、后补委员二十二人中,大专以上学历者就有二十人。

2.传播观念。教育战线是知识分子集中的地方,有知识是特有的优势。利用这种优势来为政治、经济的需要制造舆论,是教育给予政治、经济以极大的影响和作用的又一个方面。通过教育,宣传一定的政治、经济的主张,通过知识的解释、说明,论证其政治、经济主张的正确性,让人们有所了解,达到有共同的认识,形成正确的观念。教育的这种制造舆论,宣传观念,传播意识的作用是很大的。我国古代的《学记》就写到"君子如欲化民成俗,其必由学乎"。

3.加速变革。当今的社会是一个不断改革变化的社会,这种改革变化,涉及到各个方面。社会自身在改革、在变化、在发展,也改变着人们的生活。这"生活"的内涵,既包含着人们生活行为方式的改变,也包含着人们思维方式的改变。这种"变"当然是受着社会在变的现实的自发影响,但人的长期形成的生活方式和思维方式,不是自发影响能完全解决得了的,因而固有的习惯与在变的现实之间的矛盾是客观存在的,有时表现还很尖锐。这就需要教育,靠教育的说理分析,指导人们去认识和解决这一矛盾,矛盾解决了,就能把改革的阻力变成助力,推动社会变革的进程。因此,改革的社会在呼唤教育,特别是通过进行了自身改革的教育,来为加速变革的社会服务。

(三)市场经济与教育

我国的现代化建设,进入了建立社会主义市场经济的新时期。由计划经济向市场经济的过渡,这是社会的大变革,也是政治、经济领域的一次深刻的变革。

1. 教育要适应市场经济。社会主义现代化建设必须依靠教育，教育必须为社会主义现代化建设服务。这是教育与政治、经济的关系的原理所决定的。在我国进入社会主义市场经济的今天，教育也必须适应市场经济的需要并为市场经济服务。正如由计划经济向市场经济的转变所引起的变革是广泛而又深刻的一样，教育要适应市场经济这一变革也是广泛而深刻的。它涉及到教育目的、教育制度、教育结构、教育内容、教育形式……等多方面。原来适应计划经济的一套体制，有些显得过时了，需要调整；市场经济对教育提出许多新的要求，需要重新规划安排。总之，教育的一切变革，都要适应市场经济的需要、促进市场经济的发展。当然，教育的改革，要从教育自身出发，因为教育与经济部门不同，有其自身的特点和规律，只有坚持教育自身的特点和规律，积极进行适应市场经济的教育改革，只有这样的改革，才能实现既推动了教育自身的改革，也促进了市场经济的发展。

2. 与世界教育接轨。我国现在进行的社会主义市场经济的改革，是吸取了人类社会发展的积极成果。因为，市场经济的形成与发展，是人类社会进步的成果，我国所进行的社会主义市场经济改革，实际上是将人类所创造的这方面的财富，结合我国国情，移植到我国来，这种移植，当然要吸收世界各国在发展市场经济中的好经验，建立一个适合我国国情的新的市场经济体制。同时，也能使我国的经济发展与世界各国的经济发展密切联系起来，投入到国际经济的大循环中去。吸收国外教育改革的先进经验，结合我国国情，积极进行我国社会主义市场经济下的教育改革，使我国的教育与世界发达国家的教育同轨进行,是我国当前教育改革所要达到的目标。如以市场经济为主的许多发达国家,在教育投资上,国家投资倾向于基础的免费义务教育,而对于非义务教育的高等教育,多采取自费入学的办法,遵循谁收益,谁投资原则,大学设立奖学金,以鼓励勤学上进者。这样的教育,适应了经济发展的需要,促进了政治、经济的发展。这样的经验值得我们学习和借鉴。

思 考 题

1. 影响人的身心发展的因素有哪些?各有什么作用?有何特点?

2. 为什么要批判遗传决定论、环境决定论、教育万能论、教育无能论和个性自由化?

3. 什么是身心发展的顺序性、阶段性、差异性、不平衡性?教育如何适应这些身心发展规律?

4. 教育和生产力的辩证关系是怎样的?

5. 教育和政治、经济的辩证关系是怎样的?

6. 如何理解"改革的社会呼唤教育"、"经济要发展,教育要先行"?

7. 教育如何适应市场经济进行改革?

8. 试比较"生产—技术—科学"与"科学—技术—生产"的模式有何不同意义?

作 业 题

1. 结合体育实际,试析遗传、环境、教育和人的主观能动性对人的身心发展有何作用?对体育人才的培养有何意义?

2. 什么是现代"教育观"?

第三章　教　育　目　的

内容简介

本章主要介绍教育目的的基本概念,教育目的与教育方针、培养目标的关系,教育目的的意义。阐述教育目的的社会制约性,教育目的的价值取向理论和马克思主义关于人的全面发展学说。提出我国社会主义的教育目的和全面发展教育的基本组成部分,我国中小学教育的基础性质以及在学校培养人才方面出现的错误倾向。

重点难点

本章重点是教育目的制订的依据,两种不同教育目的的价值取向观,我国中小学教育的性质和任务。马克思主义关于人的全面发展学说既是重点,也是难点。

教学要求

教育目的在整个教育活动中处于核心地位。教师要从理论上加以说明,使学生认识到教育目的的重要性,使教育活动的每一方面都同为国家培养合格人才联系起来。

学习方法

学生主要通过自学、讨论,在搞清楚教育目的的基本理论方面,联系中小学教育是基础教育,学校如何培养好人才作些实践性的探讨。

第一节　教育目的概述

一、教育目的的概念

（一）教育目的的概念

教育目的是把受教育者培养成为一定社会所需要的人的总要求，它规定着人才培养的质量规格。

人们从事任何一项活动都是有意识、有目的的，教育活动也不例外。也就是说，在进行教育活动之前，人们对于要把受教育者培养成什么样的人，已经在观念上有了某种预期的结果或理想的模型。通过教育活动，引起受教育者的身心向着预期的结果方向变化，达到人才培养的质量规格标准。

广义的教育目的存在于一切教育活动之中。从最原始的教育一直到最现代的教育，都具有一定的目的。教育学所探讨的教育目的，并不是广义的教育目的，而是在进行有目的、有计划、有组织的学校教育活动中实现的学校教育目的。

教育目的存在于人们的观念之中。在不同的历史时期和社会中，对于把受教育者培养成什么样的人，都会有各自的期望。也就是说，都会有各自不同主张的教育目的。这种教育目的可能是由某个教育家、思想家、政治家提出并倡导而得到社会承认；也可能是由国家或政党根据社会需要加以制定推行。

（二）教育目的与教育方针、培养目标

教育方针是为达到一定的教育目的，国家或政党在一定历史阶段规定的教育工作发展的总方向，是教育政策的总概括。一定的教育方针是一定社会政治、经济制度的表现，并且为一定社会政治、经济服务。在我国，1957年，毛泽东同志提出："我们的教育方针，应该使受教育者在德育、智育、体育几方面都得到发展，成为有社会主义觉悟的有文化的劳动者。" 1958年颁布的《中共中央、国务院关于教育工作的指示》中规定："党的教育工作方针，是教育为无产阶级政治服务，教育与生产劳动相结合。" 1981年6月颁布的《中国共产党中央委员会关于建国以来党的若干历史问题的决议》中指出："坚持德智体全面发展、又红又专、知识分子与工人农民相结合、脑力劳动与体力劳动相结合的教育方针。" 1983年国庆节，邓小平同志提出："教育要面向现代化，面向世界，面向未来。" 1985年5月27日《中共中央关于教育体制改革的决定》中指出："教育必须为社会主义建设服务，社会主义建设必须依靠教育。"所有这一系列在我国解放后不同历史发展阶段中的关于教育方针的表述，都是围绕着实现我国社会主义的教育目的，培养合乎我国社会主义建设需要的质量规格的合格人才服务的。

培养目标从广义上说即教育目的，狭义的是指各级各类学校（或各专业）的培养要求。它是根据学校的性质、任务和受教育者的特点规定的，是教育目的的体现和具体化。从学校教育来讲，纵向的有学前教育、初等教育、中等教育和高等教育；横向的除了全日制的普通教育以外，还有各种专业教育，职业技术教育和师范教育等。如果说教育目的是社会培养人才的总要求，那么各级各类学校各自培养人才的要求就是培养目标。也就是说教育目的具有统一性，而培养目标具有多样性。

（三）教育目的的意义

教育目的规定了人才培养的发展方向。教育目的在整个教育活动中处于核心地位。它既是教育活动的出发点和依据，又是教育活动的归宿。一切教育活动都是为着实现一定的教育目的。

教育目的是教育活动的出发点和依据。就是说,教育工作要以教育目的来计划和安排,教育制度的建立、教育内容的确立、教学方法和教学组织形式的选择,要受教育目的所制约。

教育目的是教育活动的归宿。就是说,学校的一切教育工作都要根据教育目的来衡量和检验。

教育目的对于教育工作者的所有工作具有重大的指导意义。教育工作者只有深刻、全面地理解教育目的,才能提高工作的自觉性和科学预见性,才能为社会主义建设培养好人才。

二、教育目的的社会制约性

教育目的的社会制约性是指一定的教育目的,受一定社会的政治经济制度和生产力、科技水平以及青少年身心发展特点所制约。它反映了社会对培养人的基本要求。

(一)教育目的受社会政治经济制度制约

一定社会的教育是要培养具有一定社会所需要的思想意识和世界观,为维护发展一定社会的政治经济制度服务的人。所以,教育目的的性质和方向是由社会的政治经济决定的。教育目的是随着政治经济制度的变革而改变,并要与一定的政治经济制度相适应。例如,古代希腊斯巴达是奴隶制城邦国家,它要培养的就是"效忠奴隶主的武士";我国古代著名的教育家孔子,主张把受教育者培养成君子和士。《礼记》中说:"君子者,贵人也",即贵族统治者。至于士,则是"生于鄙野,推选而禄"的佐治人才;英国教育家洛克认为,教育目的在于培养绅士,即管理国家的资产者,这种教育是为新兴资产阶级服务的;我国近代半殖民地半封建社会提出了"忠君、尊孔、尚公、尚武、尚实"的教育宗旨,这个教育宗旨是当时洋务派主张的"中学为体、西学为用"口号的具体体现,反映出满清政府对人才培养的要求。由此可见,不同的社会历史时期,由于政治、经济制度的不同,教育目的也是不一样的。

(二)教育目的受生产力和科技水平制约

生产力是人类征服和改造自然的能力。生产力的发展水平体现人类已有的发展程度,又对人的进一步发展提供可能和提出要求。

在古代社会的学校教育目的中,很少反映社会生产力的要求,这是由于当时生产力发展水平比较低下,对直接从事生产的劳动者还没有提出必须接受学校教育训练的要求。到了资本主义社会,由于大工业机器生产的出现,科学技术广泛应用于生产,于是,需要有劳动者掌握一定的科学技术和生产技能的专门训练,这种要求就明显地反映到学校教育目的中来。在当代,特别是第二次世界大战以来,新的科技革命带来了生产力的突飞猛进,引起了物质生产和社会生活方式乃至思维方式、价值观念的巨大变化。面对新的科学技术革命的高潮,无论是资本主义国家还是社会主义国家,都在寻求各种对策,纷纷把教育提高到前所未有的重要地位。1957年,前苏联第一颗人造卫星上天,震惊了世界,美国派出80多人的考察团前往考察,得出的结论是重视教育,回去后马上着手进行了1958年的"加强国防"的教育改革,提出"新三艺",即数学、外语和自然科学,加速对现代化人才的培养。这说明,教育目的在当代已直接受到生产力和科学技术水平发展的制约。

此外,教育目的还受青少年身心发展特点所制约。对受教育者特点的认识是提出教育目的的必要条件。对青少年学生来讲,他们不仅是各级各类学校的教育对象,也是教育活动的主体。他们身心发展的特点作为教育目的是不得不考虑的。这是因为,教育目的所直接指向的对象是青少年学生,人们提出教育目的就是企盼青少年学生的身心发生预期的变化,使其成长为具有一定个性的社会成员,而这必须考虑青少年学生身心发展的规律和过程。教育目的所勾画的受教育者所要形成的素质结构,是社会规定性和学生身心发展两方面的和谐统一,是为了更好地完善学生的个性。当然,反过来也不是说青少年的身心发展特点可以决定教育目的的社会性质和社会内容,那是一种自然主义的思潮,必须加以摈弃。

三、教育目的的价值取向理论

(一)教育目的的价值取向概念

在历史上,人们对于教育目的有着各种各样的提法,除了上面所提及到的教育目的受社会制约的因素以外,还有人们提出教育目的,规定其人才的质量规格,总是从其社会的利益出发,从改造自然、改造社会的需要出发,有所选择和取舍,最终勾画出一个自认为理想的人才模式,作为教育活动所要达到的目标,这就反映出培养人才的一种价值观。

教育目的的价值取向,是指教育目的的提出者或从事教育活动的主体依据自身的需要对教育价值作出选择时所持的一种倾向。人们对于教育活动的价值选择,历来有不同的见解和主张。有的注重个人的发展,有的强调社会需要。就个人的发展来说,侧重面也不一样,有的注重知识的积累;有的强调智力的发展;有的注重品德的完善;有的强调美感的陶冶;有的注重普通文化知识,有的强调应用性的实际操作;有的注重德智体美和谐发展;有的强调个性的创造力培养等。就社会需要而言,有的注重政治影响;有的强调经济效益;有的注重文化素养;有的考虑长远利益;有的重视短期实利,等等。人们对于教育目的的价值取向之所以众说纷纭,这是因为社会生活的复杂化和教育功能的多向性。人们处于不同的政治和经济地位,在不同的社会文化背景下,人们的实践经验、认识水平、政治倾向、社会理想和不同的利益需要,会产生不同的价值观念,对于教育目的也势必会有不同的价值取向。

(二)两种对立的价值观

在教育目的的价值取向上,争论最多影响最大也最带根本性的问题,是教育活动究竟是注重个人的个性发展还是注重社会需要。由此产生出两种对立的价值观。

在教育目的的价值取向理论上主要有两大派。一派谓之"个人本位论",认为教育目的应当由人的本性、本能的需要决定,教育的最根本目的就是人的本性和本能的高度发展。其代表人物有教育家夸美纽斯、卢梭、福禄培尔、裴斯泰洛齐、杜威等人。

夸美纽斯说:"教育在发展健全的个人。"卢梭认为:"教育在使人的各项能力得到自然的、进步的与均衡的发展。"杜威进一步提出:"教育即生长",认为生长即目的,教育除了促进个体生长之外,没有其他目的。

另一派称作"社会本位论",认为教育目的是由社会的需要所决定的,培养社会需要的人,就是教育目的。其代表人物有社会学派创始人孔德,早期社会学家涂尔干等人。孔德认为:"真正的个人是不存在的,只有人类才存在,因为不管从哪方面看,我们个人的一切发展,都有赖于社会。"涂尔干主张:"教育在于使青年社会化——在我们每个人之中,造成一个社会的我,这便是教育目的。"我国古代《学记》提出"欲化民成俗,其必由学";朱熹认为"教育在使人学圣",并把"五伦"(即父子有亲、君臣有义、夫妇有别,长幼有序,朋友有信)列为教育目的等也属于这种理论观点之列。

对于上述两种根本对立的价值取向观,我们认为都有片面之处,也都有合理的因素。对其应该具体分析,批判地吸取其合理的东西。我们应该从社会需要和人的发展的辩证统一观点来考虑教育目的的价值取向。马克思对个人发展与社会发展的关系作了哲学、经济学和社会学的考察,提出了关于人的全面发展的学说,这对于解决教育目的的价值取向问题奠定了理论基础。马克思主义关于人的全面发展的学说,也是制订我国社会主义教育目的的理论依据。

四、马克思主义关于人的全面发展学说

(一)马克思主义关于人的全面发展学说的主要内容

马克思主义认为:人的发展是一个社会历史过程。要受到社会生产力和生产关系的制约。每一代人总是在现成的生产力、生产关系以及思想文化的基础上从事社会实践活动,进行社会交往,改造自然,改造社会,同时也使自身获得发展。研究马克思主义关于人的全面发展的学说,就要对人的发展进行历史的分析。

1.分工导致人的片面发展。马克思和恩格斯运用历史唯物主义的观点,科学地分析了人的发展与社会物质生活条件的关系,历史地考察了由于旧的劳动分工所造成的人的片面发展的过程,指出:分工导致人的片面发展,人的片面发展是和分工同时并进的,到了手工工场时期,人的片面发展达到了极点。工场手工业把劳动者终身束缚在一种职业上,使其成年累月地重复同一种操作，从而造成人的精神和肉体更加片面、畸型发展。还指出小生产只能部分地运用人的智力和才能，而大工业生产才把人的全面发展问题当作现代生产生死攸关的问题提了出来。这就是说，劳动者的全面发展是大工业生产不可违背的客观规律，是历史的必然。

2. 机器大生产是人的全面发展的客观基础。因为大工业是同先进的技术基础相联系的，大工业的技术基础是革命的，这种技术基础不断革命的结果，必然会引起劳动的变换、职能的变动和工人的全面流动性。这就要求劳动者不断提高文化科学水平、全面了解生产系统，以适应生产和科技发展的需要，这就提出了人的全面发展的必要性；机器大生产不仅对人的全面发展提出了必要性，而且还提供了可能性。随着机器大生产的发展，劳动生产率迅速提高，以致有可能创造丰富的物质财富并大量缩短劳动时间，从而使劳动者有充分的闲暇时间去学习科学、技术和文化，发展自己的兴趣、爱好和特长，以适应大工业生产发展的需要。总之机器大生产为人的全面发展提供了客观基础。

3. 实现人的全面发展的社会条件。马克思和恩格斯在论述人的全面发展时，不但讲生产力发展提出的客观需求，同时也讲到生产关系所许可的程度。在资本主义制度下，不可能根本废除旧式分工，劳动者也就不可能根本摆脱片面发展的困境。只有在社会主义革命取得胜利以后，消灭了剥削制度，消除了脑力劳动和体力劳动相对立的社会基础，才能根除造成劳动者片面发展的社会根源和阶级根源。在共产主义的低级阶段，即社会主义社会中，由于存在三大差别，还不能完全消除旧式分工，实现人的全面发展的社会条件还很不充分。只有到了共产主义的高级阶段，即当个人奴隶般地服从于社会分工的现象以及体脑的对立和差别彻底消灭，劳动已不再是谋生的手段，而是生活的第一需要的时候，人的体力和智力才能获得充分自由的发展。

4. 实现人的全面发展的方法。马克思在《资本论》中指了："从工厂制度中萌发出来了未来教育的幼芽，未来教育对所有已满一定年龄的儿童来说，就是生产劳动同智育和体育相结合，它不仅是提高社会生产的一种方法，而且是造就全面发展的人的唯一方法。"教育与生产劳动相结合，不仅是改造资本主义社会最强有力的手段之一，也是培养体脑结合的全面发展的人的根本途径；同时也是提高社会生产，逐步消灭三大差别，建设社会主义和实现共产主义的重要措施。这样就把改造旧社会和建设新社会、改造旧人和培养新人的历史任务纳入教育与生产劳动相结合基本原理之中。

（二）人的全面发展含义

马克思主义关于人的全面发展的学说，最根本的是指人的劳动能力的全面发展，即人的智力和体力尽可能多方面的充分、自由、统一的发展，还应包括道德、志趣和意向的发展。其实质是消除旧式分工带来的人的片面、畸型的发展，使人的智力和体力都得到充分的运用和发展。

马克思主义关于人的全面发展的学说是制订我国社会主义教育目的的理论依据。目前，我国还处在社会主义的初级阶段，我们的最终目标是实现共产主义，但还要走很长的历史道路。我国社会主义初级阶段所需要的人才，应该是为实现共产主义这一伟大历史使命努力的人，也应该以全面发展的人才要求来衡量和培养。

第二节 我国的教育目的

一、我国社会主义的教育目的

（一）我国社会主义教育目的的有关表述

建国以来，为了能使新中国的教育更好地为经济发展和社会发展培养合格人才，党和国家在不同的历史时期曾经对我国的教育目的进行过表述。归结起来，主要有：

1949年底召开的第一次全国教育工作会议，按照《中国人民政治协商会议共同纲领》中文化教育政策，曾作出规定："中华人民共和国的文化教育是新民主主义的教育。它的主要任务是提高人民文化水平，培养国家建设人才，肃清封建的、买办的、法西斯主义的思想，发展为人民服务的思想。这种教育是民族的、科学的、大众的教育。其目的是为人民服务，首先为工农兵服务，为生产建设服务。"1958年中共中央、国务院发布的《关于教育工作的指示》，根据1957年毛泽东同志的讲话精神，明确指出：我国的"教育目的，是培养有社会主义觉悟的有文化的劳动者。"这一教育目的反映了我国社会主义政治、经济和生产发展对培养人才的客观要求。要求社会主义教育所培养的人应该是既有社会主义觉悟，又有文化科学知识的劳动者，这种劳动者不单单指旧式分工下的体力劳动者，而是能够将体力劳动与脑力劳动结合起来的全面发展的新型劳动者。1982年，第五届全国人民代表大会第五次会议通过了《中华人民共和国宪法》，提出："国家培养青年、少年、儿童在品德、智力、体质等方面全面发展。"这也是有关教育目的的规定。1985年，中共中央《关于教育体制改革的决定》又指出：

"教育要为我国的经济和社会发展培养各级各类合格人才"；"所有这些人才，都应该有理想、有道德、有文化、有纪律，热爱社会主义祖国和社会主义事业，具有为国家富强和人民富裕而艰苦奋斗的献身精神，都应该不断追求新知、具有实事求是、独立思考、勇于创造的科学精神。"这段话简称为"四有、两热爱、两精神"。1993 年 2 月，中共中央、国务院发布《中国教育改革和发展纲要》，指出："教育必须为社会主义现代化建设服务，必须与生产劳动相结合，培养德、智、体全面发展的建设者和接班人。"这是关于教育目的的最新表述。

从上述关于我国教育目的的提法表述的回顾中可以看到，建国以来我国在不同的历史时期，提出过种种表述不同的教育目的，它们反映了在不同的历史阶段，教育目的有着不同的具体内容和要求，反映出不同的历史阶段党和政府对我国人才质量规格的总要求。社会越向前发展，这种要求就越高。但是，它们的精神是一致的，都是要使受教育者成为体脑结合、全面发展的社会主义一代新人。

（二）我国社会主义教育目的的基本要素

一般说来，教育目的由两部分内容所组成，第一个部分内容包括教育应当培养具有何种功能的社会成员；第二个部分内容包括为了实现这种功能教育所要形成的人的素质及其结构。教育目的的这两个部分是不可分离的。对教育目的所作的某种功能分析，总是要伴随一定的结构设计，因为不存在没有结构的功能和没有功能的结构。表现在教育结果中的人的社会功能，体现了他的内部素质构成；反过来，人的一定的素质结构也总是决定了他在社会上所能发挥功能的性质及水平。

我国的社会主义教育目的提出："培养有社会主义觉悟的有文化的劳动者"或"培养德、智、体全面发展的建设者和接班人"，就是对表现于教育结果之中的人的社会功能作出规定。这是教育目的的核心部分。为了实现这种社会功能，就必须提出我国现阶段教育所应形成的人的合理素质结构。

德、智、体、美、劳是作为人的素质结构的基本标志，但是，由于教育目的的社会制约性，不同社会，不同阶级对培养人才的具体内容和要求是不同的。我国社会主义的教育目的反映了我国社会的政治和经济对人才培养的客观要求，概括了人们长期在教育实践中积累培养人才的经验，体现了我国社会主义教育自身发展的规律。其组成部分德育、智育、体育、美育和劳动技术教育作为教育的整体是为了使受教育者形成在我国社会主义条件下的合理的素质结构，以便成为社会主义建设的合格人才。

德育。旨在形成受教育者一定思想品德的教育。在我国包括思想教育、政治教育、道德教育等方面，属形成个性的教育范畴。德育在巩固和发展一定的社会制度，形成统一的社会规范，确立稳定的社会秩序等方面具有重要作用，对受教育者各方面素质的发展具有导向和促进作用。

智育。是使受教育者掌握系统科学文化知识与技能、发展智力的教育。智育为受教育者思想品德、审美观点、良好身体素质等的形成与发展准备知识与能力的基础。在掌握从事社会主义现代化建设实际本领和个性全面发展中起着重要作用。

体育。是使受教育者增强体质以及掌握相应知识与技能的教育。体育对促进儿童青少年正常发育、完善身体形态和机能等方面有重要作用。为学生智育、德育等发展准备必要身体条件，也有助于形成和发展一定的审美观点和审美能力。在学生全面发展中起基础和保证作用。

美育。亦称"美学教育"、"审美教育"。是使学生掌握审美基础知识、形成一定的审美能力、培养正确的审美观点的教育。美育在净化学生心灵，激励学生热爱生活和追求美好事物、促进学生全面发展中具有巨大的催化作用。

劳动技术教育。是对学生实施劳动和生产技术的教育。旨在培养学生的劳动观点、劳动习惯和热爱劳动人民的思想感情；培养学生初步掌握一些生产劳动或通用的职业技术基础知识和基本技能。是全面贯彻教育方针，提高全民族素质，促进学生全面发展的重要措施之一。

上述全面发展教育的五个组成部分各有其自己的特点、规律和功能，是相对独立的。但又彼此联系，相互制约，相互渗透，相辅相成。它们从各个方面保证教育目的的实现。正确理解、全面处理各育之间的关系，是实现教育目的的关键。

我们必须考虑到人的素质结构的全面性和整体性，坚持五育并举，发挥教育的整体功能。对于受教育者的人来讲，德、智、体、美、劳是一个整体的人的发展的各个方面，是统一在一个完整的人的素质结构之中。五育也只有在理论抽象中才各自独立存在，在实际生活中它们总是作为一种完整的个性表现出来。因此，我们不能顾此失彼，重一育而轻其它，这样培养出来的人才素质结构会有缺陷。试想，一个掌握了知识技能本领的人，却不愿为我们这个社会服务，或身体欠佳不能为社会服务，他的知识技能本领对我们这个社会还有什么用呢？同样，口口声声说要为社会主义建设贡献力量，但就是不好好学习文化科学技术知识，没有掌握好为社会服务的本领，这样的人能说有德吗？

当然，我们强调五育并举、全面发展，并不是主张平均发展，或要求每一个学生在所有领域都成为顶尖人才，既是科学家、运动健将，又是技术能手，这是不可能的。但是，要求每一个受教育者在德、智、体、美、劳诸方面都有一定程度的发展，没有重大缺陷，则是合理的。教育目的中关于人的合理素质结构，是指学生的基本素质的发展，学生完全可以而且应该在基本素质全面发展的基础上保持并发展自己的兴趣爱好和专业特长。就个人来说，基本素质的发展和兴趣、特长的发展是相互促进的。所以，在教育工作中，要把全面发展教育与因材施教结合起来，使学生既有完善的人的素质结构，又能充分发展其所长，形成丰富而独特的个性。

二、我国的中小学教育

我国社会主义教育目的所规定的培养人才的质量规格，是各种形式的教育和各级各类学校都必须贯彻的，但由于各级各类学校的性质和任务不同，在实现社会主义的教育目的时会各有自己的特点。对于普通中小学如何实现教育目的，就首先应该明确中小学教育的性质和任务。

（一）中小学教育是基础教育

普通中小学其教育的性质是基础教育；它的任务是培养全体学生的基本素质，为他们学习做人和进一步接受专业（职业）教育打好基础，为提高民族素质打好基础。

普通中小学要为学生的做人打好基础。青少年学生是国家的未来，是未成年人，他们的生理、心理都有一个成熟的过程，是个性逐步形成的时期。青少年学生要从社会意识薄弱的未成年者转化为社会主体,需要我们中小学教育加以引导和促进,它对青少年儿童的一生将产生深远影响。未来的社会主人需要在青少年儿童时期打好基础,这包括许多方面,如掌握好科学文化基础知识和基本技能,发展智力,具有良好的思想品德和高尚的审美情趣,有健康的身体,具有一定的自学能力和自我完善能力,等等。只有这样,他们才能在未来的社会生活中有广泛的适应性和较大的自由度,既能自己选择生活,也能被生活所选择。我们希望每一个青少年儿童都能在上述诸方面得到健康和健全的发展。所以,普通中小学的教育具有基础性、全面性和全体性的特点。

普通中小学要为学生进一步接受专业(职业)教育打好基础。专业(职业)教育是为劳动就业作准备,专业(职业)教育需以普通的文化科学知识和技能为基础。因此,中小学教育的基础性质同时也是专业(职业)教育的基础。普通中小学虽然有时也进行一定的职业教育,但这是不够的。按照我国现行学校教育制度和义务教育实施的步骤,普通初中有一部分不能升入普通高中,要进行必要的职业教育和培训;普通高中的毕业生要接受高等专业(职业)教育,然后成为各级各类的建设人才和劳动者。所以,普通中小学在为学生的做人打基础的同时也在为他们接受专业(职业)教育打基础。

普通中小学要为提高民族素质打好基础。一个民族的盛衰,同该民族的人的素质有关。民族素质从内容上来看,有民族的身体素质、科学文化素质;劳动技能素质、思想、政治、道德素质、审美素质以及思维方式、传统的社会心理素质等等;从层次上看,它从包括有世界第一流的乃至划时代的科学家、发明家、思想家、政治家、文学家、艺术家、教育家到各级各类专门人才、劳动者组成的群体结构。这些民族素质的内容和层次，普通中小学教育起着奠基的作用。当前世界各国都十分重视普及义务教育，因为义务教育程度和质量的高低，是衡量民族素质高低的重要标志。因此，要提高我们中华民族的素质，必须重视普通中小学的基础教育。

我国基础教育的意义十分重大，任务也极其艰巨。这是因为：我国是一个有11亿人口的大国，我们现在还处在社会主义的初级阶段，要搞社会主义的现代化建设，我们的底子还很薄弱，同世界上发达国家相比有很大的差距。特别是当前在计划经济转变为社会主义市场经济的阶段中，需要更新观念，包括人们的经济意识、政治意识、文化意识和社会心理等。我们面临的这种形势和任务，都同基础教育有关。1987年在中国共产党第十三次全国代表大会的报告中指出："从根本上说，科技的发展，经济的振兴，乃至整个社会的进步，都取决于劳动者素质的提高和大量合格人才的培养。百年大计，教育为本。"而基础教育又是教育之本，基础教育在社会主义现代化建设中处于基石的地位，直接关系着现代化建设的成败。

从国际上看，一些发达国家的历史经验和当前教育改革的趋向都说明，基础教育是经济发展和社会进步的标志。都把基础教育当作人力资源开发的根基，提高国民素质的根基。因此，我们也必须高度重视基础教育。面对新技术革命的挑战和国际间的激烈竞争，要把基础教育当作一项强国富民，战胜竞争对手的国策，把中华民族的国民素质提高到社会主义现代化建设的新水平上。

（二）两种值得注意的倾向

在强调中小学基础教育，培养全面发展的合格人才的过程中,有两种倾向必须引起我们的注意。

一是片面追求升学率的倾向。这种倾向的主要表现:(1)把基础教育搞成升学教育,驱使广大学生为争夺高学历而奋斗,脱离我国经济发展和社会发展对人才的不同层次的实际需求。(2)忽视了学生个性的全面发展,重智育而轻其他各育,而智育中又重知识教学,轻智力发展,考什么,教什么,学生围着考题转,大搞题海战术,加重了学生负担,学生知识结构残缺,学习方法上养成唯书、唯背的心理定势。(3)把精力集中在少数学生身上,放松和忽视了多数学生的培养。(4)把学生封闭在狭窄的生活空间里,除了读书还是读书,为分数拼命,没有自由时间,失去青春乐趣。有的学生产生了"学习厌恶症"、"考试恐怖症",个性受到严重压抑和损伤。可见,片面追求升学率是背离我国教育的目的和中小学基础教育的性质,同时也违反了人的成长规律。

二是出现流生增长的倾向。它同片面追求升学率倾向相对应的是:那里"千军万马过独木桥",这里没指望过桥的就悄悄溜走。近年来出现的流生增长的倾向,其原因也是多方面的。(1)受"读书无用论"的影响,不读书照样成大款,很多少年儿童弃学经商,弃学做工,弃学务农,成为"童商"、"童工"、"童农"。(2)传统观念的偏见作用,特别是有些农村地区的女学童,父母认为女儿早晚是别人家的,何必现在出钱为人家培养呢。(3)有些贫困地区和边区,由于经费不足,交通不便,出现了不少失学儿童。

以上两种倾向从社会原因来分析,实际上是一个问题的两种表现。在现阶段,我国的教育主要还是在人们的观念上被当作是一种谋生的准备。人们在对教育作价值判断和选择时采取了狭隘功利主义的态度。有的人认为高学历可以得到高地位、高待遇、高消费,他们就"唯有读书高",选择片面追求升学道;而有的人看到当前社会上"脑体倒挂"的现实,他们就认为"读书无用"、"知识越多越贫穷",于是选择弃学经商,弃学做工,弃学务农,这是一种自发倾向。我们需要从国家和人民的长远利益出发,进行理性疏导、政策调节和法律限制。特别要根据《中国教育改革和发展纲要》中提出的"要认真贯彻执行好《中华人民共和国义务教育法》及其实施细则,以积极进取的精神,从本地区的实际出发,把普及九年义务教育的目标落到实处,要建立检查、监督和奖惩制度,确保义务教育法的贯彻执行。政府、社会、家长要认真履行自己的义务,保证适龄儿童入学,制止学生的辍学。对招用学龄儿童和少年就业的组织和个人,必须坚决依法制裁。"使我国的中小学基础教育能健康、完善地得到发展。

思 考 题

1. 什么是教育目的? 教育目的、教育方针、培养目标的关系如何?

2. 教育目的的意义是什么?

3. 制订教育目的的依据有哪些?

4. 试述个人本位论和社会本位论。

5. 马克思主义关于人的全面发展学说的主要内容是什么?

6. 我国社会主义教育目的如何表述?

7. 中小学教育的性质和任务是什么?

8. 你认为当前妨碍中小学实施全面发展教育的主要倾

向是什么？

体育教师的本职工作和全面发展教育的关系如何？

第四章 学校教育制度

内容简介

本章阐述学校教育制度和教育制度的概念及它们的关系,学制建立的依据;介绍当前世界学制改革的趋势和我国现代学制的沿革,说明我国现行的学校系统并提出了我国当前学制改革的指导思想和基本原则。

重点难点

本章重点是学校教育制度和国民教育制度的关系,学校教育制度建立的依据,我国解放后学制的变革;难点是我国学制改革的指导思想和基本原则。

教学要求

教师要运用好学制方面的有关理论材料内容广开学生的思路,让学生对我国当前学制改革的重要性有新的认识,提出自己的设想。

学习方法

学习时要注意联系当代各国学制改革的趋势及基本特点,分析其规律性;总结我国近现代学制沿革中的有益经验,从中理解学制改革与社会主义现代化建设的内在联系,作为我国学制改革的借鉴。

第一节　学校教育制度概述

一、学校教育制度和教育制度

（一）学校教育制度概念

学校教育制度简称学制。指一个国家各级各类学校的系统，它规定各级各类学校的性质、任务、入学条件、修业年限以及它们之间的关系。

学校教育制度是国家实现教育目的和培养各种人才的重要保证。当今世界上现代学校已构成一个复杂的系统。从纵向的教育程度可划分为幼儿教育、初等教育、中等教育、高等教育机构；从横向的教育类型可划分为普通教育和各种专业（职业）教育等教育机构；从教育的时间上划分有全日制、半日制和业余教育等；从主要教育手段和场所划分有面授、函授、广播、电视、电教等；从主办对象划分有国家办、地方办、企事业办和私人办的教育机构。组成了一个纵横交叉的学校教育网。没有上述比较完善的教育机构和相应的规章制度，教育就不能完成培养人才的任务。

（二）教育制度概念

学校教育制度是整个国家教育制度的主体。教育制度又称国民教育制度，是指根据国家的性质制订的教育目的、方针和设施的总称。它除了包括上述的各级各类学校教育机构外，还包括各级教育行政机构；儿童校外教育机构（如青少年宫、少年科技站、儿童图书馆）和成人文化教育机构（如文化宫、俱乐部、影剧院、图书馆等）。教育制度反映了一个国家的教育总目的和政治、经济、文化发展的水平。

二、学校教育制度建立的依据

学校教育制度的建立不是随意的,它要受一定社会的政治经济制度、生产力和科学技术水平以及青少年身心发展的规律所制约。此外,还受到本国学制的历史沿革和国外学制的影响。

(一)学校教育制度受一定社会政治经济制度制约

从历史上看,学校教育制度总是受一定社会政治经济制度制约的。从奴隶社会开始出现了阶级分化,学校教育制度就具有了阶级性。各个社会的统治阶级都是根据本阶级的政治需要和经济利益制定学制,建立各级各类学校,以培养统治阶级所需要的人才。如我国的奴隶社会,强调"学在官府",规定只有奴隶主贵族子弟才有入学资格,体现出奴隶主阶级对学校的垄断性;我国封建社会中,初等教育一般在私塾进行。由国家办的高等教育,以唐代中央设立的六学(即国子学、太学、四门学、书学、算学、律学)和二馆(即弘文馆和崇文馆)为例,严格规定了什么样等级官员的子弟进哪一种学校,体现出鲜明的等级性。即使是下设的州、府、县学等,也只有封建贵族和地主子弟才能进这些学校,广大农民的子弟被剥夺了受教育的权利,他们无力进入学校学习。少数人即使进一些门馆村塾,受到的教育也主要是封建思想的奴化。可见我国封建社会的学制,是为维护地主阶级利益的封建的政治经济制度服务的。

资本主义社会的学制是适应资本主义政治经济制度的要求而建立起来的。最为典型的是资本主义社会早期出现的双轨制。资产阶级一方面需要有文化、懂得现代科学技术的经营管理者和国家机构中的官吏,在学制上形成了从预备学校到学术性中学再到大学的一条轨道,以培养资产阶级所需要的统治人才和管理人才;另一方面,也需要有源源不断的,有一定文化科学知识的劳动力,在学制上也开始给劳动人民办学校,但这仅仅是从国民小学到初等、中等职业学校的另一条学制轨道,以培养供资本家使用的熟练工人。有些资本主义国家如美国,日本,在形式上实行单轨制,但实际上还是双轨制,一批名牌私立学校师资水平高,设备条件好,收取高额学费,是专为上层资产阶级子女开设的。而劳动人民的子女只能进国家设立的普及义务教育的公共学校和各种职业技术学校。

资本主义社会的学制扩大了学校教育范围,出现了普及义务教育,形成了职业技术教育体系,产生了不同层次多种类型的学校,学校教育系统趋于完整,比起封建社会具有明显等级性的单一学制是历史的巨大进步,但仍然受到资本主义政治经济的制约。

(二)学校教育制度受社会生产力和科学技术发展水平所制约

学校是人类社会发展到一定阶段的产物。原始社会只有教育,没有学校。只是到了奴隶社会(原始社会末期),由于生产力的发展,出现了体脑分工和文化知识的积累,才出现了专门的教育场所——学校,以后逐渐形成学校教育制度。在奴隶社会和封建社会中,广大劳动人民被排斥在学校教育系统之外,一方面固然是出于巩固政治经济制度的需要,另一方面也由于在当时的生产力水平低下,奴隶和农民并不需要有多少知识就可以进行生产,生产劳动本身并未向学校教育提出要求,因而学校类型也比较单一。另外,自然科学的各领域还没有从哲学中分化出来,成为独立的学科。虽然封建社会已出现了算学、医学,有培养某些专门人才的学校,但整个生产力发展水平还很低,以个体手工劳动为主,科学技术还没有发展起来。也就不可能产生分门别类的各种职业技术学校。到了资本主义社会,劳动人民开始享有一定的受教育的权利,他们的教育被纳入学校教育制度之中,这主要是由机器大生产的需要和它提供的可能性所决定的。生产力的发展要求培养各种专门人才,在学校教育制度中就出现了各种专业和职业学校,普及义务教育也随之发展起来。同时,生产力和科学技术的发展水平对于学校的师资、设备和教材等因素也有重要的制约作用,而这些因素又对于学校教育制度的某些方面,如学习年限的长短,"英才教育"等等带来影响。

(三)学校教育制度受学生身心发展规律所制约

在人的一生中,从新生儿到成年,各个不同的年龄阶段是互相联系又互相区别的。人在各个年龄阶段有其发展的特点,学校教育制度要适应人的身心发展的这种客观规律。

比如,关于入学年龄的规定,人在5~6岁时,脑的结构已趋于成熟,从这一年龄起,儿童即可进行学习。5~6岁至16~17岁是儿童接受与存储各种科学文化知识与全面接受德智体教育的最佳时期,正是由于这一特点,很多国家的学制都把这一年龄阶段定为基础教育阶段。6岁左右入学,并且根据学生身心发展的阶段性,把学校教育划分为小学、中学、大学等阶段,中学又大多分为初中和高中阶段,这一事实说明制定学制是以学生身心发展规律为依据的。又比如,根据智力的正态分布,儿童智力发展的差异性是普遍现象,对超常儿童进行"英才教育";对弱智儿童办一些特殊学校、特殊班级,允许缩短或延长学习年限,实行特殊招生等。这种学制上的灵活性,同样说明制订学制是以学生身心发展规律为依据的。

(四)学校教育制度受本国学制的历史沿革和国外学制的影响

每个国家的学制都有其形成和发展的过程,制订新学制时,不能脱离本国学制的发展历史,要吸收原有学制中有用的部分,还要适合民族传统和文化传统。在继承和发展本国学制长处的同时,也要参照国外学制和学制改革的经验。

综上所述,学校教育制度受多种因素制约,我们在研究学制时,不仅要考察政治经济制度对于学制的制约作用,看到在不同的社会制度下的学制具有的不同的特(阶级)性。同时还应该看到由于不同的生产力和科学技术发展水平,民族的文化历史传统影响,在相同的社会制度下也可以形成某些各不相同的学制。此外,在不同的社会制度下,由于人的身心发展规律的普遍性,学制的某些方面,如入学年龄、普及教育的年限,学校阶段的划分以及办学形式等方面也可以有许多共同之处。因此,要建立科学的具有本国特点的学制,必须从多方面进行探索和试验,研究学制的客观依据。

三、当前世界学制改革的趋势

进入本世纪 70 年代以来,由于社会生产力的不断提高和科学技术的巨大进步,给现代社会经济、政治、军事、文化带来了一系列的急剧变化。为了适应这种急剧的变化,发达国家和发展中国家都对学制进行了一系列的改革,并取得了一定的成效和经验。其学制改革的趋势大致有以下几个方面。

(一)重视学前教育

早期智力开发是当前世界上十分关注的问题。国外的教育和心理学家都十分重视早期教育的研究。普遍认为:一是 5

岁前是智力发展最为迅速的时期。美国教育心理学家布卢姆的研究提出,每个人的智力发展尽管是多种多样的,但它的发展的一般方式是:与17岁所达到的普遍智力水平相比较,从4岁起就已经占了50%,其余30%是在4～8岁获得的,最后的20%是在8～17岁获得的。个人赖以发展的环境对智力发展的影响,在智力发展极为迅速的时期为最大,而在变化极为缓慢的时期则甚少。二是儿童学业的成败在很大程度上取决于早期经验。据布卢姆的研究,学生的学业成绩,至少三分之一在他6岁进小学一年级时已经定型。也就是说,生命头5年里获得的信息,对他今后的学业有着重大影响,而一个人的智力发展与个人所处的环境条件很有关系。因此,布卢姆的结论是:在幼儿期被剥夺了智力刺激的儿童,永远达不到他们原来应该达到的高水平。

这些研究的结论虽然有待探讨,但在一定程度上说明了学前教育的重要性。当前世界各国普遍注重了对儿童的早期智力开发,加强了学前教育工作,有的已把学前教育纳入了学制系统,如瑞士、法国等,在法律上规定5、6岁儿童全部入幼儿园,视为国民义务教育的组成部分。朝鲜从1972年开始实行一年制(5岁)学前义务教育,到1978年,儿童入园率已几乎达到100%。70年代以后,发达国家小学一年级学生中受过学前教育的,法国已达100%,美国达80%,日本达90%。此外,还特别重视幼儿教师的培养。在美国,幼儿教师是在大学和教育学院培养的;在日本,战后所有幼儿园教师一律由普通大学和短期大学来培养,近年来又逐步增加幼儿园教师中四年制大学毕业生的比例,增设四年制幼儿园教师培训课程。

总之,在当代国外学制改革的趋势中,学前教育发展的速度很快,学前教育已成为培养人才的一个重要阶段。说明各国在开发智力资源,竞相培养人才的总趋势中,都普遍重视儿童早期智力的开发。

(二)逐步延长义务教育年限

义务教育是国家以法律的形式规定一定年龄的儿童受一定程度教育的年限,是一种强迫教育。义务教育能保证一个国家或民族的国民基本受教育程度,对民族的基本素质的提高是非常必要的。以立法形式来推行和延长义务教育的年限是现代教育制度的重要标志之一。

义务教育制度是伴随着资本主义大工业生产而产生的,初期实行的义务教育,年限很少,随着经济与科技的发展,义务教育的年限在逐渐延长,许多国家由过去的 5、6 年延长到现在的 10～12 年。例如日本,1866 年开始实施义务教育,规定年限为 4 年。到 1907 年,义务教育年限延长到 6 年,普及了小学教育。1947 年延长到 9 年,普及到初中教育,而实际上到 1978 年,它的初中毕业生升入高中的比例已达 96%,基本普及了高中教育。但法律规定的义务教育年限仍为 9 年。法国在 1882 年颁布法令,所有 6～13 岁儿童都应入小学受 7 年的义务教育,1936 年法律规定延长义务教育至 14 岁,1959 年戴高乐政府的教育法再次延长至 16 岁。美国各州的义务教育年限并不一致 ,多数州为 9 年,少数州为 11 或 12 年。

上述说明,通过延长义务教育的年限来提高未来劳动者的文化科学素养,已被越来越多的国家所认可。

(三)普通教育和职业技术教育日趋接近

普通教育的结构改革是世界各国学制改革的重要环节。目前的趋向是使普通教育职业化,职业教育普通化,把普通教育和职业教育结合起来。有许多国家已建立了完整的职业教育体系和职业培训中心,在职业教育内容上更多地重视基础知识和普通文化知识。同时,在普通教育中加强职业教育课与职业指导,设立了各种使普通教育和职业技术教育趋于接近的中等学校。如美国的综合中学,除了学习普通教育课程外,还要选修职业教育课程,以适应各种不同出路的需要。法国设置的一种职业教育形式——"就业前班级(CPPN)"和"职业准备班级(CPA)",都重视普通文化教育,并把学校里进行的普通理论教育和在企业里的实习交错进行,互相补充。日本则提出:通过职业教育和普通教育的互相接近来缩小两者之间的距离。前苏联1984年中等教育改革方案的重要内容之一就是以中等职业教育补充普通中等教育。

普通教育和职业教育的日趋接近和统一,将是各国学校教育制度改革的一个重要方面。

(四)高等教育的多样化

高等院校是培养高级人才的场所,随着科学技术的飞跃进步,需要一大批高级科技人才不断开辟新的科学研究领域;同时,经济的发展需要一些受过中等教育水平的劳动者提高自己的文化和科技水平。为了适应现代生产与科技进步的要求,在当代教育改革的浪潮中,已完全打破了传统高等教育的结构和体制,产生了高等教育的多层次和学校类型的多样化。

从层次上看,多数国家形成了高等教育的三级体制,(1) 2～3年的初级学院、短期大学为低级层次;(2)4～5年的综合性大学,文、理、工、医等各种专门学院的本科为中级层次;(3)在本科基础上3～5年的研究生院(班)为高级层次。初级学院与短期大学投资少,发展快,学制短,职业性强。在美国为"社区学院",在日本称"短期大学",此类学校学生人数增加最多。综合大学与各种专门学院的本科仍是各国高等教育的基本部分,承担着培养科技与学术专业人才的任务。近年来,一些国家的名牌大学,在一般研究生院之上又设立了高级研究生院,给已经获得博士学位的人开设3年继续深造的研究课程,进行"博士后教育",培养"尖子人才"。可见,高等教育的层次在日益增多。

从学校类型来看,除了有学生在校连续授课的全日制的普通大学、专门学院,还有半工半读允许学生间断学习的高等学校,更有吸收在职人员以分散独立学习为主的广播电视大学,函授、刊授大学,夜大学,等等。高等教育形式多样化是科技快速发展,社会生活日益丰富,要求有多方面人才的必然结果。

(五)终身教育受到重视

终身教育是指对于一个人的一生所进行的教育的总和。它包括教育体系的各个阶段和各种方式,既有学校教育,又有社会教育;既有正规教育,也有非正规教育。具体来说,它包括学前教育、小学、中学、大学阶段的教育和成人教育;既指有组织的学习,又指偶发性的学习。成人教育、继续教育、回归教育、学校后教育等都包括在终身教育之中。

关于终身教育的思想萌芽,可以追溯到古代,源起于古希腊柏拉图的《理想国》。但是作为系统的终身教育理论,则形成于20世纪50年代末、60年代初的欧洲,现在已成为国际上一种重要的教育思潮。首先提出终身教育主张的是法国教育家保罗·郎格朗,后成为联合国教科文组织终身教育局局长。他认为,把人的一生分成两半,前半生用于受教育,后半生用于劳动,是毫无科学根据的,教育应当是每个人从生到死的继续不断的过程。在每个人需要的时刻,应以最好的方式提供必要的知识。1965年联合国教科文组织国际成人教育推进委员会讨论通过了保罗·郎格朗的"终身教育"提案。

终身教育思潮是在第二次世界大战后现代科学技术迅猛发展的时代背景下产生的。最初,终身教育只是成人教育和继续教育的一个新术语,后来逐步把这种教育思想应用于职业教育,随后又涉及到整个教育活动范围内发展个性的各方面。由于科学知识更新速度加快,完全依靠"一次教育",科技人员的知识就会落后于经济和社会发展的需要。提倡终身教育,可以有效地解决这一问题,以保持技术和知识的活力。因此,终身教育越来越为各国所重视,在联合国教科文组织的推进下,现在终身教育得到了一定程度的实施,不少国家已经制订了保证终身教育实施的法律。如法国于1971年制订了"使终身教育成为一项全国性的义务"的法案;美国国会1976年通过了《终身学习法》;日本政府在70年代初就明确宣布了以终身教育为前景,实行日本近代史上教育体系的第三次总改革,要从学前阶段一直改革到成人教育阶段,进而向"学习化社会"迈进。

可见,在终身教育这种国际教育思潮的影响下,世界各国的学校教育制度必将发生重大的变革。

第二节　我国的学校教育制度

一、旧中国的学校教育制度

我国现代学制产生于清末,当时满清政府为了维护其摇摇欲坠的封建统治,也为了适应新的资本主义因素的增长,于是改革教育,开始实行现代学校教育制度。

旧中国随着政治形势的变动,学制也略有改变。从清末"废科举、兴学校",到国民党反动派统治结束为止,经历了近半个世纪,其间比较有影响的学制有下述两个。

(一)癸卯学制

1902 年(光绪二十八年),我国颁布了《钦定学堂章程》(又名"壬寅学制")但没有实施。1904 年 1 月 13 日(光绪二十九年)另颁《奏定学堂章程》(亦称"癸卯学制",见图 1),这是我国第一个向全国颁布施行的现代学制。这个学制以日本的学制为蓝本,以洋务派"中学为体,西学为用"的教育思想为指导,以读经尊孔为教育宗旨。既要保持封建主义的政治思想,又要采用资本主义的方法技术。该学制规定全部学校教育(除蒙养院、通儒院)分 3 段 5 级。普通教育分初等教育段和中等教育段,即小学 9 年,分初等小学堂和高等小学堂;中学 5 年;高等教育段为 7 年,分高等学堂和大学堂 2 级,这个学制其突出特点是学习年限长,总共需 20～21 年时间。再入通儒院还要 4～5 年,毕业年龄一般为 32 岁。

(二)壬戌学制

第一次世界大战以后,一批留美学生回国,对美国的新学制进行介绍和宣传,在我国的教育界产生了相当影响。1922年,由当时留英派主持的全国教育联合会,提出了改革学制的方案,最后,以北洋军阀政府的名义颁布了《新学制系统案》,即壬戌学制(图 2),这个学制以美国的学制为蓝本,受美国实用主义教育思想和美国新教育制度的影响。普通教育 6—3—3 分段,即小学 6 年,初中 3 年,高中 3 年,故又称"6—3—3

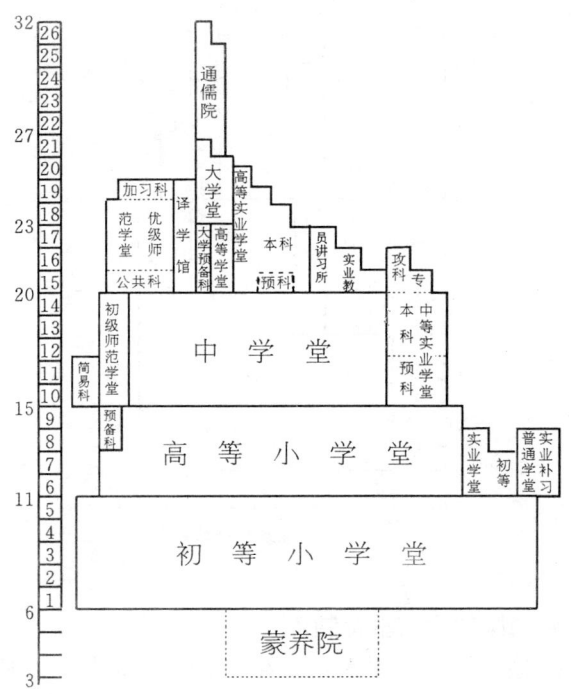

图1 《奏定学堂章程》系统图(1904年1月13日,光绪二十九年)

制"。这种学制的分段形式在我国迄今为止的70多年中,除了十年动乱里遭破坏外,一直被沿用。十年动乱以后,中小学界恢复"6—3—3"制似乎又成为一种趋势。

由于旧中国是一个半殖民地半封建的社会,所以其学制的特点是:(1)既抄袭资本主义国家的学制,又保留封建教育的残余;(2)既宣扬要实施"义务教育",又把劳动人民排斥于学校教育之外;(3)既提倡学习西方科学技术,又轻视专业技术教育。显然,旧中国的学制,是为半殖民地半封建社会性质

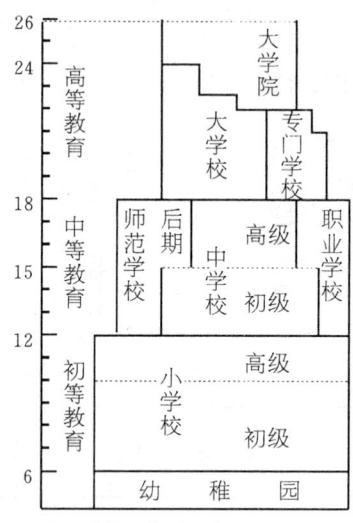

图 2 《新学制系统案》(1922 年)

的政治经济服务的。

二、新中国的学校教育制度

1949 年,中华人民共和国诞生,迄今已 40 多年。随着政治经济制度的根本改变和社会主义建设的不断发展,我国对学校教育制度在不同的历史阶段作了某些变动,比较有影响的有下述几次调整变动。

(一)1951 年的新学制

依据中国人民政治协商会议颁布的《共同纲领》中的文教政策,继承老解放区教育制度的优良传统,并结合当时我国的实际情况,中央人民政府政务院于 1951 年 10 月 1 日颁布了《关于改革学制的决定》,明确规定了中华人民共和国的新学制。

新学制的组织系统,分为幼儿教育(幼儿园)、初等教育

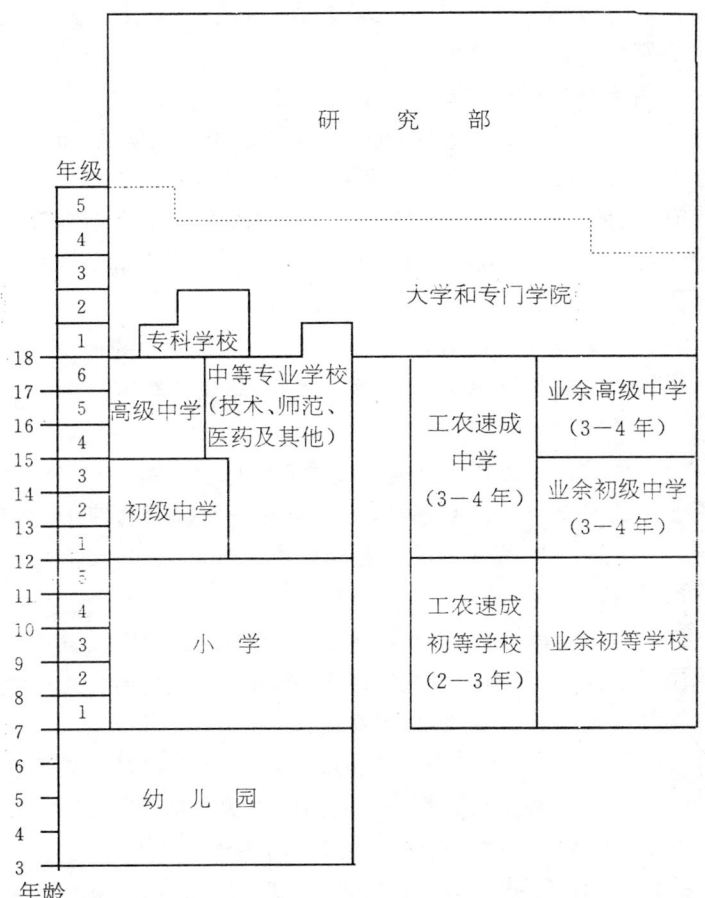

年级

| 5 |
| 4 |
| 3 |
| 2 |
| 1 |

研　究　部

大学和专门学院

专科学校

18
17　6
16　5
15　4
14　3
13　2
12　1

中等专业学校
（技术、师范、
医药及其他）

高级中学

初级中学

工农速成
中学
（3—4 年）

业余高级中学
（3—4 年）

业余初级中学
（3—4 年）

11　5
10　4
9　3
8　2
7　1

小　学

工农速成
初等学校
（2—3 年）

业余初等学校

6
5
4
3

幼　儿　园

年龄

图 3　中华人民共和国学校系统图（1951 年）

（包括小学和青年、成人的初等学校）、中等教育（包括中学、工
农速成中学、业余中学、中等专业学校）、高等教育（包括大学、
专门学院和研究部），以及各级政治学校和政治训练班等（图

3)。此外,还有各级各类补习学校和函授学校以及聋哑、盲人等特殊学校。

新学制的特点主要有以下几个方面:

1.学校教育面向工农,优先考虑工农子女入学。它是新学制的一个主要特征。新学制不仅使各级各类学校都向工农子女开门,而且把工农干部学校和工农群众学校都分别列入学校系统之中,使其相互衔接,保证工农干部和工农群众都有受各级教育的机会。

2.明确规定了技术学校和专门学院在学制中的地位。为培养国家急需的技术人才开辟了道路,体现了教育为生产建设服务的方针。

3.保证一切工作干部有再受教育的机会。新学制规定设置业余的初等、中等学校以及补习学校、函授学校,使干部和青年知识分子能有充分的机会到各类学校,提高其政治与文化水平。

4.充分体现了民族平等、男女平等的原则。规定设置各少数民族学校,可使用本民族的语言文字进行教学。男女儿童受教育的权利完全平等,实行男女同校。

5.体现了统一性与灵活性的结合。新学制规定全国各地各级各类学校都要实行新学制,同时,在具体办学形式上,又给各地各校以灵活性,允许办学形式的多样性。

新学制的这些基本特点是符合当时国家的具体情况和实际需要的。在具体的实施过程中又根据形势的发展进行了修改和补充。如小学的五年一贯制,因师资与教材条件限制,于1953年11月停止推行,只是在一些学校试点;工农速成中学在完成自己的历史使命后于1955年停办。对知识分子进行教育的政治学校与政治训练班,转为经常学习为主,不再单办。

(二)1958 年和 1964 年的两次学制改革

随着社会主义建设的深入,加速发展文化教育和科学事业,1958 年 9 月 19 日,中共中央、国务院公布了《关于教育工作的指示》,文件指出:"现行的学制是需要积极地和妥善地加以改革的,各省、市、自治区的党委和政府有权对新学制积极进行典型试验,并报告中央教育部。经过典型试验之后,应当规定全国通行的新学制。"提出了"两条腿走路"的办学方针和三个结合、六个并举的具体原则。两条腿走路的办学方针即国家办学与群众办学;三个结合即统一性与多样性相结合,普及与提高相结合,全面规划与地方分权相结合。六个并举是:国家办学与厂矿企业、农业合作社办学并举;普通教育与职业(技术)教育并举;成人教育与儿童教育并举;全日制学校与半工半读、业余学校并举;学校教育与自学(包括函授学校、广播学校)并举;免费教育与不免费教育并举。"两条腿走路"的办学方针以及三个结合、六个并举的基本精神,是在党的领导下,调动一切积极因素,充分发挥地方和群众办学的积极性。它继承和发扬了老解放区教育工作的优良传统,并总结了全国解放后的教育工作经验而提出来的,为建立和发展我国社会主义的学制指明了方向。

1964 年,党中央针对当时中小学教育结构单一,不能满足社会主义建设和广大青少年入学要求的问题,提出了实行"两种教育制度"的意见。"两种教育制度"最早是由刘少奇同志于 1958 年倡导的,它是指两类学校并存,一类是全日制学校,一类是各种形式的半工(农)半读学校。并同时提出"两种劳动制度"。这不仅是对教育制度的改革,也是对劳动制度的重要改革,使教育与生产劳动相结合,改变了中等教育的结构,满足了一大批青少年的入学要求,也直接为社会主义工农业生产输送了大批合格的劳动者。

（三）我国现行学校教育系统

1958 年 9 月中共中央、国务院《关于教育工作的指示》中规定全国主要有三类学校:

1. 全日制学校。全日制学校包括全日制的大、中、小学和中等专业学校,这部分学校在三类学校中占有重要地位。全日制学校以教学为主,并使学生按照规定时间参加一定的生产劳动。

2. 半工(农)半读学校。半工(农)半读学校教学与生产劳动并重。学生一面读书,一面劳动。一方面学习文化科学知识,一方面也为国家和集体创造一些物质财富,同时也有一定的经济收益,节省国家开支,减轻家庭负担。

3. 业余学校。这类学校以生产劳动为主,结合学习,是广大群众和在职人员在不脱产的情况下进行学习的一种学校形式,贯彻"结合生产,统一安排,因材施教,灵活多样"的原则。

在上述不同类型的学校中包含着不同等级层次的学校,按教育的等级可划分为四级:

1. 幼儿教育。招收 3～6 岁的幼儿,进行启蒙教育,使幼儿身心获得健康发展,并为小学教育打好基础。

2. 初等教育。主要指全日制小学,招收 6、7 岁儿童入学,学制 5～6 年。小学教育给儿童以德、智、体、美等全面发展的基础教育。

3. 中等教育。指全日制普通中学、中等专业学校、职业中学、技工学校、农业中学及其它半工(农)半读中学、业余中学

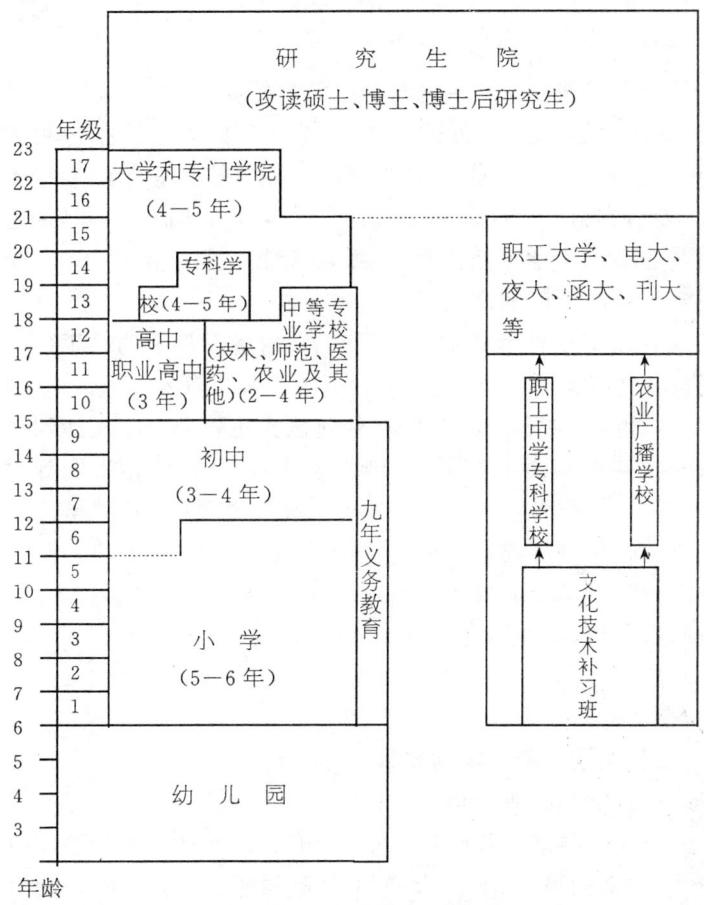

图 4　我国现行学校系统示意图

等。全日制普通中学学制一般 6 年,其教育任务是:既要为高一级学校输送合格的新生,又要为国家建设培养劳动后备力量。中等专业学校、职业技术学校、技工学校一般招收初中毕业生,学制 3～4 年,培养中级技术人才、管理人才、技工和其他受过良好职业训练的城乡劳动者。

4.高等教育。包括全日制高等学校(综合性大学、专门学院)、研究生院、各种形式的半工(农)半读大学、广播电视大学、函授刊授大学、业余大学等。高等学校修业年限专科为 2～3 年,本科 4～5 年,硕士研究生在本科的基础上 3 年,博士研究生在硕士学位基础上 3 年。高等教育的任务是为国家建设培养层次不同的高级专门人才。

我国以多种形式发展高等教育,对各种形式的半工(农)半读大学和业余大学学生,通过成人高等教育入学考试,在规定的时间内学完规定的课程,经过国家主管部门考核达到全日制大学同类专业水平的,国家承认其学历,使用上同等对待,实行同等待遇。各种形式的业余高等教育和成人高等教育是对全日制高等教育的补充,其办学形式多种多样:有由全日制高等学校举办的夜大学和函授部,有独立设立的函授学院,有广播和电视大学,有教育学院和教师进修学院,有职工大学和农民大学,有由民主人士和退休专家、科技人员办的社会大学,有刊授大学等(图 4)。

三、我国当前的学制改革

(一)学制改革的指导思想

我国的学制改革应贯彻邓小平同志提出的:"教育要面向现代化、面向世界、面向未来"的战略思想。从我国的实际出发,总结建国以来在学制改革上正反两方面的经验,参考各国学制改革的趋势,建立有我国特点的社会主义学制。当前,我国改革开放和现代化建设事业已进入了一个新阶段。中共中央、国务院发布的《中国教育改革和发展纲要》中指出:"要建立社会主义市场经济新体制,加快改革开放和现代化建设步伐,进一步解放和发展生产力,使国民经济整体素质和综合国力都迈上一个新台阶。"这对教育工作提出了新任务和新要求。学制改革要从进一步提高劳动者素质,培养大批人才出发,同建立社会主义市场经济体制和政治、科技体制改革相适应,更好地为社会主义现代化建设服务。

(二)我国学制改革的基本原则

1. 教育结构必须适应经济结构和社会结构,以利于国民经济和社会的发展。教育与国民经济的发展、社会生产力的提高息息相关。为此,完善和改革学制,要正确处理两个关系:一是教育内部各级各类学校结构要有一个合理的比例关系。只有这样,才能为四化建设培养足够的合格的各种高、中级专门人才。二是教育同外部的比例关系。应当把整个教育体制和各级各类学校系统纳入国民经济发展的轨道,使教育与生产力发展、国民经济的发展相适应,为社会主义现代化培养各种建设人才和劳动后备力量。

2. 统一性与多样性相结合。学制的统一性,是指各级各类学校具有统一的教育目的,形成统一的教育体系,遵循统一的领导,执行统一的指导思想和统一的发展规划,协调一致共同为国家培养不同层次的各个方面的建设人才。学制的多样性是指整个教育系统中应该具有各种类型的培养目标,各种办学形式、各种管理体制的学校。统一性应与多样性相结合,要在统一性的指导下实行多样性,在多样性中体现统一性,这应成为我国学制改革的又一原则。

3. 普及与提高相结合。改革和完善学制,应当首先面向全社会,对社会全体成员进行普及教育。在学制系统中,有一部分学校承担着普及的基础教育,特别是义务教育,这是必须优先考虑的;同时,还要致力于教育的提高,有一部分学校承担着提高的任务。教育的提高有两方面的涵义:一是培养各种高、精、尖人才,这主要是高等学校的任务。高等院校的专业设置、层次结构、入学条件、学习年限,必须有利于培养适应社会主义现代化建设、结构合理的专门人才队伍。二是指各级各类学校的质量和起点的提高。

普及与提高的关系是辩证统一的,要在普及的基础上提高,在提高的指导下普及。学制的改革要保证普及教育的实施,逐步提高普及教育程度,又要确保高等教育的质量,不断提高培养高级专门人才的水平。合理的学校教育制度必须从本国的实际出发,正确体现普及与提高的统一。

4. 稳定性与灵活性相结合。学制一旦确定,就应该具有相对稳定性,否则,将会造成学制上的混乱。但是,学制也应随着社会条件的变化而作出相应的调整,也就是要具有一定的灵活性,否则,也会影响教育事业的发展。所以稳定性和灵活性应该结合起来。

思 考 题

1. 什么是学制? 学校教育制度和教育制度有什么区别和联系?

2. 学校教育制度建立的依据是什么?

3. 当前世界学制改革的主要趋势有哪些?

4. 旧中国学制是如何沿革的?

5. 新中国建立后在学制方面有哪些重大变动?

6. 我国现行学校教育系统的组成如何?

7. 我国当前学制改革的指导思想和基本原则是什么？

作 业 题

我国当前学制改革主要应该解决什么问题？

第五章　德　　育

内容简介

本章着重阐述德育的概念和意义；德育的内容和任务；德育过程及其规律；德育的原则和方法。

重点难点

本章重点是德育、品德和道德几个基本概念；德育过程的规律；实施德育必须遵循的基本原则。难点是品德形成的规律与德育过程的规律之间的区别和联系。

教学要求

教学本章要在阐明基本理论的同时，注意联系当前学校德育工作的实际，引导学生运用所学德育原理去剖析和评价道德行为现象，明辨是非，形成正确的德育观。

学习方法

学习过程中要用变式的方法去区别相关的几个基本概念，要注意用实际德育工作中成功的经验和失败的教训去理解体会德育的原理和规律。

第一节　德　育　概　述

一、德育的概念

德育即思想品德教育的简称。是教育者按照一定社会要求，有目的有计划地对受教育者施加教育影响，从而在受教育者身上培养起教育者所期望的思想品德。

　　教育学范畴的德育与伦理学范畴的道德教育既有联系又有区别,伦理学上的德育侧重人的行为规范和风尚,培养人们一定的道德品质。教育学上的德育,则是相对于智育和美育来划分的,它的范围广,包括培养学生一定的思想观点、政治方向和道德品质。德育是我国全面发展教育的一个重要组成部分。

　　思想品德包括人所具有的思想观点、政治态度和道德品质等方面。因而通常的思想品德教育,也就包括思想教育、政治教育和道德教育。

　　德育与智育不同。智育主要引导学生认识客观世界,掌握知识,发展认识能力,在于分清真假,解决科学真理观问题;德育也要以认识为基础,但它主要引导学生掌握思想观点和道德规范,发展他们辨别善恶的能力以解决道德价值观问题。德育就是要引导学生把一定的社会道德规范内化为自身的需要,通过自觉地运用道德规范去识别善恶、是非、公私、荣辱,正确进行道德评价,在行为实践中坚定履行道德义务,使之转化为自身的品德。因此,德育主要是解决主观世界的问题。

　　德育是古往今来的学校教育的重要组成部分。中国古代注重伦理道德教育,将道德与知识融为一体,以德性修养为教育的主要目的和内容。在外国教育史上,古希腊雅典以“身心既善又美”作为教育人的理想。许多教育家,如17世纪的洛克,18世纪的卢梭,19世纪的赫尔巴特,20世纪的杜威等均先后提出他们的德育及德育改革的思想。20世纪80年代以来,基于现代社会对人各方面精神品质所提出的要求,也针对当代社会所存在的各种弊病,各国如美、日、英、德等普遍重视德育,关心"德育投资",把德育的改善与加强列为教育改革方案。

德育的性质,是由一定社会的经济基础决定的。因为德育以一定社会意识和社会道德规范为内容,植根于社会经济关系中,随着社会经济制度的改革而变革。德育具有历史性,在阶级社会里学校德育也具有阶级性。了解德育的性质是为了明确德育的方向。我们学校的德育必须是社会主义性质的德育,培养学生的社会主义品德,为社会主义的经济建设和社会发展服务。社会主义德育,也包括培养学生遵守社会公共的道德准则,如文明行为、人道主义等。掌握这些公共道德准则,也是为社会主义的文明建设服务。

二、德育的意义

德育对整个教育的实施,实现教育目的,对青少年学生的发展,对社会的稳定和发展,都具有十分重要的意义。

(一)德育对学生全面发展的导向作用

品德是人的个性的核心部分,对人的心理发展起着定向作用。因而培育人的品德的德育在人的发展中具有导向的功能。

在学校的智育活动中,德育始终起着导向和动力作用。学生知识的掌握和智力的发展,不仅与学生的知识、智力水平有关,而且与学生的学习目的、动机、责任感、坚持性等有关,非智力因素起着极大的推动作用。再说,学生掌握知识究竟为谁服务,这是任何时代都无法避免的问题。

德育对体育也有不可忽视的指导意义。在体育锻炼中,必须培养学生坚强的意志,勇敢顽强的精神,严格的组织纪律性,高尚的体育道德以及为祖国、为民族顽强拼搏的精神。可见,德育渗透在体育锻炼的全过程中,对体育活动起着推动和保证的作用。

德育对美育也有不可低估的作用。个体的审美意识,审美观点,在审美活动中起着定向和控制作用。审美意识的正确与否可以直接左右审美活动的方向选择和标准判断,对人们正确地从人类文化成果中吸取营养,陶冶心灵,完善人格有着重要意义。而审美观点和审美判断,实质上就是一种价值观念。这种观念主要是在德育与美育相互渗透的教育过程中形成和发展的。"美"和"德"是姊妹,密不可分。

德育对劳动技术教育的作用,主要表现在劳动态度和劳动观点的培养与提高方面。这既是劳动技术教育的重要任务,也是德育的根本任务之一。

(二)德育对学校性质和方向的保证作用

任何一个社会都十分关心德育的性质与地位,通过控制德育和强化德育来控制学校教育,通过规定德育的性质、内容来决定和保证教育的性质和方向。德育传递的是一定社会居统治地位的集团的政治观点和道德规范。它集中反映了一定社会集团的利益。

教育发展的历史事实证明,德育有决定学校教育性质的功能。在不同历史时期,不同制度的国家里,无不把德育置于学校教育的重要地位上。

我国目前的学校教育是以社会主义思想体系为指导,对广大学生进行以社会主义思想体系为指导的德育,是坚持学校的社会主义办学方向的根本保证。

(三)德育对社会稳定与发展的促进作用

人的思想、道德来自社会,来自实践,而一旦形成就有积极的能动作用,对社会生活产生巨大的影响。它可以是维护、调整、完善一定社会关系、生活方式、政治与经济制度的积极因素,也可以成为动摇、瓦解一定社会关系、生活方式、政治与经济制度的消极因素。学校德育正是通过决定教育的性质,制约青少年学生的发展方向,从而影响公众舆论,影响社会心理倾向,影响民族素质,以至影响社会的稳定与发展。因此,古今中外的思想家、教育家都非常重视学校德育。

任何一个国家,为了维护社会秩序,促进社会安定,都要施用法律和道德来调节规范人们的行为,二者的社会职能是一致的。但是,法律依靠政府职能机关强制推行,它在范围上有局限性,再完善的法律也不可能渗透到所有的地方;而道德依靠社会舆论和人们的"内心驱使"来维系,它的作用比法律更广泛,渗透性更强。因此,任何一个时代的有远见的政治家都重视培养人们具有高尚的思想意识和道德品质,使国家、民族有强大的精神支柱和极大的凝聚力,进而使社会有长期的政治稳定和经济繁荣。

第二节　德育的任务和内容

一、德育的任务

德育的任务是指德育在受教育者思想品德形成、发展中所要达到的要求。为一定教育目的所决定,反映一定的政治、经济要求,并为其服务。不同性质的社会有着不同的德育任务。我国学校德育的任务要服从并服务于社会主义精神文明建设的总任务。目前,要根据《中国教育改革和发展纲要》提出的要求确定德育的根本任务,德育任务的确定还要依据学生的思想品德的结构。

我国现时代学校德育的具体任务是：

（一）培养学生坚定的政治方向，树立远大理想

政治方向是一个人的灵魂。我们所坚持的是社会主义方向和符合我国国情的政治制度。改革开放也是社会主义制度的自我完善。要培养学生对我国社会主义事业的责任感、义务感、使命感。

（二）逐步提高学生的道德修养能力

要有目的有计划地引导学生逐步掌握社会主义的伦理道德规范，自觉地身体力行，在社会生活实践中，形成正确的道德价值观，提高分辨是非、善恶、美丑、荣辱和按道德规范调节行为的能力。

（三）养成学生良好的道德行为习惯

德育的任务不仅要使学生能自觉地运用社会道德规范调节自己的行为，而且要使他们的道德行为在反复实践活动中，达到自动化的程度，即形成道德的行为习惯，成为个人的品德。在道德教育中，如果没有形成道德行为习惯，那么，道德认识、道德评价和道德情感等，也就没有什么实际意义了。

德育任务是一个紧密联系不可分割的整体。要注意发挥三者的整体功能，而不可忽视任何一个方面。只有这样，才能培养和发展学生符合时代要求的高尚品德。

二、德育的内容

德育内容具体规定了学生发展的政治方向和应该掌握的思想观点与道德规范，是实现德育任务的基本保证。德育内容的选择不是教育者主观决定的，它有着科学合理的客观依据，受到教育内部和外部多种因素的制约和影响。社会政治、经济

的要求决定着思想品德教育内容的性质；学生的年龄特征决定着思想品德内容的深度和广度；当前形势和学生思想品德实际决定着思想品德教育内容的针对性。

我国学校德育内容，应包括以下几个方面：

（一）爱国主义教育

爱国主义是一个国家的人民在祖国土地上长期生活中形成的对自己祖国的一种最深厚的感情。这种深厚的感情，一方面表现为对祖国的无限热爱；另一方面则表现为对祖国的前途和命运的关注，对祖国的无比忠诚和为国献身精神。这种感情是一种强大的凝聚力，是团结各族人民的共同的思想基础。它使人民对祖国的荣誉和庄严产生强烈的自豪和自尊；对祖国的存亡和兴衰产生强烈的责任感和义务感。爱国主义是一种伟大的道德力量和精神力量。

爱国主义教育首先要帮助学生了解祖国，认识祖国。热爱祖国的光荣历史、灿烂文化、杰出英雄和勤劳智慧的人民，进而立志为祖国强盛而献身。还要教育学生懂得，我国所提倡的爱国主义，不是狭隘的民族主义；中国的发展和进步，离不开世界各国的文明成果；我们要同世界各国人民和平友好，平等互利；中国的发展和进步是对人类进步的贡献。

（二）革命理想与革命传统教育

理想是一个人对美好未来的向往和追求，是生活的动力。青少年富于理想。每一个青少年都可以有自己的理想，但又应当以我国人民现阶段的共同理想——建设有中国特色的社会主义，把我国建设成为高度文明、高度民主的社会主义现代化国家，作为个人理想的基础。

革命理想教育与革命传统教育有紧密的联系。老一辈革命者在为实现创建社会主义新中国的理想的长期斗争过程中,形成了不怕困难和牺牲、艰苦朴素、英勇奋斗的优良革命传统。今天,青少年学生为了实现我国社会主义现代化的理想,就应当继续发扬老一辈的光荣传统。

（三）集体主义教育

个人与社会集体的关系,从来都是道德的基本问题。集体主义是社会主义道德的本质内容。

进行集体主义教育,首先要正确处理个人利益与国家、集体利益之间的关系。在社会主义社会里,这三者的利益从根本上是一致的,要发扬国家、集体、个人利益兼顾的精神,同时也要强调个人利益服从于国家利益与集体利益。还要教育学生热爱集体,关心集体,善于在集体中学习和生活,善于团结人,关心人,要与人为善,合作共事;培养学生对集体的责任感和荣誉感。

（四）民主、纪律与法制教育

建设高度的社会主义民主和完善的社会主义法制,是我国社会主义现代化建设的重要目标和任务。只有发展社会主义民主,才能扩大人民的政治参与和经济参与,激发人民的主人翁精神和创造意识。没有民主就没有社会主义现代化。然而,民主与纪律、法制是不可分的。只有用严格的纪律和法制来调节人们的行为,才能保障民主,保护人民的合法权利,使社会各部门工作运行正常有序,推进经济建设和社会改革,维护国家的长治久安。

对青少年学生进行民主、纪律与法制教育,把他们培养成高素质的社会主义公民,要从小培养他们的民主思想和参与意识,提高对纪律的认识,加强纪律性,懂得法律常识,养成遵纪守法的意识。

（五）劳动教育

在社会主义现代化建设时期，劳动的价值已大大提高，人们期望通过劳动来发展个人的才智，施展个人的抱负，为社会进步和科学昌盛作出贡献。然而在和平环境和幸福生活中成长的一代，尤其是独生子女，有的被父母娇生惯养，劳动观念和习惯较差。强调劳动教育有特别现实意义。

劳动教育要从培养热爱劳动的行为习惯入手，要他们参加力所能及的劳动，从自我服务，家务劳动，校内劳动做起，创造使学生参加社会公益劳动和一定生产劳动的条件。在劳动过程中逐步培养起新的劳动风尚，养成自觉劳动、诚实劳动的习惯，注重劳动质量，爱护劳动成果的品德。

（六）社会公德教育

社会公德是人们在长期的共同生活中形成的，它是社会所有成员必须共同遵守的社会规范和基本道德行为准则。

社会公德是一种无形的力量，它不仅是一个人道德面貌的体现，也是一个民族的文化素养，一个国家的社会风气的现实反映。它对实现社会的安定团结，促进社会生产的发展和人类文明的进步都有重要的作用。

社会公德教育的核心是正确处理人与人之间的关系。教育学生尊重别人，在社会上尊重长者，在同辈之间互相尊重，团结友爱，同情关心和帮助老、弱、病、残者，尊老爱幼。引导学生养成文明礼貌行为，懂得待人接物的基本礼节，言谈举止诚恳、谦虚、坦率、正直，注意仪表，遵守公共秩序等。当前更应培养学生主持正义、保持善良、见义勇为、除暴安良的高尚品德。

第三节　德育过程

一、德育过程概述

（一）德育过程与品德过程

德育过程即思想品德教育过程，与思想品德形成过程，是两个不同的概念。二者的关系是教育与发展的关系。

德育过程，是教育者把一定社会的思想准则和道德规范转化为受教育者个体思想品德的过程。这是一种教育活动的过程。教师组织与领导的德育过程，只是学生品德发展的一个外在的重要条件，而不是学生的品德发展过程本身。而品德过程，即个体品德发展过程，是指人的发展，个体在思想品德方面的发展。品德的发展过程是学生自身的心理品质的发展过程，它有自己的规律。这些品德发展的规律不是德育过程的规律，只是进行德育的依据。教师对学生的德育影响，必须经过他们主体的选择、吸取与能动的实践活动，才能转化为他们的品德。人的思想品德形成，是在多方面因素的影响下实现的，教育仅是其中的一个因素。在影响受教育者的诸因素中，有校内的和校外的，有正式的和非正式的，有可控制的和不可控制的。各种因素相互交叉、相互制约。学生的思想品德正是在这许多因素影响及其交互作用下形成的。在这些影响因素中，可以区分为教育影响和环境影响两个方面。是否具有明确的目的性是区别自觉的教育影响和自发的环境影响的根本标志。凡是为实现既定的德育任务有目的对受教育者施加影响的过程，便是德育过程。一般地说，正式的影响是有目的的教育过程，是可控制的。非正式影响，不能看作是有目的的德育过程，是难以控制的。

(二)德育过程的特点

德育过程与其它各育过程比较,它的主要特点有:

1.德育过程的社会性。德育的目的、任务、内容要符合社会要求。教育者来自社会,他们的思想言行无不打上社会和时代的烙印;受教育者也生活在社会当中,他们的政治态度、思想意识、道德品质的形成和发展更离不开社会的影响。

德育过程的社会性特点决定了德育与社会之间的必然联系。我们在研究德育的目的、任务、内容如何适应社会要求的同时,还要注意优化社会环境,要求社会形成有利于学生健康成长的舆论力量、价值观念和文化环境。学校教育要发挥主导作用。积极适应社会的发展和变革,自觉利用有利的社会环境、限制消极不良的社会影响,形成良好的校风去影响社会环境。以便形成社会与学校之间相互影响的良性循环。

2.德育过程的实践性。实践是德育的基础。一方面是德育过程要在实践活动中实践;另一方面是学生主体的行为实践。要实践道德影响的转化,必须引导学生将外界的道德要求内化为本身的道德需要和行为实践。德育过程实质上就是一种促进道德认识不断转化为学生的道德行为的内化过程。这个内化过程的基础是学生主体的道德实践活动,离开了学生主体的道德实践,德育就会变成说教和空谈。

3.德育过程的长期性。德育过程的长期性是由思想品德形成的复杂性、艰巨性和反复性决定,也由德育效果的渐进性决定的。道德品质的形成必然要经过长期的、反复的教育与培养。只有在多次相互交错的活动中,学生的道德认识才能转化为道德动机,道德动机才能转化成道德行为,道德行为又要在反复实践中才能自动化成为习惯。只有在稳定的道德行为方式出现以后，才能转化成学生的道德品质。

学生的品德面貌从根本上说是可以通过教育来改变的，但又决不是一经教育就立刻发生突变。我们在德育过程的实施中总结的"抓反复，反复抓"，古代教育家荀况提出"积善成德"的观点，都说明德育过程不可操之过急，求功于一旦，而应耐心细致、逐步强化。

二、德育过程规律

有效地进行德育必须遵循一定的规律。德育过程的规律由德育过程自身特点所制约。

（一）知情意行完善发展的规律

人的思想品德是由道德认识、道德情感、道德意志和道德行为四个心理要素构成的。通常简称为知、情、意、行。我国教育工作者，在教育实践过程中总结成功经验即晓之以理，动之以情，炼之以志，导之以行。就是符合了德育过程应该遵循的学生知、情、意、行完善发展的规律。

知，即道德认识，是指人们对一定社会道德理论和规范的理解和看法，包括各种道德观。这是人们形成和发展自身品德的认识基础。一定的品德总是以一定的道德认识为前提条件。所以，德育过程常常要注意提高学生的道德认识，逐步提高他们识别是非、善恶、美丑、公私、荣辱的能力，形成正确的道德观。道德认识的水平随着个体年龄的增长，知识水平和思维水平的提高而不断发展。

情，即道德情感，是人们对客观事物是否符合自己的道德需要而产生的内心体验。就是人们对事物的爱憎、好恶的态度。道德感一般在道德认识的基础上形成，是运用一定的道德观来评价自己和他人的行为或评价某种事物时而产生的。道德感是一种巨大的力量,对道德认识转化为道德行为,发展成道德信念有巨大的调节作用。

意,即道德意志,是指人们为了达到某种道德目的而克服内心障碍和外部障碍所表现出来的一种顽强的坚持精神。它常表现为自觉约束自己的行为,压抑自己的冲动,也表现在能排除外在干扰和障碍去实现道德目的。道德意志是一种巨大的精神力量。

行,即道德行为,是指人们在一定道德认识或道德情感支配下采取的行为,它是人的品德 的一个重要的外部表现,也是一个人道德修养水平的重要标志。

知、情、意、行这几个因素在一个人的思想品德发展过程中是互相联系,互相影响的,其中道德认识是基础,而道德认识只有转化为道德行为,才能使自己的品德在实践中得到检验,得到发展。道德意志是克服内外阻力,促进品德发展的基本条件。道德情感在整个品德发展过程中对道德认识、道德行为、道德意志起强化或抑制作用。因此,德育过程要始终注意发挥知、情、意、行的整体功能。

知、情、意、行在学生的品德培养过程中,每一个因素都可视学生的具体情况和当时教育的要求成为教育的起点,但其结果都应落实在道德行为上。

(二)外部影响通过心理内部矛盾而起作用的规律

学生思想品德的形成发展,既不是先天预成模式的展开,也不是后天强制灌输的结果。而是学生在与客观环境相互作用的条件下内部矛盾运动的产物。在德育过程中,教育者所施加的影响是一种外部因素。这些影响要真正被学生接受并转化为他们的思想品德,要经过一个内化过程。外界影响只有当学生接受并且产生内化时才会有效果(这是个体品德发展的规律)。

从品德教育的目的来看,通过德育应该使学生不断从他律道德向自律道德转化。所谓他律道德,是指学生的道德行为受外在标准或外部力量的支配。而自律道德是指学生通过思考而作出的道德选择和道德行为,这种行为是自我认识,自我调节,自我实行的结果。在德育过程中,要促进学生品德发展内部矛盾的转化,都有赖于培养和发挥学生个人的自我教育能力,随着学生年龄和才智的增长,他们个人的自我教育能力,在他们自身品德的发展与提高上起着越来越重要的作用。注重自我教育能力的培养,将教育与自我教育结合起来,既是德育过程具有成效的必要条件,也是德育过程达到目的的必然要求。学生自我教育能力是学生品德发展程度的一个重要标志。可以说,德育过程也是提高学生自我教育能力的过程。

自我教育能力主要是自我评价能力和自我调控能力构成。自我评价能力是进行自我教育的认识基础。没有自我评价能力就不可能自我教育。一个人只有能够认识评价自己的思想与行为时,才能进行自我教育,人愈能正确评价自己,分析自己,就愈明确自我教育的目标与要求,有效地进行自我教育。自我调控能力是在自我评价的基础上建立起来的自觉调节控制自己行为的能力,它是进行自我教育的重要机制。教育学生善于调节和控制自己的思想行为和志趣性格,逐步提高他们的自我调控能力。如果学生缺乏自我调控能力,他就不能很好地进行和坚持自我教育,即使他道德认识正确,也能正确的自我评价,但他也很难把道德认识和对自己的正确认识付诸实践。

(三)主体与客体相统一的规律

学生的品德不是神定的、主观自生的,也不是先天遗传、后天环境机械决定的,而是在改造客观世界和主观世界及其相互关系中形成的,德育过程是主体与客体相统一的过程。

人是从他的社会实际关系中吸取思想道德观念。人是一切社会关系的总和,人的品德是社会存在的反映。学生的品德是客观存在的社会思想政治和法纪道德关系的反映。德育过程就是教育者通过施加影响,使受教育者形成良好德行,也即是实现社会行为规范的个体化。

主体与客体的统一是通过活动和交往实现 的。人在社会实践中,也正是在社会性的活动和交往中,人作用于客观世界,形成一定的社会实际关系(其中也包括思想政治和法纪道德关系),这种实际关系才反映人的主观世界,形成主观的思想政治和法纪道德关系,形成一定的道德认识,产生一定的道德情感,转化成一定的品德。因此,活动和交往是学生形成一定社会关系的基础,是沟通主观和客观、客观社会关系和主观精神关系或主观品德的桥梁,否则不可能形成学生的品德。在德育过程中,正是使学生在与人的活动和交往中,促其形成良好的品德。所以,活动与交往既是学生形成社会关系的基础,也是学生品德形成的基础。同时,活动和交往还是检验、评价一个人的品德发展水平的标准,因为人们总是从学生在活动和交往中的行为表现来评价其道德水平的。

德育过程是主动的能动过程。学生是有主观能动性的。在德育过程中,学生所处的地位是双重的。对教育活动来说,学生是受教育者,是教育者的工作对象,是客体;对品德来说,是促使社会德行的个体化,即将社会的行为规范转化成学生的德行,而要实现内化的是学生,学生是主体。德育过程最终是使学生形成良好品德。无论是老师的"促化"作用,还是学生的"内化"作用,都需要学生的主动性,而且也只有学生的主动性调动起来了,实现了"促化"与"内化"的统一,学生的良好品德才能形成。人是积极的活动者,人在从事各种各样的改造客观世界中,也积极自觉地改造着自己的主观世界,努力达到主客观的统一,德育过程也是这样。

第四节　德　育　原　则

德育原则是对学生进行思想品德教育必须遵循的基本要求,它是根据思想品德教育的任务和思想品德教育过程的规律制定的。德育原则也是教育实践经验的概括与总结。德育原则体现了德育规律,是制定德育计划,选择德育内容和方法,组织实施德育过程的依据。

中外教育史上许多著名教育家提出的德育原则,是我们应当继承的一份珍贵遗产,我国社会主义学校的德育实践,特别是优秀教师、模范班主任的宝贵经验,是发展我国德育原则的根本源泉。随着人们对德育规律的深入探索和揭示,德育原则必将不断地发展和完善。

我国学校的德育原则有:言行一致原则;正面教育原则;依靠优点,克服缺点原则;尊重信任和严格要求相结合原则;在集体中进行教育原则;从学生实际出发原则;教育影响一致性和连贯性原则。

一、言行一致原则

这条原则是指既重视对学生进行系统的理论教育,又要通过实践活动进行锻炼;既要提高学生的思想认识,又要培养相应的行为习惯。把认识和实践、思想和行动统一起来,做到知行统一,言行一致。

这条原则是马克思主义理论与实践相结合的基本原则在德育中的具体应用,是社会主义教育的基本要求,也是社会主义道德规范的重要特征。如果学校培养出来的学生只会讲,不会做,说得多,做得少,甚至根本就不愿意去做,那么教育目的就无法实现。

这条原则反映了德育过程中知行转化的规律。知是行的先导,行是知的目的,没有正确认识作指导的行动,往往是盲目的,甚至会出现错误行为。而认识不通过行为表现出来,就是言行不一,言行脱节。

我国古代教育家历来重视"言行一致"。孔子十分重视道德行为的培养,他认为评价一个人的道德水平,要"听其言而观其行"。他对那些"巧言令色","言行不一"的人十分反感,指出:"巧言乱德。"孔子这些知行统一的观点在今天仍有指导意义。

贯彻言行一致原则的基本要求是:

第一,结合实际学习理论,提高学生的思想觉悟。反对脱离实际的空洞说教,但不是不要道德理论的学习和道德认识的培养。

第二,注意学生的实践活动。引导学生关心祖国的社会主义建设,组织学生参加社会实践活动,进行社会调查以及日常文明行为的实际锻炼。

第三，教育者要以身作则，言行一致。教育者应该模范地将言传与身教结合起来，在工作中讲求实效，不满足一般化的号召，已经作出的决定，提出的要求要坚决做到。

二、正面教育原则

正面教育原则，是用积极的、正面的事实和道理启发学生，循循善诱，实事求是，以事说理，以理服人，用以提高学生的思想觉悟和理论水平。也称疏导原则。

社会主义教育目的之一是培养学生有社会主义品德，成为国家的主人，而不是训练盲目服从的奴才。普通中小学的教育对象是青少年，他们正处于世界观的形成、发展时期，他们好学上进，但知识经验少，辨别是非能力差，需要通过正面说理启迪，讲清道理，而品德形成过程中又充满着矛盾和斗争，也需要疏通引导，启发自觉，调动其积极性。进行思想品德教育是处理人民内部矛盾，只能采用引导和说服的办法，不能采取粗暴、压服的办法。压服往往是压而不服，达不到预期的目的。

贯彻这一原则要求做到：

第一，要正面说理，疏通引导，启发自觉。通过摆事实，讲道理，提高学生明是非、辨真假、知善恶、分美丑的水平，使学生不仅口服，而且真正做到心服。在我国，特别要注意提高学生明社会主义之理、树马列主义之观、行共产主义之德的水平。

第二，要树立先进典型，运用榜样示范。先进榜样的言行，是最能激发学生的上进心，最能鼓舞激励学生前进的。在树先进榜样中，既可以树全国、省市级的先进典型，也可以树全校、班级的先进典型，使学生学有目标，行有榜样。

第三，以表扬、鼓励为主，批评、处分为辅。利用学生的自尊心和积极向上的心理，鼓励他们不断前进。严禁体罚和变相体罚，因为它只能伤害学生的身体，不能解决学生的思想德行。

第四，建立必要的规章制度，把耐心说服疏导和执行必要的规章制度结合起来。规章制度既是维护学校集体生活有序进行所必需，也是思想政治准则和法纪道德规范的具体化。它规定着学生应该做什么和不应该做什么，它不仅带有正面引导的性质，而且具有一定的强制性，这对正处于成长阶段的青少年来说是十分必要的。教育学生自觉遵守学校的规章制度，学生长期地自觉地遵守学校规章制度，有助于培养他们自我品德控制能力和养成良好的道德行为习惯。

三、依靠优点，克服缺点原则

依靠优点，克服缺点原则是指进行德育要调动学生的自我教育的积极性，依靠和发扬他们自身的积极因素去克服他们品德上的消极因素，实现品德发展内部矛盾的转化

学生身上的积极因素通常表现为优点、长处，先进思想和积极心理。在思想品德教育过程中，教育者应一分为二地看待学生，依靠和发扬学生的优点，并利用它去克服缺点。这一原则是根据学生思想品德的形成，并通过内部矛盾这一规律提出来的。教育者要自觉运用这一规律，使学生看到自己的优点，增强他们的自信心、自尊心和自我教育的内在动力。

贯彻这一原则的基本要求：

第一，教师要以一分为二的观点看待学生。既要看到他们的缺点，更要善于发现他们的优点，激发他们的上进心。特别是对后进生，更要满腔热情地寻找他们的优点，那怕是处于萌

芽状态的,也要热情予以扶持,使积极因素逐渐增大,形成新质,使消极因素逐渐缩小,以至消失。

第二,要使学生正确认识自己,自觉开展积极的思想斗争,促进思想矛盾的转化。没有学生自己的主观努力,思想矛盾的转化是难以实现的。教师不要企图用冗长的说教来代替学生的思想斗争,而要善于根据他们的思想实际和行为表现,引导和激发他们自觉地开展思想斗争,自觉克服缺点。

第三,要根据学生的特点,因势利导,化消极因素为积极因素。如青少年学生精力旺盛,教师就要善于把他们旺盛的精力引导到体育活动中去。这不仅能促进学校体育活动的开展,而且有利于形成学生的良好品德。同时,还能增进师生之间的感情。

四、尊重信任与严格要求相结合原则

严格要求就是要坚持按照培养目标,学校规章制度进行严格认真的教育管理。尊重信任是指教育者尊重学生个人,尊重学生的人格和建议,体现民主平等的师生关系,热情关怀学生的成长,并且相信他们的力量和能力,相信他们能进步、能自立。严格要求与尊重信任要结合起来,没有严格要求就没有进取,就培养不出人才。严格要求是对学生最大的尊重和爱护,没有严就没有爱。而没有对学生的尊重和爱护也很难实现严格要求。

严格要求是教育者对国家培养人才和对学生高度负责的表现,严格要求是促使学生产生思想斗争的动因之一。同时,尊重信任学生又符合青少年的心理特点。他们有很强的自尊心,很希望得到师长的信任。所以尊重信任学生是学校德育工作的感情基础,是一种巨大的教育力量。师生之间感情融洽,教育效果就好。

贯彻这一原则的基本要求是：

第一，对学生提出的要求，要合理、正确、明确而具体，一经提出则坚持不懈。要求不是限制学生的发展，而是给学生指出要达到的方向。要求应是积极的，通过要求唤起学生的自尊心和责任感。要求是严格的，不可不做，不可拖延，但又是学生能够做到的。

第二，热爱学生，尊重信任学生。热爱学生是教师职业道德的核心。没有爱就不会激起对学生的责任感；没有爱就不会用真情实意来感染学生；没有爱就意味着放弃了对学生的教育。要尊重信任学生，相信他们会进步，保护他们的自尊心，尊重他们的合理要求。教师应以平等的、同志式的态度对待学生，做学生的知心朋友，维护学生的自尊心。而绝对不允许讽刺、挖苦、甚至体罚学生。

五、在集体中进行教育原则

在集体中进行教育的原则，是指教师对学生进行德育教育，要把主要精力放在组织、培养、教育学生集体上，使学生形成一个强有力的集体，并通过学生集体来教育集体中的每一个成员。

把学生培养成社会主义的集体主义者，这是我国教育目的的要求。而集体主义的思想品德只有在集体中，并通过集体才能有效地得到培养。学生集体既是教育的客体，又是教育的主体，在德育过程中，不仅要发挥教师的教育作用，而且要发挥学生集体在教育中的作用，要运用集体的力量，依靠集体成员的相互作用，相互监督，相互影响来教育学生，良好的集体是一个巨大的教育力量。学生在一个良好的集体中生活，集体活动的目标,集体的各项要求,集体的舆论,集体赋于个人的权利和义务等等,都可以使学生受到多方面的教育和影响。同时,集体是由个人组成的,每个学生的思想品德都直接影响着集体。通过集体教育学生,又通过对个别学生的教育来影响集体,这就是集体教育与个别教育的辩证关系。

贯彻这个原则的要求:

第一,要重视培养学生集体,使一切教育措施有助于形成学生集体。培养集体的过程是一个教育学生的过程。教师要十分关注集体的成长,指导帮助集体开展活动,健全集体的领导核心,使学生集体有明确的奋斗目标,正确的集体舆论,优良的传统和作风,有严密的组织纪律,成员有集体荣誉感和责任感。

第二,充分发挥集体在教育中的作用。学生集体不仅是教师教育的对象,而且应该成为教师教育学生的有力手段。要使学生真正感到自己学习、生活在这个集体之中,个人的利益与集体的利益是一致的,从而使他们关心集体,为集体工作,为实现集体的奋斗目标而严格要求自己。通过在集体中建立合理的规章制度,培养良好的作风、传统和正确的同学感情,来教育和陶冶每个学生。

第三,把对学生集体的教育与对个别学生的教育紧密地结合起来。在教育个别学生时尽可能使集体的每一个成员都受到教育,得到提高,通过学生个人转变来影响和培养集体。这样不仅通过教育一个学生教育了全班每一个学生,而且培养了正确的集体舆论和良好的班风,从而使集体与学生个人互相促进。

六、从学生实际出发原则

从学生实际出发进行教育，就是根据学生的年龄特征、个人差异和当前的思想实际，提出教育的要求，确定教育的内容，运用教育的方法，避免"成人化"、"一般化"。

从学生实际出发，首先要考虑学生年龄特征，即不同年龄阶段所具有的心理和生理的特点，教师必须研究和掌握这些特点，特别是要掌握不同年龄阶段在道德意识、道德行为等方面的特点，从而使教育要求、内容和方法在保持其系统性、一贯性的同时，又能随着学生的年龄增长而逐步提高、加深。

同一年龄阶段的学生，其身心发展又有其个别特点。由于各人的家庭、社会影响、个人经历的不同，因而每个人身心发展都有各自的特殊性，在学习、能力、爱好、性格、行为、习惯以及身体素质方面表现出各种差异，教育的要求与方式，要因人而异。每个学生就是一个特殊的世界，如果不看对象，不顾实际，不管学生的不同特点，都一律看待，一样要求，同样施教，这种主观主义的教育，是不可能收到良好效果的。

贯彻这个原则要求做到：

第一，教师要深入了解和研究学生。教师既要了解学生思想品德发展的一般规律，又要弄清学生的个性差异。了解和研究学生必须客观、全面，防止主观性、片面性、表面性，决不能把学生"看死"，更不能对学生抱有成见。只有做到对所教学生的情况了如指掌，才能做到有的放矢。

第二，根据学生的年龄特点与个性差异，因材施教。对不同年龄阶段的学生在教育内容和教育方法上都应有所不同。如对小学生、初中生进行教育时，要善于通过具体形象的事例，浅显明白的道理，培养良好的文明行为习惯；而对高中阶段的学生，则更多的是进行理想教育，人生观教育，培养独立工作能力。同一年龄阶段的学生,既有共同规律,也有个别特点,如有的勇敢,有的胆怯,有的活跃,有的孤癖。对胆小怕事的学生,要多鼓励他积极去做;对过于胆大莽撞的学生,则要求他慎重一点,凡事三思而后行。

七、教育影响一致性和连贯性原则

教育影响一致性和连贯性原则,是指各方面对学生的教育影响,要步调一致,前后一贯,坚持到底,使学生思想品德按照国家培养目标,向前发展。

学生思想品德的形成是各方面教育影响下长期发展的过程。学生不仅在学校中受到思想教育,还不断受到家庭和社会的影响。把各种教育力量统一起来,相互配合,就能产生巨大的教育力量,取得良好的教育效果,否则,要求不一致,互相抵消,使学生思想混乱,无所适从,就不能教育好学生。同时,学生的观点、信念及行为习惯等都不可能在短期内形成,因此,对学生的教育应是系统地连贯地进行。随着学生知识的扩展,教师应逐步提高对他们的要求,并且要长期坚持,使已经形成的优良行为习惯更加完善更加巩固。

贯彻这个原则要求做到:

第一,学校中各方面的教育要一致,形成统一的教育力量。学校领导、班主任、团队组织、各科教师以及学校所有工作人员,都是教育者,都要做学生的思想工作,并要注意要求一致、连贯、互相配合,这样才能形成统一的教育力量,创造一个整体影响的教育环境。如果各方面不能相互配合,各行其是,就必然对学生产生不良后果。

第二,要统一学校和家庭、社会各方面的影响,步调一致,形成合力。学校是专门的教育机构,在统一和协调各种教育影响中应起主导作用。学校应该宣传国家的教育目的和要求,介绍好的教育方法和经验。还应争取校外教育机关和学校附近的机关企事业单位的帮助。家长也应主动配合学校,对学生进行连贯性教育。

第三,要保持教育者的相对稳定,也要保持教师与学生间关系的相对稳定。无计划地频繁地调换教师或班主任,教育者提出的要求前后矛盾,随意放弃原来的计划等做法,都违反教育影响的一致性和连贯性原则,都不利于学生思想的成长和成熟。

第五节　德育的途径和方法

德育的途径和方法是提高德育实效的重要措施。进行德育,不仅要有正确的内容,而且要有恰当的途径和方法。在教育实践中,有时教师对学生所讲的德育内容是正确的,有针对性的,但实际效果并不好,其原因就在于与德育不得法有关。德育工作是一项十分细致、复杂并充满矛盾的工作,仅凭工作热情是不够的,还必须讲究工作方法。

德育的途径和方法,是由德育的任务内容和原则决定的。由于德育任务、内容和原则是多方面的,因此,德育的途径和方法也是多种多样的。

德育的基本途径有:政治课和其它各科教学;社会活动和生产劳动;课外活动和校外活动;共青团、少先队和学生会的活动;班主任工作等。

上述各种途径,虽各有特点,但总的活动目的是一致的。因此,各个途径之间要相互配合,形成协调一致,齐抓共管的德育网络,使学生从各方面受到教育。

对学生进行思想品德教育是每位教师的职责。要想使德育工作获得良好的效果,教育者不仅要有明确的教育目的,正确的工作态度,做好工作的愿望,还必须掌握进行德育的方法。德育方法是为了实现德育任务而采取的教育手段。既包括教育者活动的方法,也包括受教育者活动的方法。

德育方法多种多样,要根据德育的规律,德育的内容以及学生的实际灵活地选择和运用。

我国常用的德育方法有:说服法、示范法、锻炼法、陶冶法、修养法、评价法。

一、说服法

说服是通过摆事实、讲道理、提高学生思想认识的方法,说服是对学生进行德育的基本方法。这一方法体现了我国德育的主要特点,因为要真正解决人们的思想认识问题,首先要提高他们的思想认识,启发自觉,才能使其口服心服,是以理服人,而不是以力服人。压服,实际是压而不服。

说服一般可采用讲解、报告、谈话、讨论、参观等方式进行。

讲解主要是阐明社会生活中的一些重要事件,国家的政策法令、道德规范、学校规章制度的内容意义。一般用于政治课和课外集体活动中。

报告是指对某些专题性问题向学生进行全面的阐述。如形势问题、纪律与法制问题等报告。

谈话是指教师就有关的思想教育问题与学生交换意见,对他们进行教育。谈话是说服方法中最常用的一种形式,特别适用于对学生进行个别教育。谈话前要作好准备,要了解谈话对象的思想情况、心理状态、个性特点等,做到有的放矢。要注意充分说理,坦诚相见,启发诱导,真心帮人。说服不是说教,要注意说话的语气和态度。

讨论是学生在教师指导下,就某些时事政治问题或道德问题各抒己见,互相启发,共同探讨,得出正确结论,提高思想认识的方法。它的特点是依靠学生进行自我教育,有利于启发学生的自觉性。

参观是组织学生深入社会实际,通过了解典型的实际事例,提高学生思想认识的方式。参观不仅能补充口头说理的不足,开阔学生的视野,而且由于直观、生动,容易给学生留下深刻印象,受到生动教育。

讨论和参观,必须针对学生实际,目的明确,作好充分的准备。

二、示范法

示范的方法也称为榜样的方法。是以他人的模范思想、行为来影响学生的一种教育方法。

榜样的力量是无穷的。榜样把道德观念和行为规范具体化、人格化,形象而生动,具有极大的感染力和吸引力。榜样不仅影响学生的思想认识,而且能够熏陶学生的感情,使之学有方向,赶有目标,从而更有力地激励自己思想品德不断得到提高和完善。

青少年学生模仿性强,非常希望以他们所敬佩的人作为自己学习模仿的对象。应该看到因为青少年的知识经验不足,所以常会对一些不良的品德行为或无积极意义的人物形象加以盲目模仿或崇拜。因此,坚持运用优秀榜样教育学生,具有更重要的意义。

榜样的运用是广泛的,能够作为学生学习的榜样也是很多的。英雄模范人物,古今中外杰出的政治家、思想家、科学家、军事家、艺术家等;文艺作品中的正面典型人物;学生中的先进典型;具有良好品德的家庭成员;教师班主任的模范行为等。

选好学习的榜样,树立榜样的威信是运用示范法的关键。最能吸引学生的是"可望又可及"的身边榜样。榜样的示范作用与榜样在学生心目中的威信成正比。而榜样的威信首先取决于榜样本身事迹的先进性和感人性。因此,榜样必须来自生活,有广泛的群众基础。榜样的威信也有赖于切实而全面的宣传。要使榜样在学生心目中真实可信,可亲可学。

同时,还应该把榜样示范与自我教育有机地结合起来,要善于激发学生学习榜样的动机,消除思想上的障碍,结合榜样的先进事迹,对学生提出具体可行的要求。

三、锻炼法

锻炼法是按照一定要求组织学生参加各种实际活动以培养学生良好品德的方法。

实际锻炼是一种重要的德育方法。为了使学生的思想观点转化为坚定的信念,形成牢固的行为习惯,就要给学生进行实践的环境与条件。因此,要使学生知行统一,言行一致,就要让学生参加各种活动,进行实际锻炼。

锻炼的内容极为广泛,一般可分为两种:一种是为完成具体任务进行的实际锻炼。如学习、课外活动、社会活动、生产劳动等。另一种是按一定的规章制度进行的锻炼,如使学生在执行学生守则、课堂纪律、作息制度的过程中进行锻炼,可以养成学生严格的组织纪律性,以及良好的生活习惯。

运用锻炼法要注意严格要求,长期坚持。不断调动学生将道德认识付诸实践的积极性。通过长期的反复的锻炼,使学生的道德行为习惯化,自觉化。进而转化为坚定不移的道德信念。

四、陶冶法

通过创设和利用有教育意义的情境,使学生受到潜移默化的教育,称作陶冶法。

环境,特别是社会环境对人的身心发展起着重要的影响作用,所谓"近朱者赤,近墨者黑"。但是,一般环境对人的影响总是带有一定的自发性和不可控制性。而经过有意创设的教育环境,则对学生的品德培养起着熏陶感染的积极作用。

陶冶包括人格感化、环境陶冶和艺术陶冶等。人格感化是教育者以自身的人格力量为情境的对学生进行的感化。环境陶冶是通过对周围教育环境的布置、净化来影响和感染学生。艺术陶冶是借助艺术的感染力量来熏陶学生的心灵。

运用陶冶要注意创设良好的教育环境。为了不让精心创设的环境失去教育意义,教师需要予以启发引导,让学生自觉地从中吸取有益的精神养料。

五、修养法

修养法是指在教师指导下,学生为养成高尚的思想品德而进行的自我教育,自我提高的方法。

我国古代教育家在道德教育上很注意个人的主观努力,自我反省和提高,也就是自我修养。

指导学生自我修养,首先应该启发学生自我修养的自觉性,用修养好的范例来教育学生,帮助学生运用立志、自省、自勉、座右铭等形式,提高自己的道德追求。还要注意引导学生不断提高修养标准,提高他们分辨是非善恶的道德评价能力。

指导学生自我修养,要注意学生的年龄特征,使学生道德修养能力的提高有一个渐进发展的过程。

六、评价法

品德评价,是对学生的思想行为给予肯定或否定的教育方法。

对学生的思想行为给予肯定或否定的评价,可以帮助学生分清是非善恶,明确今后的努力方向,激发他们的荣誉感或羞耻感,鼓励他们积极上进,预防和克服不良思想行为的滋长。品德评价方法是德育的辅助方法,但又是不可缺少的方法。

品德评价法有多种方式:评比、表扬和奖励、批评和处分、操行评定等。

评比,是对学生的思想行为作比较评价,通过表彰先进以教育全体学生的一种方式。

进行评比时,要使学生明确目的,发扬民主。真正使评比达到发扬成绩、克服缺点、表彰好人好事,鼓励学生不断进步的目的。

表扬和奖励,是对学生良好思想行为给予肯定的评价。它不仅使受奖者得到鼓励,而且也可使整个集体受到教育,并能形成正确的舆论。

表扬,是对学生良好的思想品质和道德行为表示赞同或肯定,可用口头表示,口头赞同或书面提出。

奖励,是对学生特别突出的优秀思想和行为的肯定评价。奖励有:颁发奖状,发给奖品,授予称号等。奖励一般在庄重的仪式中进行。

批评与处分,是对学生不良思想行为作否定的评价。

批评,能使学生克服思想行为中的缺点和错误。根据学生所犯错误的不同情况,一般采用个别批评和当众批评两种方式。

处分,是对学生严重的不良思想行为所采取的必要措施。处分有:警告、记过、留校察看、开除学籍等。

操行评定,是一学期或一学年末对每个学生的操行作全面的评价。

操行评定应以教育目的为指导思想,以"学生守则"的要求为依据,考查学生在课内外、校内外对待学习、社会活动、劳动、集体等各方面的表现,作出概括性的总结。

运用品德评价法应注意评价 要符合实际,要公正合理,要得到集体舆论的支持,要有利于调动积极因素,克服消极因素。

上述几种主要的德育方法,各有特点,彼此是有机联系的,任何一种方法都有一定长处,也有一定的局限性。因此在实际运用过程中,教育者要注意结合不同个性和具体实际、灵活机动地选择最为有效的方法和形式。

思 考 题

1.什么是德育?德育与智育有何联系和区别?

2.联系实际阐述学校进行德育的意义。

3.中小学思想品德教育最基本的内容有哪些?选定德育内容的依据是什么?

4.德育过程与品德过程有何联系和区别?

5.德育过程有哪些特点?教育工作者为什么要了解和掌

握这些特点?

6.用所学德育理论说明"晓之以理,动之以情,炼之以志,导之以行"的成功经验。

7.为什么德育既要尊重信任学生又要严格要求学生?

8.什么是在集体中进行教育原则?如何贯彻好这一原则?

9.德育的方法有哪些?选择和运用德育方法的依据是什么?

10.为什么说服法是一个基本的方法?仅仅强调说服行不行?

作 业 题

1.为什么要强调向青少年学生进行爱国主义教育?

2.你认为搞好学校德育与教师自身修养有何联系?

第六章　智　育

内容简介

本章阐述智育的意义、任务、内容，探讨智育过程的特点、原则和途径。

重点难点

智育的概念、任务和智育过程的原则是本章重点。智育过程的特点既是本章重点，也是难点所在。

教学要求

要使学生全面深刻理解智育的概念、功能和任务，以提高智育在全面发展教育中的基础地位的认识。智育内容主要明确它是由各种学科与各种活动两部分构成，并且总是由一定的课程计划来具体规定的。面授辅导中，应着重讲解智育过程的规律和原则。在理解规律时，应注意联系智育的任务、功能，特别是要运用辩证唯物主义认识论这一基本原理和对立统一的观点来分析、解释。智育原则，只作概括性的阐述，着重阐明原则本身的意义和依据。智育的途径，应全面理解各种途径的特殊作用。

学习方法

全章内容，前后联系比较紧密，掌握了前一问题，有助于对后一问题的理解，特别是在概念、功能和任务之间，规律和原则之间，更是一脉相承，学习中，务必逐一理解透彻，注意前后对照，逐步形成一个完整体系。

第一节　智　育　概　述

一、智育的意义

（一）智育的概念

智育是有目的、有计划、有组织地传授系统的文化科学知识和技能，发展受教育者的智力的教育。开发智慧，发展智力，是智育的主要目标。通过智育，使人获得科学知识，发展聪明才智，提高智力水平，所以有的教育学家把智育解释为智力教育或智能教育。

智育是全面发展教育的重要组成部分之一。随着科学技术的高度发展和广泛进入生产领域，现代化生产日益依赖劳动者的智力因素，社会主义现代化建设日益要求提高人们的智力素质，智育在全面发展教育中的意义，显得愈来愈重要。

（二）智育的功能

智育在全面发展教育中之所以显得日益重要，是因为它有如下一些重要功能。

第一，智育的文化、科技功能。作为专门传授文化科学知识的智育，它的首要功能，就是把人类千百年来积累起来的文化科学知识成果，一代一代地传递下去，传布开来，并使下一代在实践中运用、发展，从而在前人的基础上进一步创造出新的文化科学技术，促进人类文化科学技术的不断发展，可见智育乃是人类文化科学技术的传递、再生、发展的一个重要手段。

第二，智育的育人功能。智育之所以成为全面发展教育的重要组成部分，正是因为它有突出的育人功能。

智育的育人功能,首先体现在能使学生获得系统的科学知识,发展文化素养,提高智力水平。所有这些,不仅是智育本身的育人作用,而且也是全面发展教育其它组成部分必不可少的基础。

其次,还表现在智育过程中,能逐步形成学生的科学世界观。因为科学世界观是建立在深刻而牢固的科学知识基础之上的。学生科学世界观形成的早迟和牢固程度,取决于他对文化科学知识观点理解的深度。例如,学生对客观世界的物质性和可认识性,对客观事物、现象的相互联系和相互制约性,人类改造自然、社会的可能性和规律性等等思想、观点,理解得越深刻,建立得越牢固,越易于形成辩证唯物主义和历史唯物主义观点。

此外,学习知识,从事智力活动,可以丰富人们的精神生活,培养学生的智力兴趣和需要,使他们既能终身保持一种渴求知识的愿望,又为培养高尚的道德情操奠定良好知识基础,使他们能够自觉运用科学知识作为照亮自己生活道路的光源。这样就可以不断充实学生的精神世界,引导学生选择正确的生活道路,将来既能成为社会有用的人才,又能成为一个文明幸福的个人。

第三,智育的经济功能。这是随着社会和教育的不断发展进步而日益增强的。古代教育,很少自然科学知识,严重脱离经济生活,智育的经济功能并不显著。近代以来,教育日益成为促进社会经济发展的重要因素,特别是在当今现代化大生产的情况下,人们越来越清楚地认识到,通过教育提高劳动者的文化科学素质,大力开发人力资源,已经成为发展生产、繁荣经济必不可少的重要手段。因而智育的内容,不断增加自然科学知识,及时反映新的自然科学成就,密切智育与科学技术的联系,加强智育与生产劳动的结合,着力培养适应现代生产的劳动者。因为,劳动者是现代社会生产力系统中最基本、最活跃、最富有创造性的因素,而且现代化生产系统中的劳动者,不再是单凭体力劳动和工匠式的经验技能,而主要依靠知识、智力和科技化的技能,掌握科学技术,已经成为衡量劳动者素质的重要标志。而这种劳动者素质的培养,还是智育的一项根本任务。所以现代智育的经济功能是显而易见的。当前,我国正在建立社会主义市场经济体制,迫切需要大批高质量的人力资源,社会主义学校的教育,更应重视和加强智育的经济功能。

二、智育的任务

社会主义学校智育的基本任务,有下列三个方面。

（一）引导学生掌握系统的、全面的文化科学基础知识

科学知识是关于客观世界的现象、事实及其规律性的认识,它是人类在长期的生产斗争、科学实验和社会生活实践中积累起来的经验的概括和总结。它通常是以事实资料、概念、原理、法则、规律等形式表现出来,并通过文字、声、像贮存于书本和其它载体之中。知识是人们从事社会实践、改造世界必不可少的精神力量和锐利武器。人类文明的发展,社会的延续,需要把社会已经积累起来的科学知识一代一代往下传递。

从全面发展教育的要求来讲,培养德、智、体全面发展的一代新人,必须首先让他们吸收、继承人类文化精神财富,特别是文化科学高度发展的现代社会,智育更应首先完成传递知识的任务。

人类在长期实践中积累的知识是极其丰富的,智育的任

务只能要求学生掌握最基本的基础知识。科学知识是随着人类社会生活的发展不断扩展加深，因而基础知识不是固定不变的，但它必须是全面而系统的，应该包括自然科学、社会科学、人类思维科学最基本的知识，同时又能反映学科的逻辑系统，具有严密的结构体系。

（二）训练学生的基本技能、技巧

技能是经过练习获得的为完成某种任务的活动方式。技能既不同于知识，又与知识密切相关。知识是对客观事物的认识成果，是可以贮存在人脑中的关于学习对象的信息。技能则是应用知识于实际的过程中表现出来的操作活动方式。

技能一般分为动作技能与智力技能。动作技能是指组成这种活动方式的动作要通过人的骨骼肌肉和相应的神经过程来完成。如书写、制图、实验、弹琴、体操等。智力技能是指组成这种活动方式的动作是在人脑中实现的，是与较复杂的思维活动方式相联系的技能，如阅读、心算、作文等。人在完成比较复杂的活动时，既需要动作技能，也需要智力技能。所以两者的划分只是相对的。事实上，动作技能必然包含智力技能的因素，而智力技能常常要通过动作技能表现出来。

技巧是指技能经过反复练习达到了迅速、精确、运用自如的程度，成为"自动化"的动作。技巧的特点是视觉控制减低到最小程度，许多局部动作联合为一个完整的动作系统；多余的动作完全消失，动作之间的干扰现象大大减少；动作速度加快，准确、协调、稳定、灵活，活动进行从容自如，不易疲劳；活动的一整套动作自动化，许多动作不需要意识的直接控制就能完成。

（三）发展学生的智力

发展学生智力,是智育极为重要的任务,这个任务是在掌握科学知识和技能技巧的过程中统一实现的。

智力是一个比较复杂的概念,迄今尚无一个统一的界定。比较一致的观点是:使人能顺利的从事多种活动所必需的各种认知能力的有机结合。或者说智力是在反映客观世界的过程中表现出来的关于认识的心理特性的总和。可见,智力的内涵十分广泛,它包括观察力、注意力、记忆力、思维力、想象力、创造能力等等,其中又以思维能力特别是创造思维能力为核心。

发展智力,即发展人类自身的潜在力量,是教育本身的重要任务。近些年来,人们对大脑及生物化学研究的新成果,不仅更加清楚地了解了人类心理活动的生理机制,并显示人脑中还有相当大的潜力未曾加以利用,而且逐渐掌握了人类智力发展的一些关键时期。从人的一生来看,青少年时期都是智力发展的重要时期。对于青少年的教育工作,如果忽视了智力的发展,就是错过了智力发展的最佳期,将是对青少年一代的贻误。

积极发展智力,还是大力开发人类智力资源,更好地适应当代科技迅猛发展的客观需要。当今时代的一个重要特点是科学技术突飞猛进,知识数量以几何级数激增,不少知识的陈旧周期加速,科学知识的物化过程缩短。科学技术日新月异,人类面对浩瀚的知识海洋,不能只是埋头积累知识,人生有涯,知识无穷,学生在校的学习,只是一些基础知识,更多的知识靠以后在社会实践中去独立获取,所以学校的智育,必须把学生的智力发展起来,把他们的学习兴趣和学习能力培养起来,否则就难以适应时代发展的需要。

三、智育的内容

智育的内容,是完成智育任务的根本保证。必须具有广泛性和综合性,系统性和科学性,基础性和相对稳定性。我国中小学的智育内容,主要体现在中小学课程计划所规定的各门学科与活动中。根据我国《九年义务教育全日制小学、初级中学课程计划》规定,智育内容的课程设置,包括学科、活动两部分。学科以文化基础教育为主,在适当年级,因地制宜地渗透职业技术教育;以分科课为主,适当设置综合课;以必修课为主,初中阶段适当设置选修课;以按学年、学期安排的课为主,适当设置课时较少的短期课。活动课主要是配合学科,便于理论联系实际,加强实践环节,两者相辅相成。

学科课程,小学阶段开设思想品德、语文、数学、社会、自然。有条件的小学增设外语;初中阶段开设思想、政治、语文、数学、外语、历史、地理、物理、化学、生物,以及短期的职业指导课。

所有学科都要加强基础知识和基本技能的教学,同时重视培养和提高学生的能力,并根据各门学科的特点有机地渗透思想教育,促进学生个性心理品质的健康发展,全面完成学科教学任务。

有关智育的活动,主要是科技活动,社会实践活动,学校传统活动等,各种活动都要结合自身特点,发挥学生的主动性和创造性,使学生动脑动手,增长才干,扩大视野,发展志趣和特长,丰富精神生活,增进身心健康。

根据国家教委 1990 年印发的《现行普通高中教学计划的调整意见》,高中阶段智育课程结构,也由学科和活动两部分组成,学科课程采取必修和选修两种形式。活动课包括课外活动和社会实践活动。

必修课程开设政治、语文、数学、外语、物理、化学、生物、历史、地理。选修课分文科、理科、外语、职业技术等课程,在高三年级开设,有条件的还可开设计算机课。课外活动包括知识讲座、科技活动,各类兴趣小组活动。

第二节　智育过程和原则

研究智育过程,就是要明确认识智育过程的本质、特点。智育过程的实质,是把人类积累起来的文化科学知识成果转化为个体的精神财富,充分发展人的智能,为人的全面发展打下坚实基础的过程。这一本质,决定了智育过程有其自身的一些特点。

一、智育过程的特点。

(一)智育过程是学生在教师指导下以学习书本知识为主的一种特殊认识活动

"古之学者必有师","务学不如务求师"。教师是专门的教育者,经过专门的学习与训练,"闻道在先","术业有专攻",他们具备了引导学生学习的条件。他们以其对某一学科知识的全面掌握与深刻理解,以及对教育科学理论知识的掌握为基础,在引导学生学习过程中,能够有目的、有计划地采用多种多样的方法、形式,这就有可能使智育过程中学生的认识活动成为高效率、高速度的过程。

智育过程之所以以学习书本知识为主。因为作为学生学习的教科书,一般都具有高度简约化和概括化的特点。教科书中的知识,是根据社会的需要和儿童身心发展的特点,从大量知识中精心选择和组织起来的精华，集中了科学知识中最重要、最基本和最典型的事实资料和规律、原理、法则，一般总是反映了科学发展中的最新成就。掌握了这些高度简约化与概括化的书本知识，学生就有可能利用较短的时间把人类在漫长的历史长河中积累起来的知识宝库的精华，变成自己的精神财富，使自己的文化科学知识，达到现代科学发展的水平。

智育过程既是学生在教师指导下以学习书本知识为主，为什么说这也是一种认识活动？人类认识活动的对象本来是客观世界本身，但是就每一个个体的人来说，要在短暂的人生过程中掌握大量的科学知识，并达到他所处时代的科学知识的发展水平，根本不可能而且也根本没有必要事事都去直接接触客观世界。因为人类对客观世界认识的大量成果，已经反映在书本知识和其它现代化的视听媒体当中，学生只要借助这些书本和音像读物，就可达到认识世界的目标。书本知识虽是人类已经认识的真理，但对学生来说，仍然是未知的。所以学生通过学习书本来认识客观世界，实质上也是对客观世界的认识活动，只不过是一种具有特殊条件的一种特殊的认识形式。由于有教师的指导，学生的认识活动可以避免人类认识客观世界的历史进程中无数次的失败与挫折，径直进入科学的殿堂。由于借助现成的书本知识，也就避免了人类认识客观世界漫长曲折过程，大大缩短了认识客观世界的时间。正是学生在智育过程中享有了这种便捷、快速的特殊条件，所以说智育过程是一种特殊的认识活动。

(二)智育过程是学生掌握知识与发展智力相互促进的过程

掌握知识与发展智力，是智育过程中相互依赖、相互促进的两个不同方面。掌握知识必须以一定的智力发展程度为条件，必须借助一定的智力活动来实现。而智力的发展，又必须以学习知识为基础，必须以掌握知识作为智力活动的手段，智力只有在不断掌握知识的过程中才能获得充分发展。掌握知识是一种认识活动，发展智力是提高认识能力。认识能力只能在认识活动中得到锻炼、提高，发展智力离开了掌握知识这个基础，就成了无源之水，无本之木。可见掌握知识与发展智力两者是相互依存，互为因果的。

正因为两者相互依存，它们之间也就可以相互促进。一个人随着知识的增多、丰富，就有可能不断提高智力水平，因为智力的发展，也就是事物的联系与运动变化的规律在头脑中的正确反映。掌握知识的过程，在一定意义上就是智力发展的过程。另外，当一个人的智力获得良好的发展，就会更有成效地掌握知识。大量事实证明，智力发展水平的高低，对于学习知识的快慢以及对知识的理解程度和灵活运用，都有很大的影响。所以，智育过程是学生掌握知识与发展智力统一实现的过程。这正是从科学知识与认识科学的能力之间对立统一关系中引伸出来的必然结论。

但是，两者的相互促进，互相转化是有条件的，两者并非完全同步，自然实现的。肯定两者的相互作用，是强调两者统一性的一面，然而两者之间还有互相矛盾的一面。在教学实践中很多事实也说明，并不是在掌握知识过程中，智力可以自然而然地获得发展，或者，在学习知识过程中，智力必然可以获得发展。例如只强调死记硬背知识的教学，绝大多数学生的智力就不可能获得充分发展。所以两者并非自然统一，完全同步。那末，其间的条件到底是什么呢？就目前研究的成果看，

主要有以下几点:

第一,教材。给学生的知识不仅是科学的、系统的、丰富而充实的,而且应该重视基础理论。在教材的结构上,要突出理论知识的地位和作用。因为从智力发展的要求来说,理论思维是智力的核心,它必须在学习基础理论的活动中才能得到发展,单纯事实性、技术性知识的学习,并不利于培养理论思维。而且基础理论是反映事物基本规律的,它具有广泛的实用性,有利于迁移到具体的知识领域。

第二,教学方法、形式。方法应富于启发性、灵活性、多样性。避免注入式的呆读死记、大突击,搞题海战术。注入式的方法,可以使学生获得某些知识,但会抑制或牺牲智力的全面发展。

教学组织形式,要在集体教学统一要求的前提下,注意区别对待。如开设选修课,实行学分制,在以课堂教学为主的同时辅以小组和个别教学,允许跳级等,以利于不同智力发展水平的学生,在智力上获得充分发展。

第三,学生的学习活动。要重视学习方法的指导,增加实践性教学环节,使学生的学习成为在教师指导下独立的智力活动过程。

学生智力的发展,不仅与他们掌握知识的性质、分量、难度有关,更重要的是与他们获取这些知识的方法和运用知识的态度紧密相关,因此,要引导学生自觉主动地去掌握知识和运用知识。要求学生一定要在理解的基础上去记忆知识。要启发学生了解所学知识的形成过程与获得这些知识的方法,学会独立思考,并能自如地、创造性地运用所学的知识来解决理论和实际问题,使所学的知识成为活生生的、不断发展和深化的体系。这就使学生的学习活动本身，具有高度的智力价值，从而也就使掌握知识与发展智力有机地统一起来。

（三）智育过程是使学生掌握知识与培养技能、发展智力与培养技能相互促进、统一实现的过程

智育过程中，学生获得知识与形成技能是相互促进、统一实现的。一方面技能的培养必须以掌握知识为前提。因为技能是应用知识于实际的过程中表现出来的操作活动方式，或者技能是借助一定的经验和客观法则来完成某种动作的活动方式。这些"经验"和"客观法则"，也就是关于某种动作的结构、系统、要点、难点、特点，亦即一定的知识。培养技能，必须首先掌握这些知识，只有在知识的正确指导下才能形成技能。另一方面，技能的形成又有利于进一步掌握知识。因为学生掌握知识，必须通过主体一系列的认知与实践活动，而这些活动总是由一系列的具体动作构成的，只有具备了控制这些动作执行的经验，掌握了这些活动的方式，才能顺利完成这些活动，进而达到掌握知识的目的。

智育过程中，技能的培养，特别是技巧的形成与智力的发展也是相互促进、统一实现的。首先技能是智力发展的一个必要因素，它在智力发展中具有主导作用。因为作为智力发展基础的智力活动是在人脑内部借助内部语言进行的。是"外部的物质活动的反映"，"是外部物质活动向反映方面——知识、表象和概念方面转化的结果。"[1] 智力活动形成的过程是外部的物质活动内化、简化为内部的观念活动过程。所以外部活动方式（动作技能）及内部活动方式（智力技能）的掌握，也就成了

---

[1]　冯忠良著：《智育心理学》，第 123 页，教育科学出版社，1981 年版。

完成智力活动的必要条件，技能也就成了智力发展的一个主导因素。

另一方面，已经形成的智力水平，又是新的技能形成的有利条件。智力发展水平影响着技能形成的速度和质量。只有具备了一定空间知觉和运动知觉能力的学生，才有可能形成书写和绘画技能，只有具备了良好的听觉能力和节奏感的学生，才能形成唱歌跳舞的特殊技能。只有思维力、记忆力很强的学生，才能比较容易形成解题能力。

二、智育的原则

智育的原则，就是实施 智育的基本要求。它是根据智育的功能、任务和智育过程的特点提出来的。

（一）整体素质教育原则

这一原则的意义在于，实施智育的着眼点要从全面提高学生的整体素质出发，不能就智育论智育而是要使智育过程尽可能渗透其它各育的因素，使知识技能的传授过程，最大限度地发挥全面发展教育的功能。

贯彻这一原则要求受教育者对所学习的科学真理务求深刻理解。尽可能做到对概念的含义、结论的形成过程，知识的应用价值，以及它的来龙去脉都能透彻了解，确信它的真实可靠。建立一种深信无疑的态度，以期成为确立信念、形成道德品质和科学世界观以及发展体力和审美情操、培养劳动技能的坚实基础。

在实施智育的过程中，教育者要尽可能为受教育者创造良好的、符合卫生要求的学习环境，根据生理卫生的原理来组织脑力劳动，安排合理的学习负担，关心他们的日常生活、睡眠状况，以利于他们的健康成长。

关注受教育者的音乐、美术等文艺活动。受教育者平时在唱什么歌,鉴赏什么画,看什么文学作品,什么样的文艺作品在他们心灵深处激起了怎么样的感情,他们在文学艺术活动中表达了什么样的感情,教育者都应随时了解,并把这些情况与智育的进程结合起来,及时引导,以利于他们鉴赏美、创造美的能力得到健康发展。

总之,应使整个智育过程都渗透着全面发展教育的意义,促进学生整体素质的提高。

(二)学习书本知识与从事实践活动密切结合的原则

智育的首要任务是引导学生掌握文化科学知识,而学生学习知识,主要是学习反映在教科书中的间接经验,即学习书本知识,这是学校为青少年精心设计的一条认识客观世界的捷径,所以在实施智育过程中,要求学生以学习书本知识为主,这是确定无疑的,但是智育过程,又不能让学生只读书本,而是配合书本的学习从事一定的实践活动。现代教学理论特别强调在教学过程中加强实践性教学环节,即组织学生的练习、实验、实习,参与多种多样的课外活动、校外活动。这对智育的实施尤为重要。这是因为:

第一,智育的任务之一是培养学生的技能技巧,只有经过运用知识的实践活动,才能把知识转化为技能,只有经过反复的练习、实习,才能把技能转化为技巧。

第二,学生学习书本中的间接经验,只是一种理性认识,必须与一定的直接经验、一定的感性认识结合起来,才能加深理解,记忆牢固。同时学习知识的目的在于运用,学生从事一定的实践活动,既可以获得一定的感性认识,又能初步学习运用知识,使理性知识回到实践中加以检验。

第三,配合智育的课堂教学,开展丰富多采的课外活动、校外活动,有利于培养学生多方面的智力兴趣,使学生在实际锻炼中增长才干,能够充分发挥智育的全面发展教育功能。

第四,智育的实施,还必须同社会生活实践联系起来,为学生的智力活动建立一个广阔的智力背景。学校的教学工作,固然是实施智育的主要渠道,但是家庭、社会、大自然,各方面的实际生活,也都在自觉不自觉地进行着智育。从某种意义上说,社会生活比学校的智育更具有潜移默化的性质。因此,学校应考虑如何把智育与社会沸腾的实际生活结合起来,使学生既动脑、又动手。既使理论与实践相结合,又使学生在参与生活中接受智慧的训练。

(三)智力活动与非智力活动相互配合的原则

教育心理学对学习活动的研究表明,学生参与学习活动的心理因素是多方面的。既有认知活动系列,也有情性、意向活动系列,即既有智力活动,也有非智力活动,这两大系列的因素是相互依赖,相互影响,相互促进的。

学生在学习知识过程中,为掌握知识而进行的观察、记忆、思维、想象等智力活动,有赖于非智力活动的推动、调节、维持、强化,要有效地进行智力活动,必须注意培养、激发、调节学生的非智力活动。

非智力活动即学生在掌握知识过程中的兴趣、情感、意志、性格等心理因素的活动,一般说,非智力因素的形成、发展,又有赖于智力活动,因为学生的兴趣、情感、意志、性格等总是在认知事物、掌握知识过程中产生和发展的。所以实施智育过程中,要引导学生通过自觉积极的认知,通过掌握丰富多采、富有价值的知识,通过艰难曲折坚持不懈的认知过程,着力培养学生对学习知识的浓厚兴趣和丰富情感,坚强的意志与富有个人特色的性格。当学生一旦形成了良好的非智力因素,就可能常常表现为一种内驱力,作用于智力活动,对学生的智力活动产生定向、启动、维护、强化的作用。没有非智力活动对智力活动的这些作用,学生的学习是不堪设想的。

智力活动与非智力活动相互影响的关系是复杂多变的,既有积极的影响,也有消极的影响,这就需要根据不同情况注意调节。在实施智育过程中,首先要注意不断改进教学,使教学内容和教学过程都富有知识性、趣味性、启发性、民主性,经常吸引学生保持旺盛的求知欲望,鼓舞学习信心,强化毅力、抱负。其次是要提高学生的自我教育管理能力,从长期的学习活动中逐步培养学习的毅力、意志、抱负、性格,使之自觉地按照教学要求,调节自己的非智力活动,力求两种活动配合一致,不断产生积极的相互影响。

三、智育的途径

(一)各科教学

教学,是实现教学目的的基本途径,也是实施智育的基本途径。因为教学是严密组织起来的有目的、有计划的传授系统的文化科学知识的有效形式,它可以使学生在较短的时间内用较少的精力,来获得人类长期积累起来的文化科学知识,使个人的认识达到当代文化科学知识水平,并使学生的智能得到相应的发展,所以教学一直是学校的中心工作。忽视教学工作,不仅不能很好地完成智育的任务,其它各育的任务,也将难于实现。

(二)课外作业

课外作业,也称家庭作业。是学生根据教师的要求,在上课以外的时间独立进行的学习活动。

中国古代教育文献《学记》中，已有"时教必有正业，退息必有居学"的主张。"正业"即正式课程，指课内学习，"居学"即正式课程结束后的课外作业。也就是正课学习与课外作业相结合，可以收到良好的学习效果。这些观点是很有见地的。

课外作业，是学生对课内所学知识的复习、巩固和加深理解的过程，也是初步学习运用课内所学的知识、训练基本技能的过程，没有课外作业，学生就谈不上真正的掌握知识，没有课外作业的反复训练，很难培养学生的技能技巧。所以近代学校实行班级教学以后，课外作业已成为教学工作不可缺少的有机组成部分。

（三）各科实践活动

各科实践活动，是配合各学科课内学习而专门组织的，它是一种理论联系实际的学习形式，是引导学生独立运用知识、独立钻研、探索科学真理、发展学生智力、培养能力的学习活动。它已成为现代教育正式课程的一个重要组成部分，这在我国《九年义务教育全日制小学、初级中学课程计划》中已有明确规定。配合智育的实践活动，主要有各种科技活动和社会实践活动。

组织学生从事学科实践活动，通常是以建立学科小组的形式开展的，各个文化学科，都可成立相应的学科小组，没有开设的学科，也可成立相关的综合性学科小组，以扩大学生的知识领域。

开展各科实践活动，使学生智力深入到某一学科领域，就会促使他们在这门学科方面，获得比教学大纲要求更深广的知识。这种深入的程度越大，学生的智力兴趣范围就越广。如果有相当一部分学生都在某一学科领域超越大纲,不仅能使人的天资得到发展,还能丰富集体的智力生活。事实证明,各门科目深入扎实的基础知识与某一门科目或某一方面知识的特殊兴趣的发展相结合,是一个人得以全面发展的重要条件。

(四)课外阅读

课外阅读对于实现智育的任务有着特别重要的意义。苏霍姆林斯基特别重视学生的课外阅读,他要求每一个学生都有自己最爱阅读的书籍,包括文艺作品和科技著作,其中又有几十本是喜欢反复阅读的。他认为如果一个学生到了十二三岁还没有在课外阅读方面显示出明显的倾向,那么教育者就应为他感到焦虑,坐立不安。苏霍姆林斯基为什么如此重视课外阅读,因为它有如下一些重要作用:

第一,课外阅读是发展每个学生的爱好和才能的手段之一。苏霍姆林斯基强调指出:没有文艺作品和科普读物的深思熟虑的课外阅读体系,掌握知识技能的过程,就会遇到不可克服的困难,就不可能引起对知识和科学的任何兴趣。相反,如果学生对科学原理的理解是以选修的大纲以外的那种扣人心弦的阅读材料为广阔的背景,那么,他就会以更大的兴趣学习功课和钻研科学原理。课外书读得越多,掌握基础知识就越容易,用来做家庭作业的时间就越少。因为在课外阅读的广阔内容里,有千万个接触点是与课堂所学教材相通的。

第二,课外阅读还是帮助学生识记知识、解决学生学习负担过重的有力手段之一。经验证明,必须熟记的材料越复杂,必须记忆的概念、结论、规则越多,学习过程中的智力背景就应越宽广。换句话说,学生要牢固地识记公式、规则、结论及概念,就必须阅读和思考许多并不需要识记的材料。如果学生的智力背景贫乏、狭窄,即使最简单的本来是学生力所能及的知识,也会成为力不胜任的负担。苏霍姆林斯基发现这样一条规律:凡是除教科书以外什么都不读的学生,在课堂上掌握的知识就非常肤浅,并且必须把全部负担转嫁到家庭作业上去。而由于家庭作业负担过重,他们就势必失去了阅读科学书刊的时间,这就形成了一种恶性循环。他认为,负担过重的消除,决非机械地削减教学大纲所规定的知识量,必须依靠丰富学习赖以进行的那个智力背景。

第三,课外阅读也是开发学习困难的学生智力的有力手段之一。学习困难的学生,通常是指对教材的领会理解和记忆都有困难的学生。对于这种学生,脑力劳动的困难越多,就越需要多阅读。这就好比感光力弱的胶卷需要更长的感光时间一样,成绩差的学生的智力,也需要更明亮和更长时间的科学知识之光的照耀,只有科学之光点燃了他的认识兴趣之火,学生的智力才能得以开发。困难学生参加课外活动和阅读有益的书越多,智力活动的积极性就会越高。当然,对他们的课外阅读必须在教师的精心指导下进行。

第四,课外阅读可以使学生进入一个没有止境地追求知识的境界。自我教育是从自我认识开始的,一个人通过读书,可以认识自己。书籍可以给青少年带来丰富的精神生活,一个人一旦和书交上了朋友,就会越来越认识自己的知识不足,他面前就会展现出一个没有止境的世界。比如学生阅读了优秀文学作品,英雄人物传记,他不仅获得了文学、历史知识,而且还会使他精神振奋,甚至终身难忘。他会逐渐领悟人生的真谛,掌握做人的标准,从而就会更加努力地追求知识,这不仅可以防止学生的精神空虚,大大提高智育效果,而且还有利于他们良好道德品质的养成和世界观的形成。

思 考 题

1.什么叫智育？它有哪些主要功能？

2.智育有哪些任务？试述这些任务间的关系。

3.智育过程有哪些特点？应当如何理解这些特点？

4.智育的原则有哪些？如何理解这些原则的意义？

5.如何贯彻智育的基本原则？

6.智育的途径有哪些？简述各自的特殊作用？

作 业 题

简要分析智育的任务、功能、特点、原则四者之间的关系。

第七章 体　　育

内容简介

本章主要阐述两方面的内容，一是体育的意义、任务、内容、形式、过程和实施体育的基本要求；二是学校卫生的意义、任务和内容。

重点难点

重点是体育的任务、内容、形式和实施体育的基本要求。体育过程的特点及其诸因素的相互关系，既是重点又是难点。

教学要求

使学生理解学校体育的任务及其在学校教育中的地位与作用，并掌握学校体育与卫生工作必须遵循的基本要求。

学习方法

自学，辅以作业，联系实际，调查一所中学体育工作存在的问题，应提出改进意见。

第一节　学校体育

一、体育的意义和任务

（一）体育的概念

体育一词有两种含义。一是指以学习掌握体育知识技能，发展身体，增强体质的教育活动，它是学校教育的重要组成部分，二亦称"体育运动"，指的是以身体练习为基本手段，以增强体质,提高运动技术水平,丰富社会文化生活为目的的一种有意识、有组织的社会活动。由学校体育、群众体育、竞技运动等方面构成,为社会文化的组成部分。本章所阐述的内容主要是学校体育。

(二)体育的意义

学校体育是社会主义教育的组成部分,是国民体育的基础,它对培养社会主义建设人才,增强民族体质,建设社会主义精神文明都有重要意义。

1. 学校体育是社会主义教育的重要组成部分。无产阶级革命导师马克思曾科学地预见"未来教育对所有已满一定年龄的儿童来说,就是生产劳动同智育和体育相结合,它不仅是提高社会生产的一种方法,而且是造就全面发展的人的唯一方法"[①],明确指出了体育在全面发展教育中的重要地位。毛泽东在 1951 年指出要"健康第一",1950 年曾亲笔写下"发展体育运动,增强人民体质"的题词,1953 年又向全国青年发出"身体好,学习好,工作好"的号召。粉碎"四人帮"后,中央教育部、国家体委、中央卫生部于 1978 年联合发出了关于加强学校体育、卫生工作的通知;1979 年召开了全国学校体育、卫生工作经验交流会;1980 年教育部制定了中小学体育、卫生工作的"暂行规定";1981 年又召开了全国学校体育、卫生工作会议;1990 年 3 月国家教委、国家体委颁布《学校体育工作条例》。充分说明党和国家对青少年身体健康的重视与关怀。

体育与智育、德育、美育和劳动技术教育是密切联系的。

---

① 马克思:《资本论》,《马克思恩格斯全集》第 32 卷,第 530 页。

青少年学生体质强健，精力充沛，才能为学习文化科学知识奠定必要的物质基础，才能有利于学习任务的完成。文化科学知识的学习是一种脑力劳动，它主要依靠大脑高级神经中枢来进行。在学习一段时间以后参加一定的体育活动。不仅可以使经过脑力劳动已经疲劳的神经细胞得到休息，消除大脑的紧张状态，而且坚持锻炼还能促进神经系统的新陈代谢。提高神经系统的活动能力，使大脑更加健康和灵活，同时，通过体育可以对学生进行共产主义思想品德教育。毛泽东早年在《体育之研究》一文中就曾指出："体育一道，配德育与智育，而德智皆寄于体，无体是无德智也"，"体者，载知识之车而寓道德之舍也"。通过体育锻炼不仅可以使学生身体健壮，而且可以使学生具有优美的体形，符合韵律的动作，从而有利于培养学生的正确审美观点。至于艺术体操、舞蹈等更体现了体育与美育的有机结合。此外，通过体育锻炼增强了体质，也为进行劳动技术教育提供了身体的条件。因此，我们必须从德、智、体、美、劳各育的相互联系、相互促进的关系上，充分认识学校体育的重要意义。那种片面追求升学率，损害学生身体健康的做法是十分错误的。

2. 学校体育是我国社会主义体育的基础和重点。我国现代体育分为学校体育、群众体育和竞技体育三大部分，而学校体育则是基础和重点。学生时期是长身体的时期，特别是中、小学生正处在生长发育的旺盛阶段。人的生长发育水平，受多方面因素的影响，而体育锻炼则是影响人体生长发育最积极最重要的因素。在学生时期，加强体育锻炼，能促进身体的正常生长和发育，全面发展身体，增强体质，为一生的健康打下良好的基础。根据人体遗传和优生学说，青少年学生这一代身体强壮了,就能使我国人民的体质一代胜过一代,从而逐步提高中华民族的体质水平。

学校体育与我国体育事业的发展有着密切的关系。我国有十一亿多人口,青少年约占四分之一,由于青少年儿童是我国人口的重要组成部分,学校体育的发展水平,实际上已成为我国群众体育普及水平的重要标志。此外,具有良好体育锻炼习惯的毕业生走向社会以后,还可以成为体育骨干和指导力量,推动我国群众性体育运动的发展。

学校体育还能为国家培养优秀运动员的后备力量。学生在校有计划地学习体育知识,发展身体素质,掌握一定的技术和技能,可以为他们以后提高运动技术水平打下良好的基础,为攀登世界体育高峰创造必要的条件,实践证明,从学校发现体育人才,在各方面打好基础,进行多年系统的训练,是提高我国运动技术水平的一个主要途径。

3. 学校体育将逐步成为学生适应现代生活的重要内容。随着社会的发展,人们物质文化生活水平将得到逐步提高,对体育文化生活的需求,也必然随之不断提高,而体育也就必然愈来愈成为人类现代文明生活不可缺少的重要内容,学生在校期间,通过体育教育,可以产生对体育的兴趣和爱好,养成良好的锻炼习惯,把体育作为自己日常生活的重要内容,培养适应现代化生活方式的一些基本能力,并为终生体育奠定基础。

(三)体育的任务

学校体育工作的基本任务是:增进学生身心健康,增强学生体质;使学生掌握体育基本知识,培养学生体育运动能力和习惯;提高学生运动技术水平,为国家培养体育后备人才;对学生进行品德教育,增强组织纪律性,培养学生的勇敢、顽强、进取精神。

1. 增进学生身心健康,增强学生体质。其中包括:(1)通过体育运动使学生具有健壮的体格,不仅使之生长发育良好,而且要形成健美的体型和正确的姿态。(2)全面发展学生的体能。体能是有机体在身体运动中所表现的能力。全面发展体能是促进有机体形态和机能协调发展的重要因素,也是获得完善的运动技能,以及从事生产建设、国防建设和日常生活的必要条件。体能包括身体素质(速度、力量、灵敏、耐力、柔韧)和身体基本活动能力(走、跑、跳、投掷、攀登、爬越)。(3)提高学生对自然环境的适应能力。

2. 使学生掌握体育基本知识,培养学生体育运动能力和习惯。应该根据各级学校的体育教学大纲所规定的内容,使学生掌握一定的体育基本知识、技能和技巧,使学生了解科学锻炼身体的原则、方法和预防伤病的各种手段。并在坚持早操、课间操和课外体育活动的基础上,养成经常锻炼身体的习惯。

3. 提高学生运动技术水平,为国家培养体育后备人才。学校体育有广泛的群众基础,是培养社会体育积极分子与体育骨干的基地,同时也是培养优秀运动员的摇篮,对有发展前途的新苗,应重点培养,努力提高运动技术水平,为国家培养和输送体育后备人才。

4. 对学生进行品德教育,增强组织纪律性,培养学生的勇敢、顽强、进取精神。通过体育,培养学生热爱党、热爱社会主义祖国、热爱集体、遵守纪律、勇敢顽强、努力进取、朝气蓬勃的革命精神。树立胜不骄、败不馁,尊重裁判、遵守规则的优良体育道德作风。

二、体育的内容和形式

（一）体育的内容

学校中体育的内容是根据学校体育的任务和学生的年龄特征来确定的。通常有以下几项：

1. 田径运动。包括跑、跳跃、投掷等运动项目，是学校体育运动的重要内容。长期参加田径运动能促进人体的新陈代谢，改善和提高内脏器官的机能，并发展速度、灵敏、力量和耐力。因此，它是促进身体全面发展的基础的运动项目，也是各种体育运动的基础。通过田径锻炼还可以培养学生吃苦耐劳、勇敢顽强、不怕困难的斗争意志和集体主义精神。

2. 体操。体操是体育运动的重要项目之一。它的动作有简有繁，适合不同年龄、不同健康状况的各种对象。体操的内容丰富，范围很广。中学体育教材中有队列队形的操练，徒手操、轻器械操、跳绳、攀爬、负重、角力等基本体操和技巧，支撑跳跃、单杠、双杠等项目。经常从事体操运动，能增加肩臂、腰腹肌肉力量，发展灵敏、柔韧和训练平衡器官，提高身体的控制能力。同时，还能培养学生勇敢、果断、机智、灵活和遵守纪律、服从指挥、团结互助等优良品质。

3. 球类。球类活动是青少年普遍喜爱的一种体育活动。它是综合运用各项基本技能的运动，长期坚持球类活动，如篮球、排球、足球、羽毛球、乒乓球等，对于促进身体的协调发展，提高各项身体素质和基本活动能力都有良好效果。同时，对于培养集体主义、自觉纪律、机智果断等品质有很好的作用。

4. 游戏。游戏是青少年喜爱的一种集体体育活动。它具有一定的竞赛因素，思想性强，形式生动活泼，内容丰富，简单易行。因此，小学和中学低年级体育教学中常常把游戏配合基本教材使用,全面发展学生的身体素质,提高基本活动技能,对学生进行道德教育,使体育教学更加生动活泼、形式多样,增加学生对体育活动的兴趣,振奋革命精神。

5. 军事体育活动。包括无线电、航空模型、航海模型、射击、划船、跳伞、驾驶摩托车以及投弹、障碍跑、匍匐前进等。学生参加军事体育活动,不仅可以增强体质,加强战备观念,锻炼坚强的意志,使他们敢于斗争敢于胜利,而且还有助于掌握科学知识技能。

6. 游泳。游泳对人体的肌肉、骨骼、内脏器官等的生长发育,各种身体素质的发展都有重要作用。游泳技能对于国防和生产都具有直接的现实意义。充分利用江河湖海开展群众性游泳活动,可以培养学生不畏风险,勇敢顽强的斗争意志。

7. 武术。武术是我国民族形式体育运动的重要内容。武术的内容丰富多采,动作舒展大方,刚劲有力,有各种手法、腿法、身法等,整个动作又起伏转折,连续多变。它不受场地、季节、年龄、性别、设备等条件的限制,因而在学校易于开展。通过武术教学,可以发展身体各种素质,提高内脏器官和中枢神经系统的机能,培养勇敢顽强、机智果断、坚韧不拔的意志,热爱祖国和民族自豪感等品质。

学校体育的内容除上述各项之外,还包括利用日光、空气、水等自然条件的锻炼。并可因地制宜开展爬山、滑冰、滑雪等多样性活动。

(二)体育的组织形式

学校体育的组织形式通常有以下几项:

1. 体育课。体育课是学校进行体育的基本组织形式。体育课应当遵循学生身心发展的规律,教学内容应当符合教学大纲的要求,符合学生年龄、性别和所在地区地理、气候条件。

体育课的教学形式应当是灵活多样。要不断改进教学方法,改善教学条件,提高教学质量,

体育课是学生毕业、升学考试科目。学生因病、残免修体育课或者免除体育课考试的,必须持医院证明,经学校体育教研室(组)审核同意,并报学校教务部门备案,记入学生健康档案。

2. 课外体育活动。课外体育活动是学校体育工作的重要环节,是增强学生体质的有效途径和措施,是体育课的延续和补充。它不仅有助于增强学生的体质,巩固和提高体育课中所学的体育基础知识和基本技能,同时对扩大学生的体育知识、技能范围,丰富课外生活,培养体育活动的兴趣爱好,发展专长,以及提高运动技术水平,都有重要作用。

开展课外体育活动应当从实际情况出发,因地制宜,生动活泼。《学校体育工作条例》规定,普通中小学校、农业中学、职业中学每天应当安排课间操,每周安排三次以上课外体育活动,保证学生每天有一小时体育活动时间(含体育课)。中等专业学校、普通高等学校除安排有体育课、劳动课的当天外,每天应当组织学生开展各种课外体育活动。课外体育活动是以班级或小组为单位进行有组织、有计划的体育锻炼,活动的内容要认真推行国家体育锻炼标准的达标活动和等级运动员制度。学校可根据条件有计划地组织远足、野营和举办夏(冬)令营等多种形式的体育活动。

3. 课余体育训练与竞赛活动。课余体育训练是学校体育的有机组成部分,它不仅为国家发现和培养优秀体育后备人才,而且也活跃学生课余生活,培养体育积极分子,推动学校

群体活动的开展。学校应当在体育课和课外体育活动的基础上,开展多种形式的课余体育训练,选拔对某项运动特别爱好,并有一定基础的学生组成各种运动队,提高学生的运动技术水平。《学校体育工作条例》规定,有条件的普通中小学校、农业中学、职业中学、中等专业学校经省级教育行政部门批准,普通高等学校经国家教育委员会批准,可以开展培养优秀体育后备人才的训练。学校对参加课余训练的学生,应当安排好文化课学习,加强思想品德教育,并注意改善他们的营养。

适当组织好各种类型的体育运动竞赛是推动学校广泛开展群众性体育活动的有效方式。也是检阅成绩,交流经验,加强团结,促进学生锻炼的积极性和提高运动技术水平的有效方法。学校每学年至少举行一次以田径项目为主的全校性运动会。学校体育竞赛贯彻小型多样、单项分散、基层为主、勤俭节约的原则,同时加强对体育竞赛的组织与领导工作。

三、体育的过程

体育过程是教育者根据教育目的,向学生传授体育运动和卫生保健的知识、技能,促进身体的正常生长发育,全面地发展身体素质和基本活动能力,不断增强学生体质的过程。在这一复杂的过程中,体育过程与智育过程有共同之处,它们都是教师有计划有目的地指导学生主动地、积极地掌握知识形成技能、技巧,培养世界观和道德品质的过程。在整个过程中,教师都起主导作用,但是体育过程与智育过程也有不同之处。主要表现为:一般智育过程主要是通过认识活动掌握教师所传授的知识和技能,而体育过程虽然也是通过认识活动来掌握有关的体育知识、技能和技巧,但除此之外,更主要的是:它还通过身体的各种练习,在身体直接参与认识活动的情况下,使思维活动与体力活动紧密结合,掌握体育知识、技能和技巧,同时体育过程又不是以掌握某项运动技巧为终结,即使通过活动已熟练地掌握某项技巧,仍需通过反复练习才能达到发展身体素质与增强体质的目的。因此,体育过程必须遵循人体生理机能活动变化的规律与动作技能技巧形成的规律。由此而存在以下几方面的关系:

（一）体育过程是体育与思想政治教育相结合的过程

促进学生体质的增强是学校体育必须完成的特殊任务,同时,体育作为教育的一个组成部分,必须服从总的教育目的,这是一条客观规律。在我国,体育必须服从于培养有社会主义觉悟的有文化的劳动者的目的。离开社会主义思想政治教育的体育,就不是社会主义的体育。应该既要看到体育之特殊性的一面,又要看到体育与德育之同一性的一面,二者是共存于教育目的之中,所以不仅有必要而且有可能使之结合起来。

体育与思想政治教育结合应该建立在体育的内容和学生的实际的基础上,使思想政治教育渗透于体育的全过程之中,从而在促进学生思想觉悟提高的同时,更好地完成增强学生体质的任务。

（二）体育过程是使学生掌握体育理论与参加体育实践相结合的过程

为了实现增强学生体质的任务,必须用体育运动和卫生保健的知识武装学生,才能使运动技能、技巧和卫生行为习惯的形成,建立在科学理论的基础之上,但是体育运动和卫生保健的知识的掌握,并不能直接导致体质的增强,而必须从知识的掌握过渡到身体的锻炼,才能收到预期的效果。体育过程中的运动技能、技巧和卫生行为习惯,也不只是通过认识活动来掌握必要的基础知识,更为重要的是进行实践,使有机体直接并且经常参加活动才能形成。因而它是身体各个器官系统的活动与机能发展的过程。二者的结合表现在体育运动的技能、技巧及卫生的行为、习惯的形成,都必须建立在传授体育知识的基础上;而体育知识的传授必须落实到组织学生进行长期的体育实践锻炼。传授体育理论固然必不可少,而进行实践锻炼就更为重要。

(三)体育过程是促进身体生长发育与指导运动锻炼相结合的过程

青少年处于身体生长发育时期,促进学生身体的正常发育是体育的任务之一。由于青少年在身体内组织的新陈代谢较成年人进行得快,因此必须提供充分合理的营养,才能使消耗的大量物质和能量得到必要的补偿。但是身体的生长发育并不等于体质坚强,而且身体能否正常发育,除了保证必需的营养以外,具有决定意义的是能否进行运动锻炼。只有经常锻炼才能使各器官、系统的生理机能不断得到提高,特别是对于尚未发育成熟的器官更是很好的促进。同时,指导学生进行运动锻炼,又必须根据每个学生身体发育的水平来进行,才能使之在原有基础上发育更为完善。因此,体育过程应该是身体的生长发育与运动锻炼密切联系、互相促进的过程。正常的生长发育是进行运动锻炼的前提条件,又是运动锻炼的结果。二者必须结合,不可偏废。

(四)体育过程是加强身体锻炼与利用、创造一定的外部环境相结合的过程

有机体与周围环境的统一,说明有机体的生长发育是在

有机体与外界环境的密切互相作用中进行的。其主要表现之一就是有机体对生存条件的适应。运动锻炼所以能够促进身体的发育成长,增强体质,固然是通过参加各种运动项目才能实现,但是也应该看到它是与充分利用自然环境的一些因素分不开的。有意识地使学生经常接受日光、空气和水的锻炼,才能逐步提高他们对严寒、酷暑的气温急剧变化的适应能力和抗病能力。同时,运动锻炼的成果能否巩固,也与是否充分利用和创造一定的外部环境予以配合密切相关。因此,学校应该创造条件改善环境,使学校的一切设施与工作都符合卫生与安全的要求,从而向更加有利于学生的身体的生长发育方面转化。总之,单纯的体育锻炼而无有利的外部环境的配合,也不能达到增强体质的目的,而利用和创造有利的外部环境则会更有效地保证体育运动的开展。因而身体的锻炼与外部环境的结合是体育过程的客观要求。

综上所述,学校体育过程包括精神与身体、理论与实践、身体发育与运动锻炼、运动锻炼与外部环境等具有内在联系的几个方面。这几个方面又是统一在为建设现代化社会主义强国而增强学生体质的总过程之中。只有在全面理解体育过程的基础上,才能使学校的体育收到预期的效果,并有助于教育目的的贯彻实行。

四、体育的基本要求

根据体育的目的任务,与青少年生长发育的基本规律,学校体育应符合下列基本要求。

(一)坚持体育锻炼的全面性

体育锻炼的全面性就是指通过锻炼使学生身体的各个部位、各器官系统的机能、身体的各种素质和基本活动能力都得到全面发展。

人体是一个统一的有机整体,人体的各个部位各器官系统的机能、身体的各种素质和基本活动能力之间是互相联系、互相制约的,身体某方面系统功能的提高,会影响全身各系统功能的发展;而身体各系统功能的普遍提高,又会促进身体某方面功能的大幅度提高。身体各种素质的提高,也只有在全面锻炼的基础上才能实现。特别是青少年正处在身心迅速成长、发展时期,坚持全面锻炼对促进他们健康成长、发育有重要作用。教师应注意各类活动内容的搭配,以全面锻炼学生的体质。

(二)坚持体育锻炼的经常性

生命在于运动,体育运动必须持之以恒,体育之功,贵在坚持,长期不断。因为动作的熟练过程是一个条件反射的形成和逐渐巩固的过程,条件反射必须经常强化才能保持,否则,就要逐渐消退。同时,体育锻炼引起人体构造和功能方面的显著变化,不是短时期内就能见到的效果的,只有经过长时间系统的锻炼才能导致人的体质的增强。如果中断锻炼,则人体内各器官和系统的构造以及功能上的有利变化,同样会逐渐消退。因此,学校必须保证每个学生每天有一小时的体育锻炼。教育应该引导学生把锻炼身体与培养坚强的革命意志结合起来,努力做到不怕严寒酷暑,冬夏不断,持之以恒。

(三)坚持体育锻炼的循序渐进

体育锻炼的循序渐进,一方面是指运动负荷的安排应该根据人体生理机能活动规律和学生的体力情况由小渐大。运动负荷过小,显然不能促进身体生理机能发生较大的变化,因而达不到体育锻炼的目的。但是,运动负荷过大,超过了当时身体的生理负担量,也会引起不良的反应,甚至使机体受到损伤。随着学生年龄增大,体质增强和运动技术水平的提高,逐步地、有节奏地增加运动负荷,使大、中、小运动负荷配合协调。另一方面,为了使学生掌握一个动作或一项运动技术,应该注意由易到难,由简单到复杂,循序渐进地进行练习。企图在短期内搞突击来提高运动成绩的做法是不科学的,只有坚持经常、循序渐进,才能使锻炼引起器官、系统、机能的变化得到强化和巩固,素质得到提高。

(四)适应学生的年龄、性别和个体差异

人体各器官和系统的发育,因年龄、性别而有不同。即使同一年龄和性别的学生,也存在着发育、健康水平和原有锻炼基础的差异。因此,体育锻炼的起点,选择的项目和运动量都应该适应学生的年龄、性别和个体差异。体育锻炼的要求不能搞一刀切,应从学生实际出发,做到因材施教,因人而异。根据体育教学大纲的要求,把一般要求和个别指导结合起来,既要使所有学生的体质和技术水平都在各自原来的基础上有所提高;又要对身体素质好,运动技术水平较高的学生相应地提高要求,加以指导,使其提高更快。

(五)因地制宜,因陋就简,贯彻勤俭办事业的精神

各地学校条件不同,开展学校体育活动要从本校现有条件的实际情况出发,因校、因地制宜。如北国风光,宜多开展冰上运动;江南平原,宜多开展水上运动;多山地区宜开展爬山活动,等等。做到充分利用现有场地、器材和条件,在不同季节里,安排适宜于健身的、科学的锻炼方法和运动项目,灵活开展多样化的群众性体育活动。

学校要努力创造条件,满足开展体育活动的需要,同时还应该贯彻勤俭办一切事业的精神,发扬自力更生、艰苦奋斗的

作风。积极创造条件,因陋就简,自己动手修建体育场地和制做器材,克服各种困难,使体育活动大力开展起来。

除上述各项要求外,学校体育还必须贯彻执行普及与提高相结合的方针。普及工作提高工作是不能截然分开的。体育运动没有充分的普及作基础,就不可能提高;没有提高的指导和推动,普及也没有明确的目标,难于巩固和发展。因此,学校体育运动的出发点应该是面向全体学生,着眼于普及,也要在普及的基础上建立各种运动队,开展业余训练和小型多样的运动竞赛,以推动普及,提高运动技术水平。

第二节 学 校 卫 生

一、学校卫生的意义和任务

(一)学校卫生的意义

为了增强学生的体质,提高学生的健康水平,除了重视体育课、开展体育运动之外,还必须重视学校的卫生保健工作。做好卫生保健工作、防治疾病,改变对身体有害的外部环境因素,才能促进学生身体的正常发育,不仅可以为体育运动的正常开展创造条件,而且会直接影响到学校整个教育计划的完成。还应该看到,卫生保健工作的情况如何,也是反映一个国家精神文明程度的标志之一。我们应该从儿童开始,提倡卫生,提倡科学,搞好卫生保健工作,这对于移风易俗,建设社会主义精神文明方面也是具有重大意义的。

(二)学校卫生保健的任务

学校卫生保健工作的主要任务是保护学生健康、增强体质。其具体任务是:(1)加强宣传教育工作,使学生树立讲卫生光荣,不讲卫生耻辱的思想。(2)使学生具有基本的卫生知识,养成良好的卫生习惯。(3)按照卫生的要求,正确组织教育、教学工作。(4)开展疾病的防治工作,搞好学校的各项卫生设施,为学生创造健康的学习条件。

二、学校卫生工作的主要内容

(一)向学生进行卫生知识的教育

卫生知识教育是分别在课内和课外进行的。首先要认真上好生理卫生课。同时,要根据教学计划的要求对学生讲解青春期卫生常识。并对女学生进行妇女卫生常识的教育。此外,可采取各种方式加强卫生知识的宣传教育工作。如举办卫生讲座,举办卫生专刊和卫生图片展览,放映有关卫生教育的幻灯、电影等。

(二)培养学生良好的卫生习惯

向学生宣传爱国卫生运动的意义,使学生认识到开展爱国卫生运动是保证身体健康的一项重要措施。讲卫生、爱清洁,这绝不是什么生活小节问题,而是文明行为的要求,是道德品质在生活问题上的表现之一。要加强宣传教育工作,使学生树立以讲卫生为光荣,不讲卫生为耻辱的风气。个人卫生和环境卫生要做到经常化,必须使学校一切卫生要求变为学生的自觉要求,形成良好的卫生习惯。

(三)建立合理的生活作息制度,注意劳逸结合

为了保护年轻一代更好地成长,必须按照教学计划的规定,建立合理的生活作息制度。其中包括课业学习(课堂学习和家庭作业),课外文娱体育活动,饮食、休息、睡眠等全部时间的合理安排。严格执行合理的作息制度,才能使学生养成良好的生活习惯,保证健康和发育的要求。在课业学习方面,初

中每天上课和课外作业不应超过 8 小时,高中不应超过 9 小时,必须保证学生有足够的睡眠时间。睡眠是大脑皮层抑制过程广泛扩散的结果,可以使皮层细胞的机能损耗得到恢复。睡眠不足将会使大脑皮层细胞过度损耗而导致机能衰竭。因此,应该保证小学生每天睡足 10 小时,中学生每天睡足 9 小时。在饮食方面也要保证有足够的热量。

(四)采取措施,搞好教学卫生、劳动卫生和运动卫生

在教学卫生方面,课表的编排要有利于保护学生健康,符合科学用脑的原则。各科教师都应当充分注意学生在学习中的卫生习惯,使学生在听讲、读书、写字时保持正确的姿势,应该特别强调保护学生的视力,指导学生注意用眼卫生,要教育他们不在光线暗处看书、写字,不躺在床上看书。教师要注意控制作业量,并使学生懂得循序渐进的学习规律和脑力活动的特点,指导他们采用科学的方法进行学习,以提高学习效率,保证身体健康。

在学生参加生产劳动的过程中,要注意学生的劳动保护。不要让学生参加有碍健康的劳动,要根据学生的年龄、性别和健康状况,合理分配学生劳动的强度,要教育学生遵守劳动纪律严格执行操作规程。同时,要定期进行安全检查,认真采取措施,防止工伤事故的发生。

在开展体育运动的过程中,必须严格注意运动场地和运动器械的安全检查,落实安全措施,加强自我保护,防止伤害事故发生。同时要对学生加强运动卫生教育,饭前饭后都不要立即进行剧烈运动;比赛前要做好准备活动,以免肌肉、韧带的拉伤或关节的扭伤,在剧烈运动或比赛后必须做好整理活动,以免由于突然停止运动,造成脑部暂时性血液供应不足以

致出现眩晕、无力、恶心、出冷汗等症状。

(五)定期对学生进行体格检查,加强疾病防治工作

学校要借当地医疗卫生部门协助,做好预防接种、传染病管理工作,并逐步建立对学生每年进行一次体格检查的制度,建立健康卡片,掌握学生身体情况。对学生中的常见病如近视、砂眼、蛔虫、鼻病、脊椎弯曲等应贯彻预防为主、积极治疗的方针,努力控制发病率,不断提高学生的健康水平。

为了保证上述各项工作的实施,必须加强领导,贯彻群众路线,充分发挥医务人员、总务人员和全校师生的积极作用,并争取学生家长同学校配合。为了做到卫生工作经常化,应该建立和健全一些必要的规章制度,如包括划分卫生区,定期清洁扫除制度,建立班级卫生员制度,制定"学生卫生公约",进行个人和教室、宿舍卫生检查评比,开展卫生流动红旗竞赛,使学校卫生保健工作深入持久地开展下去。

思 考 题

1. 体育的概念是什么?如何理解体育的重要意义?它有哪些基本任务?

2. 学校体育有哪些组织形式?为什么说体育课是学校进行体育的基本组织形式?

3. 什么是体育过程,它与智育过程比较有哪些异同?

4. 指导学生进行体育锻炼时应遵循哪些基本要求?

5. 教师应如何关心学生的健康,做好卫生保健工作?

作 业 题

1. 目前中学体育工作存在哪些问题?应该怎样改进?

第八章 美　　育

内容简介

本章主要阐述了美育的意义、作用和任务,美育的过程、原则以及美育的方法和途径。

重点难点

本章重点是美育的作用、原则和方法途径;美育过程既是重点也是难点。

教学要求

教师在教学中要突出美育在全面发展教育中的重要地位,使学生体会到在培养人才的过程中,美育是不可缺少的,对个性的全面发展起着催化作用。

学习方法

学习中要搞清美育和其它各育的关系,认识教育过程中美育对智力因素和品德因素的影响,美育在完善人的个性中具有德育、智育、体育等不可替代的作用,提高学生的审美情趣和能力。

第一节　美　育　概　述

一、美育的意义

(一)美育的概念

美育,亦称"美学教育"、"审美教育"。是使学生掌握审美基础知识、形成一定的审美能力、培养正确的审美观点的教育。美育是全面发展教育必要的组成部分。

审美教育，古已有之。历来受到教育家、思想家、理论家的重视，孔子在《论语》中说："兴于诗，立于礼，成于乐"；荀子专门写了《乐论》，指出："声乐之入人也深，其化人也速。"《乐记》则指出："乐也者……可以善民心，其感人深，其移风易俗易。"在他们的影响下，我国历代都重视"诗教"、"礼教"、"乐教"。在西方，古代希腊以《荷马史诗》作为儿童的教科书，罗马时代贺拉斯提倡"寓教于乐"。

美育作为一个独立的概念是由德国剧作家和美学家席勒于 1793 年在其著名的《美育书简》中首次提出来。在我国，提出和大力倡导美育的是近代著名教育家王国维和蔡元培。王国维说："美育者一面使人之感情发达，以达完美之域；一面又为德育与智育之手段，此又教育者所不可不留意也。"[①] 蔡元培在其《教育之方针》[②]一文里，提出了军国民主义教育、实利主义教育、公民道德教育、美育、世界观教育五者；在《普通教育和职业教育》[③]一文里，提出了"四育"：(1)体育，(2)智育，(3)德育，(4)美育。他主张以上四育，要一无偏枯，才可培养儿童有"健全的人格"。蔡元培还指出："纯粹之美育，所以陶养吾人之感情，使有高尚纯洁之习惯，而使人我之见，利己损人之思念，以渐消沮者也。盖以美为普遍性，决无人我差别之见能参入其中。"[④]

---

① 王国维：《论教育之宗旨》，舒新城编《中国近代教育史资料》(下册)，人民教育出版社，1961 年版，第 1009 页。
②、③、④ 《蔡元培选集》，中华书局，1959 年版，第 8～15 页，第 150页，第 53～57 页。

审美教育,与文明社会相伴始终。在今天,为了全面培养社会主义现代化建设人才,我们不仅要重视物质文明,也要重视精神文明。

马克思在《1844年经济学手稿》中指出:人类的生产其所以成为"真正的生产"而不同于一般动物"生产"的本质区别,就在于不仅是按照需要的法则,而且是按照"美的法则"。人用自己的劳动改造自然,不只是为了满足物质的需要,而且也是为了满足精神的需要,获得美的享受。例如:穿衣不只是为了御寒护体,还要讲究款式,色彩;吃饭不只是为了饱腹,还要讲究色、香、味、形;住房不只是为了栖身,还要讲究造型和陈设的美观。人在按照美的规律改造世界的同时,也按照美的规律塑造自身,使自身的个性更加和谐、更加完善。可以说,社会生活的方方面面,美是无处不有。审美教育的根本目的就是要培养人。人为了提高自己要接受多方面的教育。审美教育也是人为了提高自己而采用的一种教育方式。因此,美育在满足人们对美的爱好和追求,在生产劳动、社会生活和人自身的发展中有着重大的意义。

(二)美育的作用

美育的功能在于引导受教育者的审美活动,满足他们的审美需要,促进他们的心灵美、语言美、行为美、形体美,增进他们的审美意识、审美能力,使他们为维护和创造美好的事物作出不懈的努力。

审美教育有其自己的独特性,是其它各育所无法取代的,又同其它各育相互渗透,共同完善人的各方面的素质结构。因此,学校必须高度重视美育,培养学生的审美情感和审美能力,丰富他们的精神生活,陶冶他们的情操 ,激发他们对美的热爱和追求,使他们朝气蓬勃地学习、劳动和工作,善于在社会生活中发现美、表现美和创造美,把社会主义祖国建设得更加美好。

美育作为全面发展教育的必要组成部分,对人的全面发展教育起着重要的促进作用。它能渗透到人的全面发展教育的各个方面,对人的整个身心发展起着催化作用。

1. 美育对学生思想品德的发展具有特殊作用。这种作用主要表现在美育是一种形象性、生动性的教育活动,它适合青少年的心理特点,能对学生产生潜移默化的积极影响。学生的美感体验一般有三种形式:一种是直觉的美感体验;一种是形象的情感体验,再一种是对道德意义的美感体验。这种美感体验是学生思想品德形成的催化剂。美育利用美的形象进行教育,提高学生分辨美丑、善恶的能力,并深刻地影响学生的思想感情,引起内心的共鸣,使学生爱美弃丑,从善拒恶,抵制没落、颓废的思想情调和庸俗生活方式的侵蚀,养成高尚的品德和情操。这对我国的社会主义精神文明建设,无疑也具有重大作用。所以,培养学生正确的审美观点和审美能力的过程,实质上也就是用美育的方法培养和提高学生道德分析、判断能力和自我教育能力的过程。

2. 美育可以扩大学生的知识视野,发展学生的智力和创造力,具有认识世界的作用。学生认识世界有两条途径:一是科学认识的途径,它是运用抽象的概念来认识世界;一是艺术认识的途径,它是运用生动的形象来认识世界。这两条认识途径相辅相成,缺一不可。通过艺术认识途径可以开阔学生关于自然界和社会生活的知识视野。例如:学生阅读优秀文学作品和观看历史题材影片,可以了解作品所表现的那个时代的社会生活面貌，获得当时的政治、经济、文化、教育、宗教、军事等各方面的丰富知识，这些知识生动具体，是学校里的课本无法替代的。又如：学生通过观赏自然美，可以获得大量天文、地理、化学、生物等自然科学的形象的知识，这就会使学生对客观世界的认识更加生动具体、更加丰富。

审美教育还能促进学生的智力发展。例如：通过图画教学，学生逐渐学会了观察事物的状态和色彩，观察力得到提高，通过音乐教学，学生能细致地区分音色的好坏、音响的强弱和节奏的缓急，使他们的听觉器官的感受性提高。在对自然美、社会美和艺术美的感知和情感体验中，有助于观察力、想象力、思维力和创造力的发展。

3. 美育可以促进学生身体健美发展，提高形体美的健康性和艺术性的作用。体育是健与美的有机结合。体育美学认为体育美是美的本质和特点与体育诸因素的融合，体育中运动健儿的精湛技巧（技艺美），矫健的形体（自然美），勇于拼搏的精神（社会生活美），三者统一闪耀着美的光辉，寓美育于体育之中，则使体育内容与形式更丰富多采。例如：体育运动中优美的造型，特别是一些新兴的体育运动项目如艺术体操、体育舞蹈、花样游泳、冰上芭蕾等更给人以美的享受。美育对身体健美的促进作用是有心理学和生理学依据的。美育能促进身体机能的谐调，调剂人们的精神。精神上陶醉于美的享受中，能使肌肉松弛而消除紧张运动带来的疲劳，使大脑得以积极地休息。音乐和舞蹈的节奏能调节人体的生理节律，加强消化功能，增进食欲。利用音乐进行健身训练已普遍流行，提高审美感受能力有助于掌握运动技巧的要领，提高体育运动的质量。对于正在长身体的儿童和青少年来说，用美的原则培养和训练,不仅可使体格健壮,还可促使身材匀称,体态优美。

作为体育教育工作者应该很好地探讨美育对体育的促进作用,最主要的是要寓美育于体育之中。在整个体育教学、训练、比赛和活动中既要重视锻炼学生的身体,掌握体育运动的知识技能,又要培养学生的审美能力,提高审美情趣,真正做到健与美的结合。

总之,美育具有不可替代的特殊教育功能,它作为全面发展教育的组成部分与其它各育是互为条件,相辅相成,共同促进学生的全面发展。

二、美育的任务

美育的基本任务,是帮助学生树立正确的审美观,培养健康的审美情,发展创造的审美能。

(一)树立正确的审美观

审美观是人们在审美活动中所持的态度和看法。无论是欣赏自然美、社会美、还是艺术美,首先要有审美的基本知识。否则,面对祖国的大好河山,艺术珍品,美好行为,虽然能感到美,但说不出美在哪里,知其然,不知其所以然。所以,进行美育必须让学生掌握比较系统的审美基础知识,包括文学、绘画、音乐舞蹈、器乐等方面的知识,这是基础。同时也要帮助学生树立正确的审美观点。由于每个人所处的经济地位、生活经历、文化背景、思想倾向、审美素美不同,他们的审美观点也不相同。青少年学生由于处在成长阶段,还缺乏正确的审美观点,所以学校美育的首要任务就是帮助学生运用正确的美学观点,分辨艺术作品和现实生活中的真与假、美与丑、善与恶。懂得形式美与内容美的关系,在学习、工作和日常生活中能够体现语言美、行为美、心灵美。

（二）培养健康的审美情

人们对美的事物的鉴赏是带有感情色彩的。美的事物的形象会激起一种情绪体验，但这种情绪体验不一定都是健康的、高尚的或有益于身心的。例如：欣赏《维纳斯》雕像，或达·芬奇的油画《蒙娜丽莎》，有的人感受到她们的凝静、柔和、健康的女性的形体美；有的人则从她们优美的躯体造型上下意识地寻求感官刺激。这就说明，情绪体验可能是积极的，也可能是消极的。因此，培养学生健康的审美情绪，就是要引导学生在欣赏各种事物形态美的同时，激发起他们对美的事物的愉悦、爱好的感情，对丑恶事物的厌恶、憎恨的情绪体验；养成健康的审美情趣，形成高尚的情操和为实现美好理想而奋发的精神。

（三）发展创造的审美能

美是人类社会实践的产物。优美的环境，美好的生活，无一不是人类的创造。为了美好的未来，发展学生表达美和创造美的才能是美育的又一重要任务。

首先要培养学生善于在生活中表达美，如美化校园，美化环境；在行为方面，举止要文明，仪表要端庄，服饰打扮要得体；待人接物要讲究礼貌、谦逊大方，不讲粗话、脏话。

美育还应培养和发展学生艺术创作的才能。要组织学生参加艺术欣赏和创作活动，为学生创设艺术环境和氛围提供各种方便。对于有艺术才能的学生尤其要注意发挥他们的艺术爱好与特长。

美育几方面的任务是互相联系的，审美认识和正确的审美观点则是基础，只有在此基础上才能形成健康的审美情趣和良好的审美理想，而这又离不开表达美和创造美的审美活动。反之,学生的审美观点是否正确,审美情趣是否健康,又在审美活动中受到检验并得到深化和发展。

第二节　美育的过程、原则和方法

一、美育的过程

美育过程是教师根据审美能力形成、发展的规律,有目的、有计划地指导学生通过审美活动,形成和发展感受美、鉴赏美、创造美的能力的过程;是运用人类的审美经验和美的规律,影响学生的感官和心理,培养审美意识、发展审美能力的过程。

(一)感受美是美育的基础

审美感知是人对于能够引起心理愉悦的事物完整形象的反映。审美感知能力是审美主体所具有的一种特殊能力。即能感知事物的形式、颜色、乐音等的美,辨别现实生活中和艺术中的美和丑,作出审美判断,并产生愉悦或是厌恶的情绪体验,形成自己的审美感受。

培养审美感知能力是美育过程的基础,因为一方面,审美感受是审美感知过程中出现的情感状态,培养审美感知能力实际上就是培养了审美感受能力。另一方面,审美观点、审美情趣、审美理想以及美的创造才能,都是在审美感知基础上产生和发展起来的。

审美感受不仅仅是官能感受,而且是感知、理解、想象、情感等各方面心理功能和谐动态组合发生作用的结果。因而,作为审美感受借以产生的审美感知不同于一般的感性认识。其一,即使简单的审美感知已经包含了比较、联想、想象等理性认识的因素,它是在感性形式中积淀着理性的内容,即理智、情感、想象等社会观念性的内容;它有理性内容,但又不同于抽象、概念的东西,而是理性内容溶化于感性的形式之中,因而是感性和理性的和谐统一。其二,审美感知不仅具有认识的因素,还积淀着情感的因素。审美活动就是在感知美的事物中引起的感情活动,因而它又是思想与情感的和谐统一。

(二)鉴赏美是美育的深化

审美感受能力的进一步发展就是鉴赏美的能力,这是一种审美判断能力。审美感知是对美的现象的感受,解决的对象是美或不美的问题。审美判断则是对美的本质的理解与评价,不仅要肯定事物的美或丑,而且能从理论上论证它为什么美,美在哪里等。因此,培养学生符合美学要求的审美判断能力,或称美学鉴赏力,也就是能以正确的、健康的审美趣味、审美理想、审美标准识别美与丑,鉴别和评价美的种类、美的程度。

(三)创造美是美育的实践

培养和发展学生表达美、创造美的才能,是感受美、鉴赏美的巩固和提高,也是把审美趣味、审美理想落实到实践的过程。

美的创造才能是在实践中形成的。学生创造美的才能是通过各种欣赏和创造美的活动实现的。学校美育过程中培养学生美的创造才能过程,也正是按照高尚的审美趣味、审美理想表达美、创造美的过程。

总之,美育过程中培养学生感受美、鉴赏美和创造美能力的教育过程;是学生审美意识、审美能力形成和发展的过程;是把社会审美意识转化为个体审美意识和实现人自身美化的过程。

二、美育的原则

审美教育的任务也可以说是美育的具体目标,至于如何实施,还须研究和采用一定的手段、方法和方式。这就必须遵循一定的原则。美育原则是按照美和审美意识、审美能力形成和发展的规律,在进行教育时所必须遵循的基本要求。

（一）形象性原则

美育过程不是抽象地说教,而是运用美好事物的生动形象来感染学生,使学生直接感知到美的和谐、对称、节奏等形式,受到美的熏陶,养成高尚的情操。这是一个以形象思维为主的活动过程。

美好事物的形象性,这是美的第一特性,也是审美的基本特点。学生分辨生活和艺术中的美丑,必须是直接感知事物的美的形象,不可能是事物的概念和抽象。例如,植物学上的"花是植物的繁殖器官"这一概念,不可能引起学生的美感。只有直接观察花枝的俊俏、色彩的艳丽、气味的芬芳才能感受到花的美。

贯彻这一原则,首先,要根据美育的任务和特点选择美的形象。选择美的形象时需要掌握美的特点和艺术评价标准。应坚持艺术性和思想性统一的要求,选择具有审美价值、符合学生年龄特征要求的形象作为美育的内容。其次,要帮助学生掌握美的规则,了解各种美的显现方式。美的规则有对称、平衡、对比、映衬、和谐、完整和变化统一等,是人们判断美丑的重要标准。美的显现方式也有直接显现、间接显现、象征和模拟显现等。再者,就是要引导学生善于体会美的形象的意蕴,发现美的价值。美的意蕴包含思想情感和品格两个方面。意蕴是对事物形象美的联想。如品味竹的坚韧、梅的俊俏、牡丹的雍容华贵;在艺术作品鉴赏中体会作品的寓意等。

(二)情感性原则

审美活动是在理解美的对象时的情感活动。情感性是审美心理的重要特性。美育的特点之一就是以美感人,以情动人。因此,实施美育必须重视引起学生的情绪体验。

贯彻这一原则,首先,要重视对学生进行审美情感的培养。在艺术美中,情感是艺术的灵魂。人对艺术美的创造,融合了人的丰富情感;即使对于自然美,虽然事物本身不表现情感,但它也可以作为审美对象激发人的情感,即所谓"触景生情"。其次,要掌握各种形式美的情感教育价值,正确运用各种形式美来调动学生的审美感情。优美的自然景色能给人以和谐、恬静、清新的喜悦;崇高的形象可以使人激情满怀,回肠荡气。

(三)差异性原则

通过美育,应该使全体学生的审美能力都得到发展,同时也应使各个学生的特殊才能得到发展。不同的学生对各种艺术的感受、鉴赏和表达有着不同的天赋素质。因此,美育应当根据学生的年龄特征、个性差异及审美兴趣爱好的不同,选择不同的内容,采用灵活多样的方式进行,使他们对美和艺术的兴趣爱好,以及美的创造才能得以充分自由地和谐发展。另外,不同的学生对同一艺术的感受鉴赏也是有差异的。美育的差异性决定于美感的个人差异性和儿童各年龄阶段审美心理的差异性。这种差异性也决定了美育必须因势利导,因材施教。

贯彻这一原则,首先,应当充分尊重和爱护儿童爱美的天性。要让学生有充分的选择自由,使他们以自己所喜爱的审美方式参与审美活动。学校美育的内容要丰富多采,途径要多样,方法要灵活。这样就可以使学生按照自己的天赋条件去选择自己的兴趣和特长,以便能充分自由地发挥艺术创造才能,提高审美能力。其次,要根据审美心理的差异性,正确分析学生的审美评价。学生作为审美的主体由于审美情感、审美趣味、审美理想的不同,对于同一审美对象的感受、理解和评价会有所不同,甚至截然相反。这是由于学生的生活环境和所受教育的影响所致。对此,我们不能强求一律,应该运用审美的规则加以衡量和评价,然后加以引导。

(四)创造性原则

美育的基本任务之一就是创造美。创造性是美育的又一特点。作为全面发展教育之一的美育,在完善人的素质结构,使个性获得充分自由发展中必须考虑对学生的创造力培养。美育不是让学生消极被动静观地接受美的形式,而是要他们富有想象力地去表达美和创造美。美育的创造性原则,要求引导学生创造性地感知各种形式美的神韵,启发他们按照美的规律来创造美,塑造和美化自身。

贯彻这一原则,首先,要注意对美的创造力培养,要求在美的鉴赏中把感知和情绪体验结合起来,充分发挥创造想象力。其次,要鼓励学生的审美创造意向,对学生在学习、生活、劳动中以自己喜欢的审美方式显现的审美意向,加以珍视和爱护,并予以鼓励,推动其审美意向的发展,同时帮助他们积累经验,进行美的创造。第三,要培养学生审美创造的技能技巧,提高学生掌握收集整理审美经验资料、创造美好事物的本领和能力。第四,要提供学生创造美的文化生活环境,包括校园环境和长辈的文化素养以及对学生的审美指导等。

三、美育的途径和方法

美是一种客观存在,到处都有。根据美的种类,美育内容可分为艺术美、自然美和社会美三大类。美育的途径十分广阔,有各种教学活动,课外、校外文艺活动,观赏大自然的美,通过日常生活进行美育等。美育的方法可归属于各种美育途径。下面就美育的途径和方法一并加以阐述。

(一)通过教学和课外活动培养艺术美

1.通过普通文化基础知识教学进行美育。普通科学文化知识是中小学的基础学科内容。它不仅以知识的形态传授给学生,同时也传递着美的信息,我们要善于发掘各学科的审美因素,揭示各学科的审美价值。使学生在掌握基本知识和技能的同时提高其审美能力。

通过人文学科的教学,可以使学生掌握语言文字工具,了解人类文化发展历史,从而认识美的起源、美的本质、规律及其价值,为提高学生的文化艺术素养和审美意识打下基础。语文、外语的阅读能提高鉴赏美的能力;写作和临摹书写能显示表达美和创造美;历史使人明鉴、分辨善恶;地理使人视野开阔,升腾起对人类生活地域的美好追求。

通过自然学科的教学,向学生揭示自然的壮观和美丽,引导他们观察宏观宇宙和微观世界物质运动中美的奥秘,掌握美的法则,发现科学的美。数学中数与形的结合及严密的逻辑运算;化学的分子结构及模拟图形;物理电磁场的基本方程和电路;生物的细胞分裂及千姿百态等等,都包含有美的因素。

此外,各科教学中教师生动形象的语言,工整美观的板书,准确清晰的绘图。对学生作业整洁、美观的要求。教师的仪表风度和心灵美等等也都具有重要的美育作用。教师从美育的角度去研究教材、教法，可以使学科教学更加生动活泼，有利于启发学生积极思维和想象，有利于师生间的情感交流。这样就使学生在汲取知识的同时，获得美的享受，受到美的熏陶。

2.通过艺术学科教学和课外文艺活动进行美育。艺术教育在美育内容中居主要地位。艺术美是反映自然美和社会美的，其内容丰富，形式多样，主要有音乐、舞蹈、美术、文学、戏剧、电影、电视等。中小学的艺术学科主要指音乐和美术；课外文艺活动有校内和校外两个方面，是课内教育的延伸和补充。学生通过课内外的艺术教育活动，可以掌握人类的审美经验，受到艺术美的熏陶，发展审美能力。这是学校美育的主要途径。

3.通过体育学科和课外体育活动进行美育。学校体育学科和课外体育活动的任务主要是锻炼身体、增强体质，获得体育运动的知识技能。但同时也是美育的一条重要途径。其一，学校体育通过严格和科学的身体练习，促进学生肌体的健美发育，可以获得人的自然的形体美。其二，学校体育可以培养学生严格的组织性、纪律性以及荣誉感、竞争心等，获得健康的社会生活美。其三，学校体育与艺术结合，可以使学生获得体育运动的艺术美。特别是有些体育项目如艺术体操、花样滑冰、跳水、武术等具有鲜明的艺术内容。此外，体育运动具有极大的观赏性。各运动项目中运动员的体态、技艺、速度、力量、造型等，在竞争激烈的比赛中给人以敏捷、舒展开朗、节奏鲜明和富有蓬勃生气的美的感受，使人从中得到力量的鼓舞和精神的振奋。因此，中小学体育教师，应通过体育学科和课外体育活动的形式，培养学生的形体美、社会生活美和运动的艺术美,使学生在进行身体练习的过程中形成健美的概念和标准,树立正确的审美观,并具有感受美、鉴赏美、表达美和创造美的能力。

(二)通过大自然培养自然美

大自然是美育取之不尽的源泉。学生生活在大自然的环境中,大自然中的景物绚丽多彩,千姿百态。辽阔的原野,巍峨的山岳,葱郁的森林,碧绿的湖水,奔腾的江河,浩瀚的海洋各有其美的特色,都是美育取之不尽的极好教材。

通过大自然进行美育,能使学生增长知识,开阔视野,陶冶情操,提高审美感知能力和理解能力。宇宙的无比壮观,祖国的锦绣河山,可以给学生以丰富的美的享受,使他们胸襟开阔,热爱祖国,精神生活充实。

教师可以组织学生踏青、参观、旅游,结合自然景物,名胜古迹讲解当地风土人情、科学知识、神话传说、历史典故、名人诗词等,以帮助学生认识理解自然景物,深入体会有关的艺术作品,激发学生的兴趣,加深对美的感受。

教师也可以指导学生写生、摄影、采集标本、创作诗文、撰写游记,以加深印象,抒发情感,提高鉴赏美的能力和创造美的才能。

教师还可以通过自然常识、生物、地理等学科的教学对学生加以引导,把学科知识同自然界美的直接感知结合起来,能使美育的自然手段和教学艺术手段都得到加强。

利用大自然进行美育,要有组织有计划地进行。采取的方式要考虑学生的兴趣和家庭的经济承受能力,以及学生的年龄和身体条件等。并且要符合审美法则,具有审美意义。

(三)通过日常生活培养社会美

日常生活中包含着大量的审美因素。生活环境中的饮食起居、衣着打扮、言谈举止、待人接物等都反映人的审美观念、审美趣味和审美能力。

在日常生活中进行美育主要依靠学校和家庭。学生的学习、劳动和生活的时间有很大一部分在学校,创造一个优美的学习生活环境,对陶冶学生美的心灵,形成学生爱美的习惯,提高审美能力具有很大的作用。学校环境应该清洁、整齐、宁静、优美。师生的服装、举止、行为、习惯要得体、大方、端庄、有礼貌。使学生能在美观和充满生气的环境里受到美的熏陶。

家庭是儿童美育的摇篮。家庭的室内装饰、家俱摆设、房间布置,家长的审美修养和艺术鉴赏力应符合美育要求,使孩子能陶醉在生活美的欢乐之中。

引导学生在日常生活中体现美,首先,要使学生明确爱美是热爱生活的表现。生活用品、书籍文具要收拾整齐,要养成自己动手的良好生活习惯,起居饮食、学习娱乐既符合生理卫生、心理卫生的要求,又符合美学法则。第二,要善于引导学生选择衣着打扮,讲究服饰美。学生的衣着打扮要活泼、美观、大方,符合 学生的年龄特征和身份,要使学生懂得如何打扮自己,应该给他们讲一点生活美学知识,使他们懂得形式美的规律。特别是要提醒青少年学生不要盲目追求时髦,追求"名牌",讲阔气。第三,要教育学生注意言谈举止,仪表风度美。人的风度美是一种外在美,是心灵美的外化。不讲粗话、脏话,不要邋里邋遢,是学生应该基本做到的。在这方面,教师和家长应成为学生的楷模。

思 考 题

1. 什么是美育？美育有什么功能？
2. 对学生进行审美教育有何重要作用？
3. 美育的任务包括哪些方面？
4. 试述美育过程？
5. 美育原则有哪些？审美教育中如何贯彻这些原则？
6. 美育的途径和方法有哪些？

作 业 题

如何结合体育进行审美教育？

第九章　劳动技术教育

内容简介

本章简要讲述劳动技术教育的一般原理及实施的有关知识。主要有劳动技术教育概念、意义、任务、内容、过程及要求等。

重点和难点

本章重点是劳动技术教育概念、要求；难点是劳动技术教育过程。

教学要求

本章特别要注意劳动技术教育概念，亦可从我国解放后对劳动技术教育的曲折来正确理解劳动技术教育的基本原理。

学习方法

同学们学习本章时采用历史与现实的比较加深对劳动技术教育原理的理解，从而树立正确的劳动技术教育观。

第一节　劳动技术教育概述

一、劳动技术教育含义

（一）劳动技术教育概念

劳动技术教育是培养学生的劳动观点，形成劳动习惯，并使学生初步掌握一定劳动技术知识和技能的教育。劳动技术教育实际包含两个方面内容：一是劳动教育，一是技术教育。劳动教育主要通过劳动实践，对学生进行树立正确的劳动观点，培养端正的劳动态度，养成热爱劳动的习惯，形成劳动能力的教育。技术教育则主要是通过技术性生产劳动对学生进行一些基本生产技术知识和生产劳动技能的教育。劳动教育和技术教育这两方面既有联系，又有区别，但它们各自的侧重点不同。劳动教育中有技术教育内容，技术教育中也有劳动教育的因素，而且，它们都是通过亲自实践来实现的。只是劳动教育更侧重于认识态度方面，而技术教育侧重于知识技能方面。

（二）劳动技术教育与德育、智育的区别

从劳动技术教育包含的两个方面来看，好象劳动教育与德育相同，技术教育又与智育类似，实际上，它们是有区别的。

首先，劳动教育与德育的区别。劳动教育的内容强调的虽然与人们的思想品德有关，但它主要是指有关对劳动的认识、态度、情感方面的问题，而且是以劳动实践为主，结合进行思想教育，而德育是对学生进行广泛的思想教育，其中包括着政治态度、思想观点、品德行为等方面。当然，从"劳动"这一点来说，它也是德育的内容之一，但我们不能因此而把劳动教育包括在德育里，或者用德育来代替它，因为劳动技术自有的特性，使其成为全面发展教育的组成部分之一。

其次，劳动技术教育与智育的区别，劳动技术教育与智育虽然都有给学生以一定的知识教育、技能的培养，但其内容是不同的，智育是给予学生一般的文化科学知识和技能的教育，范围比较广泛，而劳动技术教育所给予学生的知识技能是基本的生产技术知识和劳动技能。另外智育主要是通过认知活动来实现的,而劳动技术教育则主要通过实际操作来掌握生产知识技能,着重培养学生的动手能力。由于生产劳动技术教育有其独特的性质和任务,因此,它构成了全面发展教育的组成部分之一,是不能包含在智育里,或者用智育来代替的。

(三)劳动技术教育与职业技术教育、勤工俭学的区别

一提到劳动技术教育,有人把它等同于职业技术教育或勤工俭学,实际上它们之间也是有区别的。

首先,劳动技术教育与职业技术教育的区别在于职业技术教育属于专业技术教育,而劳动技术教育属于基础教育,它们的性质不同。职业技术教育是一种定向的专业技术教育,给学生以某一专业的知识技能,而劳动技术教育则是不定向的基础教育,是给予学生一般的生产技术知识和技能,其任务和内容不同。

其次,劳动技术教育与勤工俭学的区别在于勤工俭学是学校组织的或学生个人从事的有酬劳动,用以助学。虽然,劳动技术教育与勤工俭学都要组织学生参加劳动生产实践活动,但二者也是有区别的:一是性质不同,劳动技术教育是我国全面发展教育的组成部分,它往往与德育、智育、体育、美育并列,而勤工俭学作为学生参加的一种活动,它是与学校的教学活动、科技活动、文体活动等并提的。二是要求不同,劳动技术教育重视教育,勤工俭学则强调"助学",以有报酬的劳动为主,而对劳动技术教育来说,只要能达到教育目的,无论是有酬或无酬的劳动,都可组织学生参加。

二、劳动技术教育简介

(一)马克思最早提出技术教育

单纯的劳动观点,劳动技能的教育,从教育产生时就开始

了,因为教育就是在传授生产经验和生活风俗的需要中产生,并且不断发展。不少的教育家们都认识到这点,并在理论上进行探讨,如早期空想社会主义者托马斯、莫尔、欧文的著作中都曾作过论述。我们现在所提的劳动技术教育,则是在机器生产的出现,有了生产的工艺流程,基本的生产知识和技能以后。而最早提出这一概念的是马克思,他把这种教育称为技术教育,以后也随之称为综合技术教育。1886年,马克思在第一国际《临时中央委员会就若干问题给代表的指示》中明确指出:综合技术教育"要使儿童和少年了解生产各个过程的基本原理,同时使他们获得运用各种生产的最简单的工具的技能"。他指出教育的内容要包括三个方面,即智育、体育、技术教育,并认为有酬的生产劳动、智育、体育和综合技术教育的结合是无产阶级发展的途径。

(二)列宁重视综合技术教育

无产阶级革命导师列列,在领导世界第一个社会主义国家——前苏联的时候,极重视综合技术教育,1919年俄共(布)第八次代表大会通过的党纲中,曾根据列宁的建议,就国民教育方面确定:"对17岁以下的全体男女儿童实施免费的义务的普通教育和综合技术教育",并把综合技术教育概括为"从理论上和实践上了解一切主要的生产部门。"列宁还委托克鲁普斯卡娅起草《关于综合技术教育提纲》,并写了《论综合技术教育——对娜捷斯达·康斯坦丁诺夫娜的提纲的评述》,集中地反映了列宁关于综合技术教育的思想,列宁关于综合教育的理论,一直指导前苏联的教育,正是由于前苏联坚持不懈地进行了综合技术教育,使得前苏联的教育,在世界处于领先地位。

(三)我国的劳动技术教育

中国共产党在领导中国革命历程中,一直重视教育,也很重视劳动教育,党一直坚持马列主义的教育与生产劳动相结合的基本原理,一直把教育与生产劳动相结合作为党的教育方针,在各级教育中贯彻实施。当然这中间也曾出现过单纯强调体力劳动过多,忽视生产技术教育和教育与生产劳动有机结合的偏向。20 世纪 50 年代中期,中国中、小学曾实施基本生产技术教育,即综合技术教育。中共十一届 三中全会后,从提高全民族的素质,培养社会主义建设人才,大力发展社会生产力的实际需要出发,1982 年教育部颁布了《关于普通中学开设劳动技术教育课的试行意见》,1987 年国家教委先后颁发《全日制普通中学劳动技术课教学大纲(试行)》和《全日制小学劳动课教学大纲(试行草案)》,将劳动技术教育正式列入教学计划,成为我国全面发展教育的组成部分之一。

三、劳动技术教育意义

(一)有利于学生全面发展

通过劳动技术教育,有利于培养学生明确的社会主义政治方向,科学的思想观点,认真的工作精神,踏实的劳动态度,坚韧的意志品质,团结的良好品质以及对劳动和劳动人民的思想、感情和习惯,这是德的内容之一。实施劳动技术教育,在劳动生产实践中,把理论和实践、感性认识和理性认识、直接经验和间接经验结合起来,使学生学到比较完善的知识,培养了学生运用知识和动手操作的能力,促进了学生智力的发展。在劳动中锻炼了学生的体力,增强了体质,有利于学生身体的健康发展。学生在亲自参加变革物质客体的活动中,亲身感到劳动的美,同时,也有助于培养学生创造美的能力。总之,劳动技术教育有利于促进学生德智体美劳的全面发展,为社会培养合格的人才。

(二)有利于学生毕业后献身祖国四化建设

在人类社会进入高度发展的今天,对每个人的知识技术要求更高,学生通过在劳动技术教育中,获得有关现代化的一般基础知识和劳动技术,了解世界科学技术生产等方面的信息,毕业后,能适应时代的要求,成为社会主义现代化建设的有用之才。

(三)可为学生接受专业教育和职业教育打下基础

通过劳动技术教育,学生了解了一般生产技术知识和技能,也了解了社会各行业发展情况,这样有助于学生根据自己的兴趣和爱好,特长以及有关条件,来恰当地选择专业和职业,由于已经有了一定的劳动技术知识和技能,也为继续学习某一专项技术或某一职业的教育奠定了基础。

(四)开展勤工俭学活动,有利于促进教育事业的发展

勤工俭学也是学校进行劳动技术教育的形式之一,通过劳动创造物质财富,学生从勤工俭学的活动中获得一定报酬,以补助教育经费之不足,有助于教育事业的发展。

第二节　劳动技术教育的实施

一、劳动技术教育任务

(一)培养学生的劳动观、劳动习惯和学习生产技术的兴趣

我国是社会主义国家,劳动人民是国家的主人,国家也靠全体人民用劳动去建设,学校的劳动技术教育,必须以此思想

作指导,通过劳动技术教育,培养学生全心全意为人民服务,热爱劳动,踏实劳动,尊重劳动人民,珍惜劳动成果,爱护公共财物,养成遵守劳动纪律,勤俭节约,勇于创造的习惯。教育学生虚心学习先进的劳动经验,培养学生对学习现代生产技术的浓厚的兴趣,决心为祖国社会主义现代化建设事业作出贡献。

(二)初步掌握现代化生产技术的一些基础知识和基本技能

通过各种形式的劳动技术教育,使学生获得初步的劳动技术知识,了解现代生产的一些基本原理,并在生产劳动的实践中学会使用一些最简单的生产工具和掌握一些劳动技能,培养学生实际操作的能力。

(三)掌握组织和管理生产的初步知识和技能

在以电子技术为标志的当代社会,已把科学、技术、管理视为现代文明的三大支柱,现代化的生产靠科学上新水平,靠技术求大产值,靠管理要高效益。生产管理对提高经济效益的作用越来越明显,通过劳动技术教育,结合有关学科的学习,调查访问和生产实践,使学生了解现代管理的一般理论和方法,懂得现代管理在现代生产中的地位和作用。同时,对我国生产管理的现状和改革趋势有一清醒的认识,为加速我国生产管理培养一定人才奠定初步基础。

二、劳动技术教育内容

(一)现代工农业生产知识和技术

实现工农业生产的现代化,是我国社会主义现代化建设的重要任务。我国目前尚属发展中的国家,和先进国家的先进工农业生产比较,我们还显得较落后,尚有一定距离。但是,人类社会的历史是不断向前发展的,工农业生产的现代化已是大趋势,加速现代化的实现,是我国各族人民的共同心愿,我们国家的工农业生产,也在朝着现代化方向奋力迈进。根据当前世界现代生产发展,结合我国实践,对学生进行现代工农业生产知识与技能的教育,须突出以下几方面:

第一,让学生掌握各主要生产部门的基本原理及其应用。这些生产部门包括动力、冶金、矿山、机械制造、建筑、化工、交通运输、邮电通讯、植物栽培、动物饲养等。

第二,让学生掌握使用生产工具和从事生产的基本技能。如观察和测量的技能,计算和制造方面的技能,看图和制图的技能,机器安装、操作、调整和维修的技能,钳工和电工的技能,农艺、畜牧的技能,实验的技能等。

第三,使学生初步掌握现代科技,特别是电子计算机方面的知识和技能。当代世界已进入以原子能、空间技术和电子计算机为标志的新的科学技术时代,尤其是电子计算机技术在生产和社会生活中的应用愈来愈广泛。因此,劳动技术教育必须给予学生这方面的基础知识和基本技术,以使学生能适应日益发展的现代社会的需要。

当然,在重视现代工农业生产技术教育的同时,还应注意给予学生一些工农业方面手工艺生产劳动的知识和技术。手工劳动在我国还占很大比重,特别是广大农村,更是以手工劳动占的比重更大,因此,因地制宜,给予学生一定的手工劳动生产的知识和技能,乃是我国劳动技术教育的重要内容之一。

(二)服务和公益劳动的知识和技能

服务性劳动亦称自我服务劳动,即是指照料自己的生活,保持环境整洁的劳动,一般包括家庭自我服务劳动和学校自我服务劳动。家务劳动基本上都是自我性服务劳动,如自我穿衣、整理床铺、收拾房间、打扫庭院卫生、扫地抹桌、照看弟妹、修理用具等。学校里的自我服务性劳动包括做值日,布置教室,改善环境,修理桌凳,美化校园等。

公益劳动是直接服务于社会的有益的无偿劳动。这种劳动的内容广泛,有社会公益劳动和学校公益劳动,有服务性公益劳动也有生产性公益劳动,如服务性公益劳动有:帮助打扫公共场所的清洁卫生,维护公共秩序,宣传交通法规和维护交通秩序,宣传卫生常识和维护环境卫生,为军烈属和病人、残疾人、孤寡老人做好事等。生产性公益劳动有:为城镇、生产队植树造林,为生产队或军烈属施肥、除草、除虫、抢收抢种,帮助工程建设单位做些力所能及的劳动等。

（三）组织、管理生产的知识和技能

发展生产,提高经济效益,既靠科学技术,也靠科学管理。给予学生初步的组织、管理的知识和技能,也是劳动技术教育的内容之一。这方面主要包括:现代科学组织、管理生产的意义和作用,一般原理及方法;先进国家的科学组织、管理生产的经验;我国工农业生产的组织、管理体制及改革的基本情况;关于制定生产计划,实施方案,规章制度的基础知识和技能;物资管理、财务管理的初步知识和技能,等等。

三、劳动技术教育过程

（一）劳动教育和技术教育相结合,以生产技术教育为主的过程

劳动技术教育既有以思想教育为主的劳动教育,也包括以现代生产技术为主干的技术教育,而劳动技术教育中的思想教育都是在生产技术教育中进行的,这是劳动技术教育不

同于一般的劳动教育和专业的技术教育,我们必须认识劳动技术教育过程的这一特点。

(二)理论传授和实际操作相结合,以实际操作为主的过程

劳动技术教育包括有理论知识的传授,也包括操作技能的培养,而且要把理论知识的传授和实际操作技能的培养有机结合起来。而劳动技术教育主要是通过生产劳动的实践来进行的,学生从参加劳动实践的过程中,培养实际操作技能,进而加深对理论知识的理解,实践是劳动技术教育所具有的另一特性。

(三)生产物品与培养人才相结合,以育人为主的过程

劳动能创造物质财富。劳动技术教育既能为社会创造物质财富,又能为社会培养合格人才。科学的劳动技术教育是将产物与育人有机结合起来,而劳动技术教育主要目的在于培养合格的人才。劳动技术教育中,无论是其中的知识技能的教育,还是其中的思想品德教育,对于合格的全面发展的人才都是十分重要的。劳动技术教育主要立足点在于培养人才,育人是劳动技术教育过程的又一特点。

四、劳动技术教育形式

中小学对学生进行基础技术教育的途径和形式很多,主要的有:

第一,各科教学。中小学教学计划中现在都开设有劳动技术课,这是对学生进行劳动技术教育的主要形式,同时,各学科特别是小学的自然,中学的物理、化学、生物等学科也都可以对学生进行劳动技术教育。

第二,各种课外活动。中小学课外可成立各种活动小组,

如动物饲养、植物栽培、金工、木工、模型制作……等等,都是对学生进行劳动技术教育的有效途径。

第三,工农业生产劳动。组织学生参加一些力所能及的工农业生产劳动,也是对学生进行劳动技术教育非常重要的途径。学生能参加的工农业生产劳动,既可以是校外的工厂、农场,也可以是校内办的工厂、农场;既可以是有报酬的勤工俭学劳动,也可以是无报酬的劳动锻炼。

第四,各种服务性劳动。组织学生参加社会公益劳动和自我服务性劳动,也是学校对学生进行劳动技术教育的不可忽视的途径。无论是社会或学校的公益劳动,还是学生家庭和自我服务劳动,对于培养学生劳动观点、态度、情感,锻炼学生服务于社会和自我服务的能力,都很有意义,我们要经常组织学生参加各种服务性劳动。

五、劳动技术教育要求

劳动技术作为全面发展教育的组成部分之一,真正能达到培养合格的人才的目的,重要地在于科学地组织好劳动技术教育。这方面,我们必须注意遵循以下基本要求。

第一,教育性。劳动技术教育是以育人为目的,因此在组织劳动技术教育时,始终要把对学生进行思想品德教育放在重要位置。通过劳动技术教育,注意培养学生正确的劳动观点,自觉的劳动态度,热爱劳动人民,珍惜劳动成果,良好劳动纪律等等良好思想品德。

第二,实践性。生产劳动技术教育,一定要组织学生参加生产劳动实践,在实践中锻炼成长,不能只动口不动手。一定要抓好劳动实践这一环节,真正做到使劳动技术教育做到理论和实践相结合,手脑并用,知识、技能双丰收。

第三,适宜性。学校开展劳动技术教育,一定要从学校所在地区社会条件,学校自身条件,因地制宜开展劳动技术教育,能工则工,宜农则农,当然,要努力创造条件,使学校劳动技术教育按照教学大纲要求全面开展。

第四,安全性。学校开展劳动技术教育,一定要注意学生年龄特点,从学生的智力和体力实际情况出发,有利于学生身心健康成长。学校开展劳动技术教育时,还要特别注意改善条件,注意安全,合理安排,做到劳逸结合,特别要防止影响学生身心健康的事情发生。

第五,效益性。劳动技术教育虽然是以育人为主,但也不能忽视劳动自身就有创造物质的意义。我们提倡无偿劳动,是从思想教育意义出发的,劳动无偿不是劳动无效,而且,我们要充分利用劳动能创造财富,劳动能带来欢乐和幸福这一特性,让学生亲身体验到劳动创造一切的真理。同时,我们也不可忽略通过劳动创造的物质财富,所获得的经济效益,也可以改善学校办学条件,改善师生生活。当然,我们应该把劳动技术教育的社会意义、经济意义、教育意义有机统一起来。

思 考 题

1.什么是劳动技术教育? 它与德育、智育、专业教育有何不同?

2.劳动技术教育有何意义? 它担负哪些任务?

3.劳动技术教育的过程有什么特点?

4.劳动技术教育有哪些内容?

5.学校可通过哪些途径对学生进行劳动技术教育?

6.学校开展劳动技术教育应注意哪些要求?

作　业　题

　　结合我国实际,学校应如何开展劳动技术教育?你校在开展劳动技术教育中有些什么经验、教训? 应如何改进或加强?

第十章　课　　程

内容简介

本章主要阐述了有关课程的三个概念,概括介绍了五个主要的课程论流派,以及我国课程编制的基本原则,分析了我国中小学的课程方案。

重点难点

本章重点是课程、学科、课程论三个概念和几种课程理论,以及课程改革发展的趋势。难点是对各种课程理论的利弊得失的分析比较及课程理论发展变化规律的掌握。

教学要求

首先要使学生深刻理解三个概念,弄清三者的区别和联系,对前四个课程论流派在理解基本观点基础上,分析比较各自的得失和从中可以得到的启示。对布鲁纳的结构课程论,应使学生深刻理解其基本观点的理论价值和时代精神,还应引导学生从这些理论发展变化中总结出课程理论发展变化的规律,并联系这些理论中的主要观点来理解课程改革发展的趋势。其次,应讲清课程编制原则和我国《九年义务教育全日制小学、初级中学课程方案》制定的依据和特点。

学习方法

学习第一节可采取一边阅读,一边前后对照比较,辨别概念的差异、各派理论的利弊和异同。学习第二节时,除联系第一节中有关理论观点外,还应对照课程计划表,弄清课程内容以及课程计划、教学大纲、教科书三者的性质、关系。

第一节　课　程　概　述

一、课程的概念

课程一词，最基本的含义就是"课业及其进程"。[①] 它包含了学习的内容和学习程序两层意思。在实际运用中，课程一词有广义和狭义之分。广义的课程是指根据教育目的和学校的培养目标而设置的有特定程序的各科学习科目与活动的体系。狭义的课程是指某一门学科而言，即包括在课程计划中的一门学习科目。但事实上，课程与学科是有严格区别的。前者是指有严密组织和安排的学习内容的整体，后者是指一门具体的学习科目。一般来说，每一门学科都有其相对应的科学。学科与科学也是不同的。科学是泛指凡是能够解释各种现象，并揭示其客观规律的知识体系。而学科是"依据一定的教学理论组织起来的科学基础知识体系"。[②]即它是从相对应的科学的浩繁内容中，经过适当选择并按照教学法的要求组织起来的，既要反映科学的体系，又要适合学校教学目标的要求和学生身心发展水平。可见，课程、学科、科学是有区别的。

从课程的概念中，可知课程所研究的是教育内容的问题。用什么样的内容教育学生，是教育理论的基本问题，它已经逐渐形成教育科学的分支学科，这种专门研究课程设置体系和学科结构的科学理论就是课程论。

一般说，课程论要回答下列几方面的问题：一是教什么？

---

① 、② 《中国大百科全书·教育》卷，第 207 页、434 页。

这里并不是解决各级各类学校应设立一些什么样的具体学科，更不涉及学科的具体内容，而是研究选择各种学习科目的依据，阐明要选择一些什么样的科目才能充分满足时代和特定的社会国家对培养人才的要求。二是为什么要教这些内容？这就是要阐明所选的学科可以达到什么样的教学目标，这些内容在教育理论和实践方面有些什么样的特定意义。三是怎样教？这里研究的是如何有效地组织实施所选的科目，即是要阐明实施这些课程的质和量的要求，以及各个学科的先后进程，使之形成一个特定的逻辑序列。

从课程论所回答的基本问题来看，可以说课程论就是研究如何制定培养人才的系统工程图的理论。根据课程论制定的培养人才的蓝图，西方国家称为"课程标准"；日本叫"教学指导要领"；前苏联谓之"教学计划"，并依次具体体现为"教学大纲"、"教科书"，以此来规范学校的教学内容。新中国成立后的四十多年，一直采用前苏联的做法，"教学计划"这一名称也一直沿用到1992年。1992年8月，国家教委制定印发了《九年义务教育全日制小学、初级中学课程计划（试行）》和二十四个学科教学大纲（试用），并且统称为《课程方案》。

二、课程论的主要流派

在近代教育史上，产生过多种课程理论，最主要的流派有以下几个。

（一）学科课程论

学科课程论主张课程分科设置，每一门学科，都从相关的科学中选择最基本的内容，根据科学知识的系统性并按照一定的教学理论来组成一门基础知识的体系，分科进行教学。我国大教育家孔子，删订六经，按诗、书、礼、乐分科传授弟子，是最早的分科教学。17世纪后半叶,捷克大教育家夸美纽斯(Comenius,J.A.1592～1670)从"泛智论"出发,最先提出"百科全书式的课程"。19世纪德国教育家赫尔巴特(Herbart,J.F.1776～1841)根据教育要适应和培养人的多方面的兴趣的理论,初步建立了一个完备的学科课程体系。19世纪英国教育家斯宾塞(Spencer,H.1820～1903)从教育应为完满生活作准备的观点出发,进一步论证了学科课程的理论依据。这种理论,由于它的发展历史悠久,影响深远,所以又称为传统派课程论。这种理论的优点是重视学生系统知识的学习,便于学生对知识的掌握和运用,故它一直影响至今。缺点是完全从成人的生活需要出发,忽视了儿童的兴趣和需要。

(二)活动课程论

活动课程是以儿童从事某种活动的动机为中心组织的课程。这是与学科课程相对立的一种课程理论。

活动课程的倡导者以美国实用主义教育家杜威(Dewey,J.1859～1952)为代表。他认为传统的学科课程以学科为中心,分科教学,是把一堆脱离生活实际的知识,孤立地教给学生,忽视了儿童的兴趣和需要。杜威认为教育就是生活,而不是为生活作准备。而生活离不开活动,所以应当以儿童的活动为中心来组织教学,他认为通过各种活动获得的经验,可以与社会相适应。因此,这种课程又称之为经验课程,儿童中心课程。

这种理论的优点是重视了教材的心理组织,照顾了儿童的兴趣和需要,有利于调动学生的学习积极性,有利于培养学生的动手能力。缺点是过分强调了儿童个人的经验,忽视了知识本身的逻辑体系,只能使学生学到一些零碎片断的知识,降低了教学质量。在现代生产技术极端复杂,劳动过程智力因素不断增加的情况下,这种理论更显得与时代不相适应。

(三)形式教育论

形式教育论的渊源,可以追溯到古希腊的唯心主义哲学家柏拉图(Plato 公元前 427～前 348/347)强调理性锻炼的教育思想。在近代,它是以官能心理学为理论依据,并从发展智力、培养能力出发来设置课程和选择教材的一种理论。它有以下两个基本观点。

一是教育的主要任务在于训练学生的官能或能力。官能心理学认为,人的心智活动可以分为若干种官能,如认识官能(包括感觉、想象、记忆、注意和纯粹的推理)、欲求官能(即情感官能,包括愉快和不愉快的情感与意志作用)。每一种官能都可以单独训练得到发展,人们的一切能力,都是练习而来的。因此,教育工作就应从有利于训练学生的官能出发来选择有关的学科,只要在训练官能上有很好的作用就是好的学科,至于内容的实际意义,则是无关紧要的。

二是教育应该以形式为目的。认为在教育中灌输知识,远不如训练官能来得重要。因为学生受教育的时间是有限的,不可能把所有的知识都灌输给他们。如果他们的官能因训练而得到发展,随时都可以去吸收任何知识,所以知识的掌握在教育上是次要的,重要的是智力的发展。知识的价值在于训练智力的作用,只要是能起训练作用的材料,就是学过之后被遗忘了,却仍留下一永久的、更有价值的效果,所以教育应该以此为目的。

这种理论看到了发展智力的重要性和学习知识对能力的训练作用,却忽视了学科和教材的实用性,曲解了掌握知识与发展智力的关系,使学校教育脱离了生活实际,因而是片面的。

(四)实质教育论

实质教育论,正好与形式教育论相对立。这种理论认为:教育的主要任务是使学生获得知识,学校只有向学生传授实用的知识,才能为他们以后从事某种职业做好准备。至于发展智力则是无关紧要的事情。这是资本主义社会为了适应工业生产发展的需要,为普通教育从掌握知识出发而设置课程和选择教材的一种理论。

实质教育论的主要观点是:

1. 教育在于提出适当的观念来建设心灵,而心灵的官能不是与生俱来的,它有赖于观念的联合。它是经验的产物。

2. 教育应该以实质教育为目的,为学生提供外界事物。能够产生观念的课程和教材,才具有重要的价值。因此,教育不在于重视课程和教材的训练作用,或知识教学促进学生能力发展的作用,而应重视课程、教材的具体内容本身及其实用价值,使学生获得丰富的知识。

3. 必须重视课程和教材的组织。因为课程和教材的组织程序,直接影响教学的组织和程序。

英国教育理论家斯宾塞是这种理论的主要倡导者。他坚决主张实科教育,并竭立抨击当时英国教育中的古典主义和经院主义,认为一般智力发展是次要的,主张开设现代语以及历史、地理、数学、物理、化学、商业、法律等具有实用意义的所谓实质性学科,强调教材的实用性。

这种教育理论,与资产阶级发展工业的需要有着比较直接的联系,因而在19世纪中期以后很长的一段时间里,对欧美中小学的教育实践有过很大的影响。但是,这种理论带有明显的功利主义性质,忽视了智力发展,因而也是片面的。

上述四种课程论流派,各有不同的观点,有的甚至针锋相对。我们应当怎样正确对待这些理论呢?

第一,学科课程论注重课程教材的逻辑体系,有利于掌握各门学科的系统知识,能够较好地认识客观世界。活动课程论重视儿童的需要、兴趣和心理规律,重视教材的心理组织,考虑了知识的综合运用。两种理论正好各自注意到了课程设置应当考虑的一个主要方面,而又互相忽视了对方所注意到的问题。所以两者都不应予以完全否定或完全肯定。

第二,形式教育论和实质教育论,把发展智力和传授知识人为地割裂开来,各执一端,争论不休。其实两种理论都有其合理部分,又都存在片面性。特别是形式教育论,它所依据的官能心理学,把官能理解为独立的精神实体,并把各种官能看成各自孤立的心理现象,通过单独训练就可得到发展。这些都是唯心主义和形而上学的观点。因此,无论是学科课程与活动课程,还是形式教育与实质教育,两对相互对立的理论,都应当用辩证唯物主义的观点进行分析,去伪存真,把二者统一起来。从教育发展的历史来看,进入20世纪50年代以来,随着生产和科学技术的迅猛发展,两种对立的争论,事实上已逐渐趋于相互渗透,相互融和,在20世纪60年代产生的学科结构论正是这种发展趋势的具体反映。

(五)学科结构论

美国哈佛大学的心理学教授;著名的认知派心理学家布鲁纳(Bruner,J. S. 1915~　　　)在美国五六十年代的教育改革中,提出了革新课程内容、改革教学方法的建议。主张从改革中小学课程和教学方法入手,提高教学质量,保证有足够的高质量的学生进入高等学校,为美国培养更多更好的尖端人才。布鲁纳的这个建议,是针对1957年前苏联第一颗人造地球卫星上天,美国深感科技落后于苏联,并认为根本原因在于普通教育不适应时代要求而提出来的,1959年,美国科学院在伍兹霍尔召开会议,讨论如何改进数理学科的教育问题。布鲁纳主持了会议的讨论,并在会上作了总结报告。会后,他将报告的主要内容写成《教育过程》一书,阐述了自己的基本教育思想。该书出版后,引起了强烈反响,被称为教育史上"划时代的著作"。在这本著作中,他提出了"结构主义"的课程论思想和"发现法"的教学方法。布鲁纳认为,课程应以学科为中心,学科又应以它的"基本结构"为中心。与学科结构思想相联系的,便是"发现法"。这是实现他的课程论思想的方法与途径。

布鲁纳认为,要使学生所学的知识对以后的一生有更大的价值,就"务必使学生掌握该学科的基本结构"。这是布鲁纳课程论的首要观点。那么,什么是学科的基本结构?学习基本结构的意义何在?

所谓基本结构,就是最能反映事物本质的基本概念、原理、法则的体系。布鲁纳说,"基本"这个词,含有"普通而强有力的适应性"的意思。学生所学的知识,越是具有普遍的适应性,就越能不断扩大和加深知识,对新的问题的适用性也就越宽广。他认为代数学中解方程最基本的法则就是交换律、结合律、分配律,学生只要掌握了这些基本法则,碰上"新"的方程,运用这些法则,便可迎刃而解。可见,学科的基本结构,越是能归结为定义、原则、法则,就越有利于学生的理解和应用。布鲁纳还认为,知识的简化明了的表达方式,具有一种"再生"的特性,即是借助一些定理、法则,能顺利地回忆起科学知识,所以学习基本结构,还可以帮助学生记忆,可以激发学生的智慧和学习兴趣。基本法则在学习中,还可以起到"正迁移"的作用,还可以缩小基础知识和高深知识之间的间隙。

从布鲁纳的课程理论来看,他是既反对传统的学科课程论只注重教给学生现成的客观事实和基本结论,而不重视让学生理解构成知识的原理和导致科学结论的过程;又反对杜威的活动课程论,只从儿童的兴趣和自发的活动经验出发来选择教材,无视知识的系统性和儿童思维能力的发展。可见,他的理论在一定程度上融合了学科课程论和活动课程论的一些正确思想,是课程理论的新发展,不仅具有一定的科学价值,还具有很强的时代精神。但是,这种理论也有不足之处。例如片面强调理论化,不注意密切联系实际,致使课程内容过深过难,过于抽象,学生难于接受,很难达到使学生掌握学科基本结构的目的。再如他提倡的"发现法",让学生自我探索和发现知识的结论,这个思想无疑是正确的。但是如果只强调学生的自我发现,忽视教师的启发引导和必要的讲授,同样也是片面的。正因为他的课程理论的一些片面性,再加上一些客观原因,致使他的课程改革以失败告终。尽管如此,布鲁纳的尝试,仍然具有开创性的意义,在科学技术迅猛发展,知识总量激增,社会日益要求培养学生具有较强的适应能力的形势下,具有一定的现实意义和理论价值。

从上述几种主要的课程论流派来看,课程理论总是不断发展变化的,不同的历史时期,不同的社会性质,同一社会形态所处的不同现实状况,都有不同的课程理论。纵观历史发展过程,制约课程理论变化的根本原因在于时代的要求,即当时社会经济、政治的需要。当 17、18 世纪欧洲资本主义兴起之初,为了反对中世纪的封建统治,摆脱神学的羁绊,人们需要广泛追求科学知识,以便为未来生活作准备,学校则强调知识的传递,因而泛智主义的学科课程论迅速发展。19 世纪末、20 世纪初,美国科学技术、工业生产迅速发展,需要培养大批具有迅速适应和转换工种的能力的工人、技术员,因而一反传统教育之道,提出教育即生活而不是为生活作准备,并以此来设计课程,因此出现了活动课程论。18 世纪初,欧洲资产阶级为了培养本阶级的统治人才,坚持古典教育方向,强调古典语言、文字和古代历史等学科的教学,轻视自然科学知识,因而提倡形式教育。19 世纪初,由于资本主义经济和科学技术进一步发展的客观需要,提倡实质教育,强调自然科学和职业技术教育的实质教育论兴起。20 世纪以来,自然科学发展到一个新的历史阶段——现代科学阶段,尤其是 40~50 年代,原子能、电子计算机和空间技术的出现,人类进入了航天时代。在这一时代中,科学技术迅猛发展,知识总量剧增,要求教育既大力强调科学知识的传授,又要重视对智力的发展。特别是当人类对客观世界的认识和改造已深入到宏观世界和微观世界的奥秘的今天,要求教育注意培养学生的主动探索精神、逻辑推理能力、科学观察和处理能力。为了适应这一要求,因而提出了研究知识结构理论,要求学校传授的知识是最基本的科学理论,能够举一反三,触类旁通,具有迁移的意义;要求通过教学促进发展,提高整个学生身心发展水平,并把培养探索和改造客观世界的能力放在主导地位。

在这种课程理论思想影响下,当今世界各国都很重视基

础教育课程的改革,并且形成了下列一些改革发展趋势:

1.课程的现代化。普通教育课程改革的重点是数理化等自然科学,要求这些学科把20世纪以来自然科学方面的新成果吸收到教材中来,使教材充分反映现代科学技术的新成就,符合现代科学的观点。

2.课程的理论化。要求在教材中增加基础理论、基本知识的比重,提高各学科的理论水平。

3.课程的结构化。各学科都要精选本门知识的概念、规律、原理、原则组成严密的逻辑体系,使学生便于学习和掌握学科的基本结构。

4.课程综合化。即主张打破传统的学科分科体系,开设综合性的课程,以加强有关学科内容上的联系。如美国新编的《统一现代数学》,就打破了算术、代数、几何、三角的分科界限,用现代数学的一些基本概念重新组成新的综合体系。日本高中开设的"数学"课,包括了综合数学、计算机数学、综合物理、综合化学等课程。

5.课程结构上逐步形成普通教育课程和职业教育课程结合。西方各国的普通中学教育逐步趋向职业化,大量开设职业技术选修课程。如前西德在中小学毕业前开设劳动课,对学生进行职业方向指导。高中开设了经济、簿记、会计、速记、打字、技术制图等。日本普通高中的选修课多达30余种,还设有工、农、商、水产、护士等100多种职业选修课。另一方面,职业学校又普遍加强了普通基础知识的教学。如日本新的职业高中的教学计划规定,一年级一律开设公共基础课,选修课从二年级开始,把原先68种职业学科合并为30种以下,相应削减了职业科目的学分,增加了普通基础学科的学分。

第二节　我国中小学课程

一、我国课程编制的一般原则

学校课程设置,一般是由国家教育行政领导部门负责制定全国统一的课程计划、大纲。但也有的国家不规定统一的课程标准,授权地方政府负责制定,国家提出有关课程的建议,或举行统一的教育测验来控制或影响学校的课程设置。我们国家是实行中央集中领导与地方分权相结合。国家教委制定统一的课程方案,各省(区)、市可以根据各地实际情况作适当调整,并提倡有领导地进行各课程和教材的改革实验。

课程的编制和颁行,是一项复杂的综合性工程,须由教育行政领导部门的成员、各个领域,包括教育学、心理学和教学法专家与广大教师共同参与,通力合作。而且要根据教育目的、培养目标、学生年龄特点、教学规律、学制情况如教育事业发展水平等条件,进行选择、组织和安排。在我国,编制各级各类学校的课程,一般均应遵循以下原则:

第一,符合社会主义教育目的和各级各类学校的具体培养目标。任何课程体系都是由一定的教育目的决定的,即学校的任何课程都是为实现教育目的而设置的。因为教育目的总是集中反映了特定社会的经济建设和社会发展对教育的客观要求。所以我国各级各类学校的课程设置,都必须能够有效地为社会主义现代化建设培养德、智、体全面发展的人才服务。这是一个最根本的原则。但是,由于社会主义建设人才是多类型、多级别、多规格的,因而课程设置在符合总的教育目的的前提下,更直接取决于一定级别、一定类型的学校的具体培养目标。普通教育、职业技术教育和各个层次的专业教育,总是要围绕自己具体的培养目标而编制。

第二,适合各年龄阶段学生身心发展特点。学生身心发展在不同年龄阶段,呈现出一般特点。同一年龄阶段的儿童又存在着个别差异。课程的结构、广度和深度,均应适合一般特点,既不能超出学生可能接受的限度,又要能促进学生智力、体力的一般发展以及特殊才能的发展。

第三,符合教学的认识规律。课程的组织结构,应有一个完整的体系。人的认识不是一次完成,而是逐步深化的。课程编制既要照顾课程的纵向联系,又要照顾横向联系;要循序渐进,由浅入深;要正确处理理论和实践、抽象和具体的关系;要由简到繁,由易到难,由已知到未知,有必要的循环往复,以利于学生逐步深化,从容消化和巩固所学的知识技能。

第四,适合我国办学的具体情况和地区发展的不平衡状况。我国的初等教育、中等教育和高等教育,都采取多层次、多规格和多种形式办学,又都采取基本一贯的分段制。各阶段既要各有其相对独立的任务,又要相互联贯。各级各类学校的课程设置和安排,既要保持衔接和沟通,又要尽可能保证学生在各级教育阶段学习到相对完整的知识。我国各地区经济文化发展很不平衡,关于课程设施的条件也各有不同。各级各类学校的课程,既要坚持具体培养目标统一的标准,又要因地制宜,尤其要照顾城乡差别;既要考虑当地经济建设和社会发展的客观需要,又要考虑其现实可能。这种坚持多样性和一定的灵活性,是实现统一性和逐步缩小差别的必要条件。

二、我国中小学的课程方案

我国中小学课程方案的制定,在当前社会主义现代化建设新时期,是分段逐步进行的。1990年初,国家教委对1981年颁行的现行高中教学计划作了适当调整,作为过渡性方案,以后将另外制定新的课程计划。1992年8月,国家教委正式制定印发了《九年义务教育全日制小学、初级中学课程计划(试行)》和二十四个学科教学大纲,统称《九年义务教育全日制小学、初级中学课程方案(试行)》。这一课程方案是根据《中华人民共和国义务教育法》制定的。它是国家对义务教育阶段教学工作的指导性文件。方案中的课程计划,遵循了教育要面向现代化、面向世界、面向未来的战略思想,体现了坚持教育为社会主义建设服务,实行教育与生产劳动相结合,对学生进行德育、智育、体育、美育和劳动技术教育,全面贯彻国家教育方针的精神。

我国中小学课程方案这一直接依据和指导思想,集中反映了课程设置要受制于时代要求和国家政治、经济发展需要这一基本原理。因为我国的义务教育法,正是反映了当今科学技术进入一个崭新的发展阶段,以及我国社会主义经济建设和社会发展的客观需要。义务教育中规定的教育要求,也正是我国工人阶级和广大劳动人民意志和利益的体现。所以中小学教育工作者应当认真学习、领会和执行国家制定的中小学课程方案。

(一)课程计划

我国九年义务教育全日制小学、初级中学课程计划由四个部分组成。

一是培养目标。《计划》首先明确指出:按照国家对义务教育的要求,小学和初中对儿童实施全面的基础教育,使他们在德、智、体诸方面生动活泼地、主动地得到发展,为提高全民族素质,培养社会主义现代化建设的各级各类人才奠定基础。然后就小学、初中两个阶段的目标,分别就德、智、体、美、劳五个方面提出了具体要求。

二是课程设置。课程分国家安排课程和地方安排课程两部分。国家安排部分小学九科,初中十三科,每一科都分别提出了教学的基本要求,并分别编写了教学大纲。

三是有关考试考查的规定。

四是计划的实施要求。

这一新的课程计划,具有以下一些特点:

第一,明确体现了科目选择的方向性和全面性。我国是社会主义国家,基础教育的课程,坚持了把坚定正确的政治方向放在第一位,以人类社会的优秀文化成果教育学生。除在小学、初中分别开设思想品德、思想政治课程外,还要求各门学科根据自己的特点,有机地渗透思想教育。此外,还专门设置晨会、团队活动、社会实践活动和校传统活动,以加强学生政治、思想、道德教育。所谓全面性,就是设置的各门课程,首先注意了文理学科知识结构的合理,防止了文理偏科。这就有利于实施全面的基础教育。此外,计划还明确提出要全面提高学生的思想品德、科学文化、身体心理素质,为培养社会主义建设者和接班人,扎扎实实全面打好基础。为此,课程设置既有学科,又有活动;学科既以文化基础为主,又可在适当年级因地置宜地渗透职业技术教育;初高中既以必修课为主,又适当开设选修课;活动包括课外活动和社会实践活动,使之与学科教学配合,相辅相成。这样的课程结构,有利于在全面打好基础的前提下,因材施教,发展学生的兴趣、特长;还有利于培养学生的实际工作能力。

第二，充分注意了学科配置与课时分配上的科学性、统一性与灵活性。课程计划中所设置的小学九门，初中十三门学科及各科总课时、周学时的确定，都是在总结国家教委1986年公布的《九年义务教育全日制小学、初级中学教学计划（初稿）》的多年实践经验之后，加以适当调整确定的，充分考虑到儿童、少年身心发展规律，规定小学、初中每周按五天半安排课程，周课时平均分别为27和27.5学时，每节课小学为40分钟，初中45分钟。并保证每天体育锻炼1小时，还对学生书面家庭作业、睡眠时间，分别按年级作了不同规定。所有这些规定，都是为了防止加重学生的课业负担，以利于学生健康成长。

此外，计划中既以国家安排课程为主，又留有机动余地，由地方根据实际情况和需要自行安排。必修课中的外语规定了英、日、俄三个语种，由各地自行确定；体育课的课时，各地也可根据条件适当调整。这些规定，明确体现了统一性与灵活性的结合。

高中课程计划，国家教委就现行普通高中教学计划进行了适当调整，于1990年印发了《现行普通高中教学计划的调整意见》，旨在克服文理偏科，学生课业负担过重，以便全面贯彻教育方针，全面提高学生素质，发展学生个性特长，增强学生能力。《调整意见》由时间安排、课程设置、教学计划表三部分组成。鉴于这是一个过渡性文件，这里不作具体介绍分析。

（二）教学大纲

教学大纲是根据课程计划中规定的各门学科及其教学要求分科编写的有关教学的指导性文件。它是以纲要的形式具体规定每门学科的教学目的、任务，教材的广度、深度及其体系、结构,并规定教学的一般进度和教学法的基本要求。

教学大纲一般分"说明"和"大纲本文"两部分。前者简要说明开设本学科的意义和教学目的、要求,以及本学科教材编选的指导思想和基本原则,并对教学方法作原则性的提示。后者则根据知识的逻辑体系和学生认识规律,系统地安排教材的篇、章、节、目的标题、内容要点或课题,以及各篇、章和各种教学活动的学时分配,实行作业的内容和时数。有的大纲还包括参考书目、教学仪器、直观教具和视听教材的提示。

我国普通教育的教学大纲,均由国家组织编写,它既是编写教科书和教学工作的依据,也是进行教学评价的依据。高中教学大纲还是国家组织毕业会考和高考命题的依据。教师必须认真了解、掌握教学大纲的全部内容,根据教学大纲的要求,仔细安排教学进程,以保证教学工作的顺利进行。

(三)教科书

教科书,也叫课本,它是根据教学大纲编定的系统反映学科内容的教学用书,是教学大纲的具体体现。

教科书一般由目录、课文、习题、实验、图表、注释、附录等部分组成。课文是教科书的主要部分,教材内容一般分章、节、目来叙述,或一课一课地安排。它是教学内容的主要依据,是实现一定教育目的的重要工具,是师生教与学的主要材料,也是考核教学成绩的主要标准。

编写教科书首先要做到科学性和思想性的统一。教科书的内容,既是科学上有定论的基础知识,又要反映现代科学的最新成果;还要通过事实的叙述和原理的论证,对学生的思想起潜移默化的作用,培养学生良好思想品德。在内容的编排上还要做到知识的逻辑体系与教学法要求的统一,使科学知识的叙述顺序,便于学生循序渐进地进行学习,也有助于训练他们的逻辑思维。教科书中文字的表述,篇幅的详略,图表的制作,字体的大小,装帧设计等等,均应符合教育学、心理学、美学和卫生学的要求。

随着教育手段的现代化,还应配合教科书的使用适当编制一些视听教材。如录音、录像、幻灯、电影、电视的软件,以作教科书的补充。

思 考 题

1.什么是学科、课程、课程论?三者有什么联系?

2.试比较学科派与活动派,形式教育派与实质教育派的区别?四者各自的得失何在?

3.布鲁纳"学科结构论"的主要观点是什么?

4.当前课程改革发展的趋势是什么?

5.我国课程编制的主要原则有哪些?我国《九年义务教育全日制小学、初级中学课程计划》编制的依据和指导思想是什么?

6.我国《九年义务教育全日制小学、初级中学课程计划》有什么特点?国家教委《调整现行高中教学计划的意见》的基本精神是什么?

7.我国中小学课程方案包括的内容是什么?课程计划、教学大纲、教科书各自的性质、意义何在?三者是什么关系?

作 业 题

根据各种课程理论的利弊、得失和课程改革发展趋势,谈谈对我国中小学体育教材改革的意见。

第十一章　教学与教学过程

内容简介

本章主要阐述两方面的内容,一是教学的概念、意义和任务,二是教学过程的流派、规律及其阶段。

重点难点

重点是教学的任务与教学过程的理论体系,难点是教学过程的规律及其诸因素的相互关系。

教学要求

理解教学过程的性质及其基本阶段,从而初步掌握教学的基本规律,为理解教学理论其他内容和从事教学实践打下理论基础。

学习方法

本章理论性较强,有重点自学教学过程规律及其阶段的有关参考资料,辅以课堂讨论和课外作业,以进一步加深理解所学内容。

第一节　教　学　概　述

一、教学的概念

教学是以课程内容为中介的、教师的教与学生的学共同组成的一种教育活动。学生在教师有目的、有计划的指导下,积极、主动地掌握系统的文化科学基础知识和基本技能,发展能力,增强体质,并形成一定的思想品德。所以,教学是学校实现教育目的,促进受教育者全面发展的基本途径。

教学与教育这两个概念的关系,是一种部分与整体的关系。教育包括教学,教学只是学校进行教育的一个基本途径。除教学外,学校还通过课外活动、生产劳动、社会活动等途径向学生进行教育。

教学与智育两者既有联系、又有区别。作为教育的一个组成部分的智育,即向学生传授系统的科学文化知识和发展学生的智力,主要是通过教学进行的。但不能把两者等同。一方面,教学也是德育、美育、体育、劳动技术教育的途径;另一方面智育也需要通过课外活动等才能全面实现。把教学等同于智育将阻碍全面发挥教学的作用。

教学与运动训练两者既相同,又有区别。两者都是一个教育过程,不论是教学或运动训练,都要使他们成为德、智、体几个方面都得到发展的"四化"建设的专门人才。教学主要是通过思维活动,使学生掌握教师所传授的科学知识和培养能力与思想品德。它是实现教育目的,促进受教育者全面发展的基本途径。运动训练是在教练员的指导和运动员的积极参与下,为不断提高或保持运动员的成绩而专门组织的一种教育过程,他是以时空条件和身体练习活动为主要特点。运动员掌握技能、技巧,提高运动水平,不仅要通过认识活动,更重要的是进行实践,使有机体直接参与,并经常练习才能达到。

教学还与学生在教学中的自学紧密联系。教学由教与学两个方面组成,其中,学既包括学生在教师的直接教授下的学习,也包括学生为配合教师上课而进行的预习、复习与独立作业等学习活动;而教的目的就是不断提高学生的自学能力,达到能独立自主地自学,即所谓"教是为了不教"。但是,教学与学生在教学之外独立进行的自学有严格的区别。后者是学生独立自主进行的学习,根本不同于教学中的预习、复习和作业。教学不包括这种学生自主进行的自学。

二、教学的意义

教学在学校工作中居于十分重要的地位。学校要实现培养目标、造就合格人才,就必须以教学为主,建立学校的正常秩序。因为教学有以下几个重要的作用:

第一,教学是严密组织起来的传授系统知识、促进学生发展的最有效的形式。教学是一种专门组织起来进行传授知识的活动,因而通过教学能较简捷地将人类积累起来的科学文化知识转化为学生个人的精神财富,有力地促进他们的身心发展,使青少年学生的个体发展能在较短时期内达到人类发展的一般水平,从而保证社会的发展和延续。当今在社会发展加速、知识猛增的情况下,如何使青少年学生在进入社会工作之前掌握人类创造出来的巨大的知识财富,无疑,这只有通过加强和改进教学、提高教学功效才能做到。

第二,教学是进行全面发展教育,实现培养目标的基本途径。教学能够有目的、有计划地将教育的各个组成部分包括智育、德育、美育、体育、劳动技术教育的基本知识传授给学生,促进他们在德、智、体、美、劳等方面按预期的要求发展,因而教学成了学校对学生进行全面发展教育、把他们培养成为合格人才的基本途径。只有提高教学质量才能提高教育质量、保证人才质量;只有以教学为主才能提高教学质量。

坚持教学为主,并不意味可以轻视其它的教育活动。对学生的培养,不仅要通过教学,而且要通过课外活动、生产劳动、社会活动。所以,学校以教学为主,一定要全面而妥善地安排教学和其他各种教育活动,建立正常的教学秩序,使学校的整个工作与活动都能有条不紊地进行,以便全面提高学校教育的质量。

三、教学的任务

我国普通教育学校的教学任务有以下几个方面:

（一）引导学生掌握科学文化基础知识和基本技能

教学的首要任务是引导学生掌握科学文化基础知识和基本技能。因为教学的其他任务都只有在引导学生掌握知识和技能的基础上才能实现。所以,只有扎扎实实完成好这个教学任务,才能有条件完成其他教学任务,确保培养的人才的质量规格。

教学应当重视向学生传授基础知识和基本技能。在普通中小学中,教学必须把自然科学和社会科学中的基础知识和基本技能系统地传授给学生,才能保证我们培养的中、小学生具有一定的质量,符合社会主义现代化建设的需要。今天,世界各国都十分重视加强双基教学,采取了许多重要措施,使教学内容和学科体系不断现代化、科学化;特别注重本国语、外语、数学、物理、化学及社会学科的知识、技能教学;注意引导学生掌握学科知识的基本结构;改进教学方法,提高学生掌握知识、技能的质量。我们要总结建国以来在双基教学上正反两个方面的经验,无论在什么时候、进行什么样的改革,都要坚持加强双基教学,不应有所削弱,这样才能完成教学任务,保证教学质量。

（二）发展学生的智力、体力和创造才能

所谓智力,是指个人在认识过程中表现出来的认知能力系统。它包括观察力、注意力、记忆力、想象力和思维力,其中思维能力是智力的核心。它们均属于一般能力的范畴。

现代社会发展加速,科学技术日新月异,人类知识总是不断猛增,但学生在校的学习时间却非常有限、难以增加。如何才能解决学生的有限学习时间和人类不断积累的巨量知识之间的矛盾呢?除了有选择地引导学生掌握基本知识之外,主要靠发展学生的智力,以增强学生的学习能力和发展他们的自学能力。特别是由于科学技术革命的推动,不仅各种劳动都日益智力化,而且使劳动者常常面临新的科学技术或工艺问题,迫使人们去创造、革新,解决生产、科研和工作中的新问题。这都要求高度发展学生的智力和培养他们的创造才能。因此,今天世界各国都把这个任务提高到前所未有的重要地位,作为教学改革的一个重要课题,并把这个任务完成的优劣作为衡量教学质量的一个重要标志。

教学还要注意发展学生的体力。这不仅是体育的任务,也是各科教学的任务。教学特别要注意教学卫生,要求学生在坐、立、阅读、书写和其他学习活动中保持正确的姿势,保护学生的视力,防止学生课业负担过重,使学生有规律有节奏地学习与生活,保持旺盛的精力,发展健康的体魄。

(三)培养学生的社会主义品德和审美情趣,奠定学生的科学世界观基础

青少年学生的品德、审美情趣和世界观正处在急速发展和逐步形成的重要时期,教学在完成这个任务中起着重要作用。因为学生在教学中进行的学习和开展的交往,就是他们生活中认识世界和进行社会交往的主要部分。他们在掌握自然科学和社会科学知识和联系实际过程中,将提高自己的思想

认识、道德修养和审美情趣；他们在班级的集体教学活动中，将依据一定的规范和要求来调节自己的思想和行为，这都会使他们具有良好的品德、审美情趣和形成科学世界观的基础。

第二节　教　学　过　程

一、教学过程的流派

教学是一个活动过程。人们对教学过程的认识，经历了漫长的历史发展，直至今天仍在继续探索。

（一）古代教学过程理论的萌芽

在公无前 6 世纪时，我国孔子（公元前 551～前 479)的教育思想中便含有教学过程理论的萌芽。他提出"学而不思则罔，思而不学则殆"[①]，提倡"躬行"，即身体力行，初步形成了把"学"、"思"、"行"看作统一的学习过程的思想。这是最早的教学过程思想。这一思想被后来的儒家思孟学派所发展，在《中庸》中明确提出了"博学之、审问之、慎思之、明辨之、笃行之"的学习过程理论。这一过程理论概括得很简明、精辟，强调了学生个人的能动的学习、思考和实践，比较符合认识规律，对我国后世的教学与学生自学产生了良好的影响。

《学记》是我国教育史上也是世界教育史上最早比较系统地论述教学理论的专著。《学记》阐述了教学中一系列问题，如对教育和教学制度、教学内容和程序、教学原则与方法、教师的地位和作用、在教学过程中的师生关系以及同学之间的关系等等提出了很有价值的见解。除了《学记》以外，还有不少有

---

① 《论语·为政》。

价值的著作，如韩愈的《师说》、朱熹的《论学》和论《教学》，颜元的《存学篇》，对学习和教学都有一些精湛的论述。但是，在我国古代，除了《学记》之外，几乎没有一种著作对教学作系统的论述。就整个古代教育文献（包括《学记》）来看，没有形成一定的理论体系，因而只能说是教学论的萌芽或雏型。

在西方，古罗马的昆体良（M. F. Quintilianus，公元35～96)在他所写的《演说术原理》中，总结了他在修辞学校长期任教培养演说家的经验，提出了"摹仿、理论、练习"三个循序递进的学习过程理论。这一过程，重视直观、重视知识的掌握和技能的训练，是很可贵的。但在西方中世纪，教学理论的发展也很缓慢，囿于研读神学经典，脱离社会实际，搞繁琐哲学。不过，在注重理论的逻辑与条理性方面，仍有一些可取之处。

（二）近代教学过程理论的形成与发展

随着欧洲资本主义的发展以及自然科学的兴起，教学过程的理论也逐步形成，开始了走向科学化的进程。

捷克教育家夸美纽斯（Comeniue，1592～1670)在反对教条主义地学习宗教教义，强调直接从事物本身去学习百科全书式的知识，即学习自然和社会的各方面的事实，在当时来说，有积极的意义。他认为一切认识以感觉开始，教学过程的阶段应该是：(1)感觉事物；(2)理解事物的特点和规则；(3)记忆；(4)行动。在这四个阶段中，夸美纽斯强调了感觉和记忆，因此是一种接受学习的教学过程，有利于学生丰富感性知识、记忆丰富的有实际意义的知识。夸美纽斯所说的记忆，并不是死记硬背书本知识，而是通过反复复习与练习巩固来自感觉和理解的知识，因此，夸美纽斯在教学中强调直观教学手段的运用。这种教学比之中世纪的经院教育是一大进步，有利于学生通过接触自然和生活实际获得生动、丰富多彩的知识,但忽视了人对事物加以改造的一面,难以启发学生的创造力。

德国教育家赫尔巴特(J. F. Herbart,1776～1841)试图根据心理学来阐述教学过程,提出了明了、联想、系统、方法四个阶段,揭示了课堂教学的某些规律性。这一理论对指导和改进教学实践起了积极作用,标志着教学过程理论的形成。赫尔巴特的教学过程理论后来被他的学生所发展。席勒(Ziller)把明了分为两个阶段,组成了分析、综合、联想、系统、方法的教学过程。这种教学过程为五段,俗称五段教学法。这种教学过程理论,在欧美流行、统治达半个世纪之久,被后人称之为传统教育派或传统教学,曾于清末兴学校后流传到我国。

赫尔巴特的教学过程理论,注意运用心理学于教学,重视系统知识与技能的传授,发挥教师在教学中的领导作用,加强了课堂教学并使上课规范化,这都使教学得到改进、质量得到提高。但随着社会的继续向前发展,传统的教学理论与做法日益暴露出严重的弊病。它忽视学生的主动性,忽视学生个人经验和能力在教学中的重要作用,严重脱离社会生活实际,把课堂教学变成千篇一律的五个阶段的僵化格式,压抑了学生的积极性,不利于教学的改进。

19 世纪末 20 世纪初,随着大工业生产和科学技术的发展,科学实验的日益普及及其日益运用于教育,出现了一种反传统教育派的进步教育思潮,其思想代表是美国实用主义教育家杜威(J. Dewey,1859～1952)。他反对教材中心、教师中心和传统的课堂教学,主张儿童活动中心,重视学生的生活经验,通过从做中学来调动学生的积极性,促进他们的成长。在教学过程上,他依据学生在做中学的认识发展提出了五个阶段的过程：从情境中发现疑难；从疑难中提出问题；作出解决问题的各种假设；推断哪一种假设能解决问题；经过检验来修正假设、获得结论。它被简明地概括为：困难、问题、假设、验证、结论的五步，也有人把它叫做五步教学法。

杜威的教学理论于本世纪初在许多国家风靡一时，并曾传入我国。但这种活动教学很难组织好，要求儿童事事经过实践获取知识，违反了学生学习的特点，忽视了教师和教材的作用，因而使学生学不到系统的科学知识，导致教学质量的降低。

前苏联十月革命后，其教育曾受杜威教育思想的影响，忽视系统科学知识的教学，不能适应社会主义建设的需要。30年代后，他们认真总结了历史的经验教训，力求运用马克思主义哲学指导教学，形成了以苏联教育家凯洛夫（И. А. Каиров，1893～1978）主编的《教育学》为代表的教学理论。

凯洛夫认为，教学是教师以知识和技能、技巧的体系武装学生的过程，必须遵循列宁提出的从生动的直观到抽象的思维、并以抽象思维到实践的认识真理的辩证途径；但又有其特点：学生学习的是科学上可靠的知识而不负有发现真理的任务，走的是教师引导的捷径而避免前人在历史上曾走过的弯路。他提出了知觉具体事物，理解事物的特点、关系或联系，形成概念，巩固知识，形成技能、技巧，实践运用等六个环节的教学过程。

凯洛夫主编的《教育学》试图用马克思主义科学地解释教学过程，揭示学生认识的特点，概括教学过程的基本技巧环节，提出并阐明教学必须遵循的原则。他确实在新的理论基础上发扬了传统教学论的优点，纠正了实用主义教育忽视系统知识偏向。显著提高了学校的科学文化知识的教学水平，在理论和实践上都达到了新的高度。但由于过分强调学习书本知识、教师主导作用和课堂教学，尽管也提到要领导学生积极参与教学，发展他们的智力，实际上对学生在学习中的主体地位认识不足，对学生学习的积极性、主动性有所忽视，对发展他们的智力、能力强调不够，暴露出类似"传统教育"的一些弊病。这就不能不影响教学质量的进一步提高。

（三）当代国外教学过程理论流派

二次世界大战后，科学技术的迅猛发展，国际间经济、政治、军事等方面的竞争日益加剧，都对学校的教学提出了愈来愈高的要求。这样，各国就不能不认真总结经验，致力于教学改革，从而促进了教学过程理论的新发展。

1. 赞科夫的教学过程理论

前苏联教育家、心理学家赞科夫（Л. В. Занков，1901～1977）从 1957 年后，在小学进行了"教学与发展"的实验，"致力于探求新的途径"，"以尽可能大的教学效果来促进学生的一般发展"。[1] 他所指的学生的一般发展，不等同于智力的发展，它包括了身体发展和心理发展。而心理的发展，他认为主要是通过观察力、思维力、实际操作能力的发展三个方面来实现的。

在教学过程理论方面，他主张教学应推动发展前进。指出："只有当教学走在发展前面的时候，这才是好的教学。"[2] 赞可夫根据苏联心理学家维果茨基的"最近发展区"理论，把

---

[1]　赞科夫：《教学与发展》，文化教育出版社，1980 年版，第 17、21 页。
[2]　赞科夫：《教学与发展》，文化教育出版社，1980 年版，第 14 页。

学生在教学过程中的发展分为两个水平,一个是现有发展水平,即学生已经达到的能够独立解决问题的水平;另一个是最近发展区,即在教师的引导和帮助下能达到的解决问题的水平,它介于学生潜在发展水平和现有发展水平之间。他认为教学应为学生发展创造"最近发展区",然后使学生的"最近发展区"转化为他的现有发展水平。他认为"教学结构是学生一般发展的一定过程发生的原因"[①];教学的结构是"因",学生的发展进程是"果",这种因果联系很重要,因为它能决定学生的发展进程。

赞科夫的实验研究证明,在前苏联传统的教学法条件下,学生的心理发展远不是已到极限,还可能有高得多的发展,只有建立新教学理论体系才能够达到这一目标。例如他的实验证明,用新教学论体系指导,小学四年可以缩短为三年。应当肯定,赞科夫的实验成绩是显著的,理论上提出教学应推动发展和高难度、高速度、以理论为主导、使学生理解学习过程、使全班学生,包括差生,都得到发展等著名教学原则都具有一定的意义。

2. 布鲁纳的教学过程理论

美国教育心理学家布鲁纳(J. S. Bruner, 1915~　　)所著的《教育过程》一书,体现了美国60年代进行的一次教学改革的指导思想。他关心的是教育质量与智育目标。为此,主张搞好中学课程设计,编写出"既重视内容范围,又重视结构体系"的教材。[②] 重视"内容"指要求教材现代化,重视"结构"则

① 赞可夫:《教学与发展》,文化教育出版社,1980年版,第363页。
② 布鲁纳:《教育过程》,文化教育出版社,1982年版,第24页。

是指要求教材包含学科的基本的概念、法则及联系,有助于学生学习事物是怎样相互关联的。怎样来完成这样的教学任务呢?他认为在提出一个学科的基本结构时,可以保留一些令人兴奋的部分,引导学生自己去发现它。这样,学生通过发现法来掌握学科基本结构,易理解、记忆,便于知识的迁移、能力的发展。布鲁纳发扬了杜威教学理论中的积极因素,注意调动学生学习的主动性,通过发现、探索活动掌握知识。但他和杜威不同,重视科学知识,重视发挥教师的作用。虽然他强调学生的发现,但他认为发现法消耗时间可能太多,因而教师的讲授对学生来说仍然是很需要的,主张在发现与讲述两者之间取得恰当的平衡。

布鲁纳认为,教学过程应该依据于儿童的智力发展过程。他根据皮亚杰的学说,把儿童智力发展分为三个阶段:第一阶段,前运算阶段,约 5 至 6 岁止,儿童依靠动作去对付世界;第二阶段,为具体运算阶段,儿童已入学,他们依靠用手操作事物或在头脑里操作代表事物与关系的那些符号进行认识,但不易处理那些不在他面前或他未经历过的事物;10 至 14 岁进入第三阶段,形式运算阶段,儿童智力活动以假设性命题进行运算的能力为基础,不限于面前的事物。他要求按各年龄阶段儿童观察事物的方式阐述学科结构。

在学生掌握知识的过程中,布鲁纳认为学习包括三个差不多同时发生的过程。第一个是新知识的获得。第二个是转换,使所得的知识整理成另一种形式以适合新任务。第三个是评价,即考核与估计知识的正确性。他认为学习任何一门学科常有一连串的情节,每个情节都涉及获得、转换、评价三个过程。

布鲁纳的教学过程理论与杜威相比，有较大的改进，提出了许多宝贵的见解。但他的学科结构理论很难掌握，教学内容现代化的要求过高，对发现法的作用也估计过头，片面强调了教育过程的智力目标。所以，他的理论很难被教育工作者付诸实践。尽管如此，这并不否定他的理论可取之处。

3. 巴班斯基的教学过程理论

前苏联教育家巴班斯基（Ю. К. Бабанский，1927～1987）在总结 60 年代顿河罗斯托夫地区克服大面积留班现象的经验基础上，运用辩证的系统方法来改进教学，提出了教学过程最优化的理论。

巴班斯基认为，以往的教学过程理论在一定范围也反映了某些教学的规律性，但只是过程的某个侧面、某种关系，往往以偏概全。因此须运用辩证系统的方法，把教学过程置于系统的形式中加以考察，以整体与部分、部分与部分、整体与外部环境之间的相互关系中综合地研究对象，以期达到最优地处理教学过程问题，即在规定时间内以较少的精力达到当时条件下尽可能大的效果。这里所指的"最优"，不是绝对的，而是与具体条件相联系的。在某一条件下的最优，在另一条件下未必最优。这就要用系统论的方法来达到最优或优化。巴班斯基认为衡量最优化最重要的有两条标准，即效果标准与时间标准。必须全面评价效果标准，德、智、体、美诸方面都要予以考虑，评定效果应有一定的依据，要根据教学计划、教学大纲、教科书以及学生的作业等进行评价，评价效果要以每一学校、班级、教师以及学生的实际情况出发。时间标准，巴班斯基认为应该符合卫生学与学生心理、生理的特征，他特别指出效果和时间的辩证关系，只追求暂时性的效果，任意延长教学时间,加班加点,搞疲劳战,增加学生负担的做法,决不是教学的最优化,也达不到最佳效果。

巴班斯基以系统论研究教学过程,较全面、具体地阐述了教学的实际进程。这有助于教师最优地制定教学方案和组织教学过程以获得最佳效果。但是,他的教学过程最优论过于繁琐,要为广大教师掌握与推广,尚需作很大的改进。

(四)我国当前对教学过程性质的认识

对教学过程如何认识,它具有什么性质,近年来,我国教育界展开了热烈的讨论,发表了许多不同观点,概括起来有下述几种:教学过程是一种特殊的认识过程;教学过程是促进学生发展的过程;教学过程是认识过程,同时也是促进学生身心发展的过程;教学过程是具有多质性的过程;教学过程是一个多层次的过程。

认识教学过程关键在于:弄清教学过程的性质,弄清认识过程和发展过程的相互关系。

1.教学过程是一种特殊的认识过程。教学过程首先是一个认识过程。学生是在教师引导下掌握人类长期积累起来的科学文化知识的过程。学生是有意识的能动主体,教材所包含的知识及其所反映的客观事物是他们认识的主体关系。整个教学过程也首先要受认识论的一般规律所制约,即遵循"从生动的直观到抽象思维,并从抽象的思维到实践"这一认识路线。

但是,教学过程又是一种特殊的认识过程,即它是学生个体的认识过程,具有不同于人类总体认识的显著特点:(1)间接性,主要以掌握人类长期积累起来的科学文化知识为中介,间接地认识现实世界;(2)引导性,需要在富有知识的教师引导下进行认识,而不能独立完成;(3)简捷性,走的是一条认识的捷径,是一种科学文化知识的再生产。正如马克思说的那样,"再生产科学所必要的劳动时间,同最初生产科学所需要的劳动时间是无法相比的,例如学生在一小时内就能学会二项式定理。"① 这些特点是教学必须注意的。

教学过程只有既遵循认识论的一般规律,又充分注意学生认识的特点,才能组织和进行得科学而有成效。

2.教学过程也是一个促进学生身心发展的过程。学生在教学过程中不仅要把他人的知识经验(间接知识)转化为个人的精神财富,而且要在知识的领悟、应用和积累过程中发展智力和创造力;不仅在积累知识、发展智力,同时也在形成、发展着思想、观念、品德、个性,等等。从教学过程上看,现代教学不仅要适应学生的发展,而且要尽最大可能来促进学生的发展,才能达到现时代所要求的高效率、高水平。所以,促进学生发展也是教学过程的一个重要特性。

今天,教学理论与实践的发展,促使人们重新认识教学的特性,帮助人们进一步认识了教学与发展的关系:一方面,教学要引导学生的发展,使人类的精神财富顺利地转化为学生的身心发展,逐步提高发展水平,使学生在德、智、体、美、劳等方面都得到一定的发展,成为社会需要的优质人才;另一方面,教学又要遵循儿童发展规律,适应学生发展的水平,并注意使教学走在学生发展的前面,激发学生在自身发展中的主动性、积极性,引导学生善于运用自己的智慧、能力、胆识与意志,创造性地进行学习,以最有效的方式促进学生的发展。现

---

① 《哲学笔记》,《列宁全集》第 38 卷,第 181 页。

代教学应当是一种发展性教学，能够有效促进学生发展的教学。

综上所述，教学过程实质上是教师指导下学生个体的认识和发展过程。这既说明教学过程是一种认识过程，又反映了这一认识过程的特殊性；既概括了教学过程是一种认识活动，又体现了教学过程中受教育者认识能力、体力和个性全面发展的要求。

二、教学过程的规律

教学过程是一个有规律的过程。教学过程的规律主要表现在教师引导下学生掌握知识过程的阶段和教学过程内部一些因素之间的必然联系。认识这些教学过程的规律有助于阐明教学的基本原理，能够指导我们比较科学地进行教学活动，提高教学的效率和质量。

（一）以间接经验为主，间接经验为直接经验相结合

教学内容是经过了精心选择和编排的，具有简明化、洁净化、系统化、心理化等特点。所以，学生能用最短的时间、高效率地掌握基础知识。在教学中必须以学习间接经验为主。但是，学习间接经验必须以学生个人的直接经验为基础。间接经验是他人的认识成果，要把它转化为学生个体的知识，需要依靠学生以往积累的或现时获得的直接经验为基础。所以，学习间接经验，要不断地丰富学生的直接经验，增加学生学习新知识所必需的感性知识。而且，学到的间接经验还要在实践中加以应用和检验，以便使学生能学以致用。这样，才能保证教学顺利进行。

（二）传授知识与发展智力统一实现

在教学过程中，学生不仅要掌握知识，而且要发展智力。

知识与智力既有区别,又相互依存,相互促进,紧密联系。智力的形成和发展是在掌握知识和运用知识的实践活动中实现的。如果没有知识,就谈不上智力的发展,知识是发展智力的基础;但知识又不等于智力。要能在掌握知识的基础上促进智力的发展,教学内容必须具有科学性系统性,有一定的难度,突出学科的基本概念、基本原理和规律性。教师要进行"启发式"教学,引导学生学会科学思维方法,"理解学习过程",掌握知识结构体系,培养独立思考和综合性、创造性地解决问题的能力。同时,智力又是掌握知识的必要条件。没有一定的智力,就不可能获得知识。而智力水平高,则接受能力就强,掌握知识的效率就高。可见,重视智力的发展是提高教学质量的有力措施。在科学技术迅猛发展的现代社会,知识内容迅速增长,要求不断提高,在教学中培养和发展学生智力,特别是培养创造性能力,尤为重要。在强调发展智力的同时,还必须注意培养学生良好的兴趣、情感、意志、性格等非智力因素品质。因为这些非智力因素常常表现为内驱力量作用于智力活动,对学习产生巨大的影响。

(三)传授知识与思想教育有机结合

教学中传授知识与进行思想教育,从来就是结合在一起的,这是教学规律性的体现。因此,教学永远具有教育性。教学的教育性表现在教学内容本身具有思想品德教育因素,例如生物进化论的知识、相对论的知识有助于学生形成唯物辩证法的思想方法。在教学中,一方面,学生正确的观点和信念、正确人生观、科学世界观,总是在掌握系统的科学知识的基础上逐步形成的。但知识的掌握并不等于思想觉悟的提高。要使知识转化为观点和信念,还需要教师进行有的放矢的教育和引导,让知识在学生思想中产生共鸣,才能实现复杂的转化。另一方面,掌握知识又是学生的认识、情感、意志相互影响、交织在一起的活动过程。因此,学生的学习目的、学习动机、学习态度、学习毅力等思想状况,对学习起着十分重要的作用,在教学中不断提高学生思想,明确学习目的,端正学习态度,激发学习动机、培养学习毅力,就能有效地促进对知识的掌握。

(四)非智力因素与智力因素共同参与

在教学中,学生的认识活动,不仅有智力活动,而且伴随着非智力活动。智力活动,主要指认知事物、掌握知识进行的观察、思维、记忆和想象等心理因素的活动。非智力活动,主要是指在认知事物、掌握知识过程中的兴趣、情感、意志和性格等心理因素的活动。在教学中,两种活动同时存在,并相互作用、相互渗透。一般来说,非智力因素的活动依赖于智力活动,因为智力活动是非智力活动的基础,学生的兴趣、情感、意志、性格是在认知事物、掌握知识的过程中产生和发展的。离开了掌握知识的智力活动,学生的非智力活动不是难以开展,就是脱离了教学的认识轨道。同时,非智力活动又积极作用于智力活动,因为学生是有能动性的人,他们已有的兴趣、情感、意志、性格等心理因素,常表现为内驱力量作用于智力活动,对学生的学习产生巨大影响。可见,学生的智力活动与非智力活动配合一致是成功地进行教学的一个重要条件,在教学中,教师要随时引导和调节两种活动协调一致,相互促进。

(五)教师的主导作用与学生的主动性相结合

教与学两者相互依存,缺一不可。教师的教离开了学生的学就失去了教的作用;学生的学没有教师有效地指导就不可能实现有效的认识。教和学又相互制约,是相互影响的双向关系。教师教的活动对学生的学起着重要的调控作用,教师的教学态度、治学精神、言行举止对学生产生潜移默化的重要影响。反过来,学生的知识、智力基础、品德、个性特点等又是教师教的依据,制约着教的活动。

教师"闻道在先"、"学有专长",了解学生,懂得教学的目的、要求和方法,所以教师在教学中起主导作用。学习是一种积极的能动的认识过程,学生的学习要以学生自身各种条件为依据,要有积极的内部动力。因此,教师的主导作用与学生的主体作用是辩证统一的。教师主导作用的着重点应是能否有效地调动学生的学习积极性、主动性,教师的传授、讲解、训练等,应充分注意启发、诱导、点拨,使主导作用与主体作用协调、统一,教与学互相促进,"教学相长"。

三、教学过程的阶段

教学中学生掌握知识、技能的过程,一般包括以下几个阶段。

(一)明确目的,激发动机

明确目的,引起学习动机是顺利实现教学过程必不可少的前提。在教学过程中,学生是学习的主体,只有明确目的,不断激发学生主动学习的心理动因,才能有效地实现师生间知识的"转化",并使学生个体得到发展。引起学习动机主要是使学生产生对知识的需要和追求。激发动机的方法多种多样,可以不断提出耐人思考的问题;也可以插入有趣的故事;还可以联系生活中需要解决的实际问题;有的还可进行直观演示;或简单明了地阐述所学知识的意义,等等。究竟采用什么方法,要根据具体的教学要求、内容特点和学生实际来考虑。

（二）生动感知，形成观念

人们的认识总是从感性开始。学生有了必要的感性知识，形成了清晰的观念，那么他们理解书本知识就比较容易。教学过程中学生的认识活动，也不能离开这样一个总体规律。但教学过程中学生对学习内容的感知，又不能完全等同于感性认识，更不能理解为就是实践。感知的目的是为理解、掌握知识提供感性基础，获得对认识对象的表象，同时发展学生的观察力。因此，感知必须服务于掌握知识。感知教学内容的方式和途径有多种：已有知识的感性材料、生活中的感性经验、演示实验、直观教具、语言的生动形象和直观的描述、直接实践等。选用什么方式和如何进行感知，要从教学的实际需要来确定。

（三）深刻理解，形成概念

理解教学内容是学生认识的关键，也是教学过程的中心环节。教学内容是他人的认识成果，要将其转化为学生自己的认识成果，使学生真正理解和掌握概念、本质和规律，必须依靠学生自己积极的思维活动。因此，在教学过程中引导学生运用思维方法和形式，培养学生的思维能力，是提高教学质量的核心问题。教学中常用的思维方法有比较、分析、综合、演绎、归纳、抽象和概括。通过这些思维方法，就能掌握事物的特点，发现内在联系，把握全面，获得明确的认识，形成科学概念，进行判断、推理。这样，就能真正理解和掌握知识，并发展和提高思维能力。

（四）巩固知识，实现内化

由于教学过程的特点，决定了学生理解、掌握的知识必须经过巩固的阶段，才能比较牢固地保持在记忆中。巩固了的知识也是学习新知识的基础，即人们常说的"温故而知新"。巩固的主要手段是复习,通过各种形式的必要的复习,使所学知识在大脑中的记忆痕迹得到强化,形成牢固的联系。在指导巩固知识的过程中,要注意运用记忆规律,发展记忆能力。

(五)应用知识,培养技能

应用知识的意义是多方面的。但对学生来说主要不是普遍意义上改造客观世界的实践,而是学习中的实践活动,通过应用所学的知识形成技能、技巧,并在应用过程中培养独立思考,发展认识能力。教学实践的主要形式是各种练习、作业、实验等。在练习中关键是提高质量,要在解答简单问题的基础上注意培养学生综合运用和创造性地解决问题的能力。

(六)信息反馈,评价知识

检查所学知识,是一种反馈措施,用来检查教师的教和学生的学的效果,根据信息反馈的结果随时调节教学,评价知识,以便学生及时掌握学习内容,学得扎实、稳固。

上述六个基本阶段,明确目的,激发动机是学生掌握知识的基本条件,是贯串于整个认识发展过程的始终;感知是理解的基础;理解是中心环节;巩固和应用既有助于加深理解,又为进一步掌握知识创造条件;检查起到反馈作用,有利于调节教学。这六个阶段都是整个教学过程中不可缺少的因素。但各个阶段之间又是紧密联系,不可分割的,在教学实践中很难截然分开。同时,要依据教学的具体情况,灵活加以运用,而不应千篇一律,一个模式,一样的程序。

思 考 题

1.什么是教学？教学与教育、教学与智育有何区别与联系？学校为什么要以教学为主？

2.教学有哪些任务,它们之间有何关系?

3.赞科夫、布鲁纳、巴班斯基三人的教学过程理论各有何特点?

4.什么是教学过程,谈谈你对它的认识。

5.试简要阐述教学过程的规律。

6.学生掌握知识过程有哪几个基本阶段,它们之间有何联系?

作 业 题

为什么现代学习理论非常强调非智力因素的作用? 这有什么现实意义? 联系体育实际举例说明。

第十二章　教学原则与教学方法

内容简介

本章主要阐述教学原则与教学方法的概念与运用教学原则与方法的基本要求。

重点难点

重点是正确理解各教学原则和教学方法的概念,并明确贯彻教学原则与教学方法的基本要求。难点是掌握教学原则、教学方法它们之间的辩证关系,发挥教学原则与教学方法的整体作用。

教学要求

使学生理解各教学原则与教学方法及其整体的精神实质,并明确贯彻教学原则与教学方法的基本要求。

学习方法

本章实践性较强,指导学生进行自学与讨论,联系优秀教师及自己的教学经验,对运用教学原则和教学方法,进行具体剖析。

第一节　教　学　原　则

一、教学原则概述

(一)教学原则的概念

教学原则是教学工作必须遵循的基本要求。它既指导教师的教,也指导学生的学,贯彻于教学过程的各个方面和始终。教师要以教学原则来调节控制教学活动。教学原则的贯彻是衡量教学质量的准则,教学质量的高低,从根本上说,就看教学原则贯彻如何。因此,每个教师都必须掌握教学原则。

由于教学原则是人们在长期的教学实践中,通过对教学规律的能动认识而对教学活动提出的基本要求和行动策略,因而具有严格的客观性。这种主、客观性的辩证统一构成了教学原则的一大特点。

教学原则的产生和发展经历了一个漫长的历史过程。早在古代,人们就开始研究教学工作兴衰成败的原因和条件,提出了各种要求。如我国的孔子就提出过"学而时习之"、"不愤不启、不悱不发"等教与学的基本要求。明确提出教学原则的概念并加以论证的,则是近代西方资产阶级教育家们。夸美纽斯在他的《大教学论》中提出直观性原则、自觉性原则、系统性原则、量力性原则等许多重要的教学原则,并作了理论阐述。后来的教育家第斯多惠、裴斯泰洛齐、赫尔巴特等也都提出了一系列的教学原则、规则,对教学原则的发展起了积极的推动作用。

(二)教学原则的依据

1. 教学原则依据人们对教学客观规律的认识。教学原则是根据教学过程的规律提出的。规律即客观事物之间的内在的必然联系,它不能被创造,也不能被消灭,但可以被认识和被发现。教学规律客观存在于教学这一事物之中,人们之所以是这样而不是那样地提出教学原则,总是自觉不自觉地体现着人们对教学客观规律的认识。随着教学实践的发展,人们对教学规律的认识也在深化,因而对教学原则的研究也在不断充实和完善。

2. 教学原则的提出要受教育目的的制约。由于教学要服从于一定社会培养人的总目标，所以确定教学原则并不仅仅从对教学过程规律的认识出发，而同时要受一定社会教育目的和方针的制约。例如剥削者统治社会的教育要培养"忠臣"和"顺民"，教学上则强调驯服和盲从。而现代社会的学校，按时代精神需要培养朝气蓬勃、有独立见解、有创造性的人，因而在教学上特别提倡探究、思考、钻研精神。

3. 教学原则产生于丰富的教学实践经验积累。教学原则来自长期的教学实践，具体表现为教学实践经验的总结，而经验中则包含有人们对教学客观规律某种程度的认识。原则一旦形成，便既指导实践，又受实践检验，教学原则便在这样的循环中不断修正完善，人们对教学的规律的认识也逐步深化，驾驭实践的能力也逐渐增强。

二、学校常用的教学原则

(一)科学性与思想性相统一的原则

科学性与思想性相统一的原则，是指教师在教学中要保证所传授的知识的真实性、客观性和思想性的有机统一。

科学性和思想性统一原则，是培养德智体全面发展的人才的要求，是建设社会主义物质文明和精神文明的要求，体现了我国教学的根本方向和质量标准。

科学性与思想性统一原则，也是知识的思想性、教学的教育性规律的反映。任何科学知识，都是建立在一定的方法论基础上，也都反映出一定的思想观点，属于一定的意识形态范畴。教师在向学生传授知识时，总是要以一定的观点和方法论为依据，反映一定的时代意。赫尔巴特说的"教学永远具有教育性",就高度概括了知识教学和思想教育的关系,我国唐朝韩愈提出的"传道、授业、解惑"的观点,也表达了这个意思。今天,社会主义学校的教学,其科学性与思想性更不可分。科学性是思想性的基础,不讲科学性,把错误的知识也传授给学生就是误人子弟,根本谈不上思想性;思想性又是科学性的灵魂,没有思想性就影响了科学性,因为只有以正确的观点、方法,才能揭示事物的本质与规律,建立科学的知识体系,形成学生的正确概念。

贯彻科学性与思想性统一原则的基本要求是:

1. 加强教学的科学性。科学性是教学的根本要求,教师只有确保传授的知识和运用的教学方法是科学的,才能使学生正确认识世界。如果传授的知识缺乏科学性,就不能使学生形成正确的思想观点,也不能有效地促进学生的发展。我国颁布的教学大纲、教科书是保证各科教学具有高度科学性的基础,每个教师都要深入钻研教材,严格按照教学大纲和教科书的要求组织教学,全面、准确地阐述学科的基本知识,采取科学的方法训练学生的基本技能,使他们的认识能力得到充分发展。

2. 发掘教材的思想性。要求教师善于挖掘教材本身的教育因素,在教学中将科学性、思想性有机结合起来,寓思想性于科学性之中,做到水乳交融。国家颁布的各科教材都贯穿着马列主义、毛泽东思想,体现着唯物主义和辩证法的思想观点。然而教学中的思想政治导向并非教材本身自发体现的,必须由教师自觉坚持。教学的思想性是教师的内心世界及其对教材理解、掌握状况的外在表现。各科教师要善于从本科教材的特点出发,认真挖掘教材内在的思想教育因素,紧密联系当前的社会实际和学生思想实际,对学生进行有机的思想政治教育,例如,教自然科学研究的成果时,要有意识地对学生进行自然辩证法、科学发展史的教育,让学生掌握自然科学研究的态度与方法,让学生认识到科学处在发展之中,既有的知识和结论也都有待进一步的发展。

3. 提高教师素质,发挥教师的表率作用。教学的科学性与思想性取决于教师,教师只有不断地学习,提高自己,才能确保教学的科学性与思想性统一原则的贯彻。

在教学活动中,教师的思想行为、态度、方法,以及治学精神都具有强烈的教育性,对学生的学习效果、思想品德的形成及个性发展都产生着重要影响。因此,教师必须以严肃认真的教学态度,实事求是的科学精神,循循善诱的教学方法去影响学生、感化学生,使学生德、智、体诸方面得到全面和谐的发展。

4. 教师在教学中要赋于科学性和思想性的内容,以充沛的感情激起学生对学科知识的热爱。科学家的发明过程有艰辛、挫折和成功的喜悦,教师要通过艺术性的讲演,让学生分享科学家发明时的各种情绪体验。教语文,要引导学生产生与作品共鸣的感情。教历史,不但要说明历史事实、历史发展的规律,而且要培养学生对历史事件、人物的情感评价——爱什么、恨什么、褒什么、贬什么。教师要培养学生健康的、积极的情感,自己就必须有鲜明、强烈的情感,并能把自己的情感有效地表达出来,感染学生,"教育的艺术是使学生喜欢你所教的东西。"[1]

---

① 卢梭:《爱弥儿》,商务印书馆,1978 年版,第 349 页。

（二）理论联系实际的原则

理论联系实际的原则是指教师在传授理论知识时，首先要保证理论知识传授的逻辑性、系统性、整体性，同时又要紧密联系生产和生活实际，引导学生去深入理解和掌握所学的知识，并通过教学实践培养学生在实际生活中运用知识的能力。

坚持理论联系实际是辩证唯物主义对教学的要求，反映了师生认识活动的规律。实践的观点是辩证唯物主义的基本观点。社会实践是人们一切科学知识和理论的源泉，又是检验知识的唯一标准。学生所学的基本知识，是前人长期实践经验的总结和概括，对于学生来说，这些都是间接知识，只有通过实践，才能使学生达到正确和深刻地掌握，也只有通过理论和实践的结合，才能把知识运用于生产和生活实际，提高实践能力。

贯彻理论联系实际原则的要求是：

1. 书本知识的教学应重视联系实际。只有切实抓好知识教学，才能保证学生真正掌握理论。没有理论，就无从联系实际，所以讲清理论，让学生了解、掌握理论是联系实际的第一步。要做到这一点，教师必须严格按教学大纲、教科书的体系进行教学，保证理论知识传授的逻辑性、系统性和完整性。同时也要注意理论联系实际。如联系学生生活经验的实际，联系知识在生产建设和社会生活中运用的实际，使学生认识到理论知识与实际生活的关系，从而深入理解和掌握所学的知识。

2. 重视培养学生运用所学知识的能力。加强实践环节，创造条件让学生参加一定的教学实践活动。教学中的实践活动主要是实验、实习、练习、生产劳动、社会活动等,在活动中指导学生运用所学知识去分析和解决实践中出现的问题,锻炼学生从事实际工作的能力。

(三)启发性原则

启发性原则是指在教学中教师要充分调动学生学习的主动积极性,引导他们生动活泼地学习,使他们经过自己的独立思考,融会贯通地掌握知识,提高分析问题和解决问题的能力。

启发性原则集中体现了教学过程中教与学的基本关系,符合学生的认识规律和教学过程的特点。学习活动是一种特殊的认识活动。学生掌握知识、认识客观世界的过程,从根本上说是在个体主动、积极的活动中完成的。教师的作用在于激发学生的求知欲和探索精神,引导学生进入积极思维的状态,帮助学生"发现"和"掌握"知识,发展思维能力。

中外教育家都很重视启发教学。孔子提出了"不愤不启,不悱不发"的著名教学要求。后来,《学记》中又发展了启发思想,提出"道而弗牵、强而弗抑、开而弗达"的教学要求。阐明教师的作用在于引导、激励、启发,而不是牵着学生走强迫的道路和代替学生学习。在西方,苏格拉底在教学中重视启发,他善于用问答式来激发和引导学生自己去寻求答案,这种苏格拉底方法被称为"产婆术"。教师在引导学生探求知识过程中起助产作用。

贯彻启发性原则要求做到:

1. 发扬教学民主,提倡合作教学。平等、和谐的气氛在很大程度上决定着教学的效果。实践证明,融洽的师生关系是发挥教、学积极性的重要前提。教师的积极性首先应表现在关心学生、爱护学生、尊重学生上，相信学生的觉悟和接受能力。学生在这种氛围内，方能充分发挥学习的主动性，愉快地与教师合作，共同完成教学任务。

2. 调动学生学习的主动性。学习主动性是学生学习上的内驱力，缺乏主动性的学习则很难进行，更难持久。因此调动学生学习积极性是贯彻启发性原则的首要问题。学生学习主动性受制于诸多因素，如好奇心、兴趣、爱好、目的、愿望等，教师要针对学生的不同需要，利用其中的有利因素，最大限度地调动学生的内在潜能。

3. 指导学生积极思维，教会学生如何学习。第斯多惠形象地指出：一个真正的教师指点给他学生的，不是已投入千百年劳动的大厦，而是促使他做砌砖的工作，同时一起来建造大厦，教他建筑。他认为，一个坏老师奉送真理，一个好老师则教人发现真理。要达到这一要求，教师在工作中必须重视教会学生自行发现问题和解决问题的方法——科学思维的方法，注意培养学生的自学能力和习惯；还要培养学生自行反省的学习策略的能力，从根本上教会学生如何学习。

（四）直观性原则

直观性原则，是指教师通过各种形式呈现感性材料，使学生运用多种感官和已有经验去获取丰富的感性认识，从而为形成概念，掌握书本知识奠定基础，并发展认识能力。

在教育史上，直观性原则早有论述，中国荀子说："不闻不若闻之，闻之不若见之。"但直接提出这一原则的是捷克教育家夸美纽斯，他认为，在可能范围内一切事物都应尽量放到感觉器官的眼前。后来，乌申斯基对这个原则作了论证，他指出，儿童是依靠形式、颜色、声音和感觉来时行思维的，他还指出，逻辑不是别的东西,而是自然界里的事物和现象的联系在我们头脑中的反映。

直观性原则反映了人类一般认识的规律和学生思维发展的特点。学生掌握书本知识要以感性知识为基础,所以教师必须根据教材内容的特点和需要,恰当地演示感性材料让学生获得感知,为他们形成科学概念和掌握理论创造条件。只有感觉的材料十分丰富(不是零碎不全)和合于实际(不是错觉),才能根据这样的材料,产生科学的概念和理论。同是,学生思维的发展一般是由具体到抽象。直观可以促使具体感知与抽象思维结合,反映了学生思维发展的特点。

贯彻直观性原则的基本要求是:

1. 根据教学需要,恰当地选择直观手段。直观手段有多种多样,有实物、模型、图片、幻灯、电影、电视等。不同学科,不同教材,不同的教学对象,对直接教学的要求各不相同。在教学中,要根据教学任务、内容和学生年龄特征,恰当选择直观手段,正确使用直观教具。直观手段一般可分为实物直观和模拟直观两种。运用直观手段是为了帮助学生更好地理解、掌握理论知识,教师要根据教学的实际需要选择运用,切忌滥用直观或搞形式主义。

2. 运用直观手段要和语言讲解相配合。运用直观手段不能代替学生感性认识的全部过程、内容,还必须配合教师的语言讲解,强化直观教具的作用,指导学生抓住关键,透过现象看本质,掌握概念,认识规律。

3. 充分利用学生的多种感官。夸美纽斯宣布了教学论的一条"金科玉律":"凡是需要知道的事物,都要通过事物本身来进行教学;那就是说,应该尽可能地把事物本身或代替它的图像放在面前,让学生去看看、摸摸、听听、闻闻等等。"① 只有把学生的多种感官充分利用起来,才能全面、深刻地理解事物和现象,培养和发展学生的观察能力。

(五)循序渐进性原则

循序渐进性原则,是指教学按照学科的逻辑系统和学生认识发展的顺序进行。

我们古代的教学注重按一定顺序进行。《学记》要求"学不躐等"、"不陵节而施",提出:"杂施而不孙,则坏乱而不修。"如果教学不按一定顺序,杂乱无序地进行,学生就会陷入紊乱而没有收获。朱熹又进一步指出:"循序而渐进,熟读而精思。"明确提出了循序渐进的要求。

循序渐进性原则是由学科知识本身的特点和学生认识运动的规律决定的。任何科学知识都有其严密的内在逻辑系统,学校的各种教材,是以科学体系为依据,结合教学任务和学生特点编写的,同样有其严密的逻辑系统。学生认识事物的规律,是由浅入深,由已知到未知,由现象到本质,从感性到理性,它反映了一定的"序"即系统性。只有遵循学生的认识规律组织教学活动,才能取得预期的效果。

循序渐进性原则的要求是:

1. 掌握学科的知识结构,按照知识的逻辑联系,系统地组织教学内容。教学计划、教学大纲和教科书固然反映了各门学科知识体系的内在联系,但它们本身的系统性只有保证教学内容系统性的一个重要条件,还不能完全替代教师重新组

---

① 张焕庭主编:《西方资产阶级教育论著选》(夸美纽斯:《泛智学校》),第49页。

织教学内容的工作。任何一个教师如果仅仅抱着教科书和教学参考资料进行教学，是绝对行不通的。因此教师必须从整个知识结构出发，根据具体的教学目的和任务，精心组织教学内容，以保证向学生传授系统知识。

2. 遵循学生认识活动的规律进行教学。由浅入深、由易到难、由近及远，由简到繁，这些学生认识活动的程序性就是认识规律的具体表现，违反认识规律的教学只能导致失败。为使学生扎实牢固地掌握知识、技能，形成一定的解决问题的能力，遵照学生认识事物的特点开展教学活动就显得十分必要。但这决不是说教师的教学进度一定要跟在学生认识能力发展的速度后面，恰恰相反，贯彻系统性原则，教师一定要善于寻找学生的"最近发展区"，不断向学生提出新的、更高的要求，并采取切实措施解决学生新的需要与已有发展水平之间的矛盾，促进学生认识的不断发展。

3. 抓主要矛盾，集中精力解决重点、难点问题。系统性并不意味着平铺直叙、面面俱到，相反，它要求区别主次，分清难易，有详有略地指点学生掌握知识。所谓教学艺术，在很大程度上就是指教师能否恰当地区别重点和一般，难点和易点，进而通过启发诱导，使学生在"引而不发"的状态中自然地把握重点，顺利地突破难点，从而比较准确地掌握教材体系。

（六）巩固性原则

巩固性原则是指教学能使学生牢固而深刻地掌握教材基本内容，能随时再现和运用所学知识。

历代许多教育家都很重视掌握知识的巩固问题。孔子要求"学而时习之"，"温故而知新"。俄国乌申斯基认为复习是学习之母。他形象地把学习中不注意巩固知识的现象，比喻为醉汉拉货车,边拉车,边丢货,最后到家时只剩一辆空车。这个比喻形象而意义深刻。

学习的最终目的是为了改造客观世界,为此,只有把学过的知识牢固地保持并储存起来,才能在实践中加以运用。知识的掌握是一个渐进过程,新知识都是在旧知识的基础上发展起来的,没有旧知识的巩固,就无法接受新知识。因此,巩固性原则是根据教学任务和教学过程的特点提出来的。

贯彻巩固性原则的基本要求是:

1. 在理解的基础上巩固。理解是巩固的前提,为使学生牢固掌握知识,首先要帮助学生理解知识。只有理解了的东西才便于记忆,也才能在实际中得到应用。因此,教师应做到讲课思路清晰,逻辑体系严密,并尽可能联系学生已有的知识储备,使相关的新、旧知识结成组块,既有利于对新知识的理解,也有利于知识的巩固和保持。

2. 根据记忆规律,有计划地组织复习和练习。有计划的复习、练习,可以使知识在记忆里的痕迹及时得到强化,达到巩固的目的。

为了组织好学生的复习,教师要向学生提出记忆的任务和有效的记忆方法,指导学生对复习时间和教学内容作好合理安排,遵循记忆规律,提高复习效果。

运用知识是巩固知识的重要方法,一些需要培养学生技能技巧的学科,尤其要注意通过运用,达到知识的巩固。教师在教学中要重视作业的布置、检查、批改和讲评,促使学生通过练习,在运用知识的过程中巩固知识,形成技能、技巧。

(七)因材施教原则

因材施教原则,是指教师从学生的个别差异和具体情况出发,有针对性地进行教学,使每个学生的才能和特长都能得到充分的发展。

我国古代的孔子善于根据学生的不同特点,有针对性地进行教育,以发挥他们各自的专长。宋代朱熹把孔子的这一经验概括为:"孔子施教,各因其材。"这是"因材施教"的来源。

学生的身心发展各有其特点。一定的年龄阶段的学生,他们的心理、生理特点具有一定的稳定性和普遍性,同时又具有一定的可变性和特殊性。教学中只有针对学生的共同特点和个别差异,采取适当的措施,才能使每个学生的个性得到应有的发展。"教也者,长善而救其失者也"。这是《学记》针对这个问题有过的论述。

贯彻因材施教原则的基本要求:

1. 加强调查研究,了解学生的一般情况和个别特点。了解学生是因材施教的基础。在了解学生时要注意把一般情况和个别特点结合起来,既要了解全体学生的知识水平、接受能力、学习态度、学习方法等,又要了解每个学生的具体情况,包括他们的兴趣、爱好、注意、记忆、理解能力等方面的特点。通过对学生全面考察,以便有针对性地进行教学。

2. 处理好集体教学和个别教学的关系。面向全体学生,争取大面积丰收,这是教学的着眼点。但在实施教学的过程中,应注意到学生的个别差异,照顾到"两头"学生。对优等生应予以精心培养,提高他们的自学能力;对差等生,则应调动其积极因素,创造转化条件,促进他们赶上一般学生。

3. 针对学生个性特点,采取合适的教学方法。除智力因素外,学生的非智力因素也有很大差别。《学记》中指出:教学需"知其心,然后能救其失者也",提出了教学要区别对待,对症下药,一把钥匙开一把锁。

以上简要地阐述了一些主要的教学原则及其应用。这些原则不是孤立的,它们是相互联系,相辅相成,组成一个统一体系。教师在教学中要综合地加以运用,才能有效地指导教学工作,取得好的教学效果。在体育教学中应该贯彻上述教学论中所确立的教学原则,但体育教学不同于其它学科的教学,体育教学主要通过身体练习来进行,学生在反复练习中,通过身体活动与思维活动的紧密结合来掌握体育锻炼的知识、技术与技能。因此,在体育教学中还应遵循动作形成的规律、人体机能适应性规律和人体生理机能活动能力变化的规律,以及根据这些规律所制定的体育教学原则,如身体全面发展原则、合理的运动负荷原则,等等,这些原则在体育理论教学中有详细论述。

第二节　教　学　方　法

一、教学方法概述

（一）教学方法的概念

教学方法是为完成教学任务而采用的手段。它包括教师教的方法和学生学的方法。过去,把教学方法只看作教师为完成教学任务、传授知识技能、指导学生学习的方法是不够全面的。现在,从强调教学方法是教师的教法发展到是在教师引导下师生配合进行教学的方法,这是教学方法在理论和实践上的重大进展。为了有成效地教学,在运用教学方法时还要考虑方法采用的方式。教学方式是构成教学方法的细节,是教师和学生进行的个别智力活动或操作活动。例如,运用讲授法,教师可以用提问题的方式讲,可以用演绎推导的方式讲,也可以用归纳概括的方式讲。这些方式表现在不同学科和不同师生身上又各有特点。可见,教学方法是一连串的有目的的活动,它能独立完成某项教学任务,而教学方式只被运用于方法,并为完成教学方法所要完成的教学任务服务,它本身不能独立完成一项教学任务。此外,为了增强教学方法的作用,在运用方法时常结合使用教学手段。教学手段是指为提高教学方法效果而采用的一切器具和设施。它包括教学用书、直观教具、现代化视听工具以及专用教室。现代教学在研究教学方法时,必须考虑教学手段,特别要注意运用现代化教学手段,以增强教学效果。

(二)教学方法的选择

要有成效地完成教学任务,必须正确选择和运用教学方法。教学活动具有系统性和可控制性,在运用教学方法时要从系统的观点出发优化教学方法。

1.依据具体的教学目的和任务。不同的目的、任务,需用不同的教学方法。例如,某节课的主要任务是为了使学生获得新知识或系统地复习旧知识,可多用讲授法、谈话法;若是要培养学生的技能技巧,则可选用练习法、实验法。即使是同一任务,选用的方法也有所不同。如同是传授新知识,如果主要是向学生提供感性认识,可采用演示法、实验法;若帮助学生由感性认识上升到理性认识,可采用讲授法和谈话法。

2.依据具体的教学内容。选用的教学方法要与学科的性质、特点相适应。一门学科常用的教学方法往往与这门学科所属的那门科学研究的方法有关。如物理、化学、生物,多选用实验法;而政治则可多选用讲授法、讨论法。即使是同一门学科,教材的特点不同,所用的教学方法也应不同。如外语,语音部分多采用讲读练习(模仿),语法部分可多采用讲授法。

3.要根据学生的年龄特征、实际知识水平。不同层次的学生,知识水平有高低之分,所选用的教学方法也应有所不同。如谈话法、演示法在小学、初中阶段可被广泛选用。方法的采用既要考虑到学生的适应性、可接受性,又要考虑到对学生发展的最好效果,准确地把握住教学分寸。

4.依据教师自身的教学素质。具体地说,教师要根据自己已有的经验、理论修养、实际的准备程度乃至个性品质来选用教学方法。要善于扬长避短,以充分发挥自己的教学优势。如外语教师,若语言准,音色美,便可多采用模仿法;反之,可借助电化教学手段。又如某教师的组织能力强,可适当采用讨论法。此外,教学手段、教学设备条件、教学进度、时间等,也都是教师在选用教学方法时需要考虑的因素。

教学是一种创造性活动,选择与运用教学方法和手段要根据各方面的实际情况统一考虑。万能的方法是没有的,只依赖于一、二种方法进行教学也是有缺陷的。有一句格言:"教学有法,但无定法"是很有道理的。每个教师都应恰当地选择和创造性地运用教学方法,表现自己的教学艺术和形成自己的教学风格。

二、学校常用的教学方法

我国学校常用的教学方法主要有:讲授法、谈话法、读书指导法、演示法、实验法、参观法、实习作业法、练习法、讨论法、研究法等。

(一)讲授法

讲授法是教师运用口头语言系统地向学生传授知识的方

法。师生活动主要以语言为中介。它包括讲述、讲解、讲演等具体方式。

讲述是教师向学生描绘学习的对象、介绍学习的材料、叙述事物产生变化的过程。讲解是教师向学生对概念、原理、规律、公式等进行解释、论证。讲述讲解各有侧重，但在教学中常结合使用。讲演则是教师向中学高年级采用的一种教学方法，它要求教师不仅要系统而全面地描述事实，而且要深入分析和论证事实，通过分析、论证来归纳、概括科学的结论。

讲授法适用于各层次、各年级、各学科的教学，是应用最为广泛的一种教学方法。它的优点是教师充分发挥主导作用，可在较短时间内使学生获得较多的系统的科学知识；教师遵循知识本身的体系，抓住重点、难点和关键点进行分析论证，可以促进学生的认知发展。其缺点主要是没有充分的机会对教学的效果作及时反馈；学生主要是听讲，容易处于被动状态，学习的积极性、主动性的发挥受到一定的限制。不过，讲授法如运用得当，注意与其它教学方法配合，就能扬长避短，充分发挥它的优势。

运用讲授法的基本要求是：

1. 讲授内容要有科学性、系统性、思想性，要遵循学生的认识规律，把握重点、难点和关键点。讲授时要注意由已知到未知、由浅入深、由表及里、由易到难。同时，又要注意观点和材料统一，理论与实际结合。

2. 讲授要注意启发，引起学生的注意和兴趣，要易于为学生所接受。这就要求在讲授时，语言力求清晰、简明、准确、生动，同时应借助非言语手段，如手势、表情等加强表达。言语的形式要合乎语法，语速要快慢适宜，要与学生认识活动的速度相适应。语调要有适当的变化。

3. 要充分利用板书。讲授时要按照讲授的线索在黑板上逐步呈现讲授内容的精要部分,如课题、教学内容的简要提纲、重要的概念、结论等。板书的内容要简明、扼要,板书字迹要工整、规范。

4. 教师要注意培养学生的听讲能力、理解能力和做笔记的能力。讲授时教师要善于接收学生的反馈,及时调整讲授的内容和变换讲授的方式,并对学生的听讲、笔记等方面给予适当指导。

（二）谈话法

谈话法是教师根据学生已有的知识和经验提出问题,引导学生对问题进行思考,并通过师生相互交谈得出结论,从而获得知识的一种方法。它的特点是师生的活动采用口语对答的方式,这种对答过程是由教师组织、控制和调节的。

谈话法是学校广泛运用的一种教学方法,可以用于传授或探究新知识,可以用于复习巩固知识,也可用于运用知识。它的优点是能集中学生的注意力,激发学生的思维活动,有利于培养学生的独立思考能力和语言表达能力。而且,运用谈话法还能及时得到反馈,便于教师直接了解学生的学习情况,及时弥补他们在学习上的缺陷。其缺点是,与讲授法比较,谈话法需要花费更多的时间,易出现离题,要求教师有更高的调控能力。同时它对学生的知识准备状态要求较高,并不是所有的教学内容都可采用谈话法。因此,在一堂课的教学中,谈话法要与其他教学方法配合使用。

运用谈话法的基本要求是:

1. 课前做好充分准备。教师要在理清教材的线索和了解学生已有的知识水平的基础上,拟出谈话提纲。提问的问题要明确、具体,难度适宜,有启发性。教师还要预测学生回答时可能出现的问题,准备好如何帮助学生克服障碍。

2. 要讲究提高的技巧。谈话问题应面向全班学生提出,并给学生留有思考的余地。要根据问题的难易适当地让不同程度的学生回答,使他们在各自原有的基础上都有所提高。谈话要围绕课题的中心和关键问题进行,做到前后连贯,层层深入,引向结论。教师要注意倾听学生的回答,善于启发、引导并作出评价。

3. 谈话结束时应进行小结。概括问题的正确答案,指出谈话过程中学生的优缺点,以及教材中需要掌握的知识点,主要内容和探究这类问题的思路。

(三)读书指导法

读书指导法是教师指导学生通过阅读教科书和其他参考书以获得知识的一种方法。

当代新的教学思想强调学生"学会学习",而"只有组织学生的独立的学习实践活动,才能教会学生学习,教会他们自己去获取知识。"[①] 读书指导法有利于教会学生自我读书,培养学生自学的能力和习惯。

读书指导法包括预习指导、课内指导、复习指导和课外阅读指导。

1. 预习指导。是指教师在讲课前布置并指导学生预习新教材。其要求是:教师提出预习的范围和具体要求,让学生明

---

① [苏]巴拉诺夫等主编,陈厉荣等译:《教育学》,青海人民出版社,1985年版,第154页。

白看什么,怎么看,看的顺序,把注意力集中在主要内容上;要求学生根据教师编写的预习提纲进行阅读思考,提出问题,准备教师检查的有关内容;向学生推荐几种预习方法,让学生结合自己的自学能力选择;在讲新课时,教师要检查学生预习的情况。这种预习指导既能提高教学成果,又利于学生养成自学的能力和习惯。

2.课内指导。是指教师在课堂上讲新课前的预习阅读指导。其具体要求与"预习指导"基本相同,只是这种预习是在"课堂内",学生预习时,教师在场。因此,要求教师必须巡回指导,及时了解并解答学生在预习中提出的疑难问题,以帮助学生排除学生障碍。另外,要根据全班学生的预习情况,采用恰当的调控手段随时加以调节,如学习态度问题、速度问题等,以保证预习阅读能收到预期的效果。

3.复习指导。一般是指学生上过新课后,通过阅读指导再现课堂上所讲的内容,及时消化、巩固知识并使之系统化、条理化,贮存于大脑中。其要求是:帮助学生理清所学的各知识点之间的联系,明确哪些是重点掌握、一般掌握、以及只求理解的内容,以便把复习的时间和精力花在点子上。提高巩固知识的效率。根据学习内容编写巩固性练习,要求学生独立完成,教师通过练习结果评价学生复习的程度,并及时弥补学生在复习中的缺陷。

4.课外阅读指导。是指教师指导学生阅读课外书籍。这既可巩固和深化课内学习的内容,又可激发学生学习的兴趣,拓宽学生的知识面,丰富学生的精神生活。其要求是:首先要帮助学生选好阅读的书籍;其次要对学生的阅读进行指导,如制订读书计划,组织好学生的读书交流活动等,以提高学生的阅读能力,保护并不断提高学生自我阅读的积极性。

无论哪种阅读指导都应教给学生读书的方法,教会学生使用各种工具书;能根据不同学科采取不同的阅读方法;会做读书笔记等。特别要强调的,是教师应培养学生探究性的阅读能力,即在掌握书本观点的基础上,善于探讨研究新问题,提出自己独特的见解。这就要求指导学生读书时既要钻入书中,又要站在书外,即古人所说的"入乎其中,出乎其外"。探究性阅读能力有利于发展学生创造性思维。

(四)演示法

演示法是教师通过展示实物、直观教具或实验使学生获得知识或巩固知识的方法。

演示法的特点在于加强教学的直观性。它能丰富学生的感性认识,使他们更好地理解和掌握书本知识,并能培养学生的注意力、观察力。

演示法,按所使用的教具来区分可分为四类:实物、标本、模型的演示;图片、图表、地图的演示;实验演示;幻灯、录音、教学电影或录像的演示。按教学要求区分,可分为单个物体或现象的演示和事物发展过程的演示两类。

运用演示法的基本要求是:

1. 演示前,教师要做好充分准备,对演示物作最佳选择,力求有典型性、代表性。必要时,要对演示过程进行预演,并依据演示物与有关教材的联系写出观察提纲,以确保演示成功。

2. 展示演示物前,首先要讲清观察目的,然后按观察提纲向学生交待观察的顺序,演示物的主要特征,可能发生的变化,观察时思考的问题。

3. 适时地展示演示物。注意陈设演示物的位置,尽可能让全班学生都能观察到演示物的变化、发展和活动情况，以获得明确完整的表象。

4.演示时，教师要把学生的注意集中到所要说明或印证的知识有关的那些事物的特征方面来，要配合讲解或谈话，引导学生有次序地进行观察、思考得出正确结论。

5.演示结束后，应对演示物或整个演示过程进行小结，使学生加深对演示物的印象，形成正确深刻的概念。

（五）实验法

实验法是在教师的指导下，学生独立地运用一定的仪器、设备按照规定程序进行实际操作，观察已出现的事物或现象的变化过程，从中获得知识或验证知识，培养操作能力的方法。

实验法有利于学生对自然科学抽象的概念、定理、公式的掌握；有利于培养学生实际操作的技能技巧，有利于培养学生严谨、求实的科学精神，也有利于发展学生的发现的经验。要达到以上的效果，实验法必须建立在有意义学习的基础上。

实验法运用的基本要求是：

1.做好实验前的准备，教师要编制好实验计划，包括实验的题目、目的、要求、步骤。做好学生的分组以及实验器材、用品的准备工作。要想达到实验的科学性，最好教师预先实验一次，以便指导时心中有数。

2.使学生明确实验的目的。要向学生说明实验计划的全部内容，交代操作的注意事项。在学生动手实验的过程中，教师应具体指导，教会学生使用仪器操作、观察，掌握科学实验的方法，培养学生科学的态度。

3.实验结束后，教师应根据实验的目的，中心内容，针对各组实验情况进行总结,作出评价。一般要求学生写实验报告(包括实验过程、实验结果、结论),并作为作业交结教师及时地批阅、评定。

(六)参观法

参观法是教师根据教学目的,组织学生到现场对实际事物进行观察、研究,从而获得新知识或巩固、验证已学知识的一种方法。

运用参观法能使教学和实际生活紧密联系起来,有利于学生更好地理解书本知识,同时学生在接触社会生活的过程中既能扩大视野,又可受到生动实际的思想政治教育。但参观法花费时间较多,不够经济,参观地点也难以物色,所以选用参观法时要讲究教学效果,应适当组织。

运用参观法的基本要求是:

1. 做好参观的准备工作。包括确定参观的目的、地点、对象和进行的步骤;制订参观的计划;同时,向学生交待参观的目的、要求、步骤,并提出参观的注意事项等。

2. 参观时,教师要进行具体的指导。引导学生把注意集中在参观的主要方面;要结合现场具体情况边参观边讲解,边回答学生提出的问题;也可请被参观单位的有关人员进行讲解。参观时还要指导学生收集材料和做好必要的记录。

3. 参观后,教师要及时进行总结。帮助学生将获得的感性认识上升到理性认识的高度,并指导学生整理收集到的材料,必要时可布置学生写参观报告或心得体会。

(七)实习作业法

实习作业法是学校根据教学大纲的要求,安排学生去校内(实习工场)或校外(实习单位)进行实际操作,将知识运作于实践,培养实际工作能力的一种方法。

实习作业法与实验法均属实践教学法,所以它们的作用与运用的基本要求大致相同。

实习作业法突出强调的是将书本知识系统地应用于实践活动中,侧重于培养学生从事实际工作的技能技巧以及相应的能力。实习的范围大、时间长。与实验法相比,其实践性、系统性、独立性更强。

运用实习作业法的基本要求是:

1.作好实习作业的准备。教师要制订实习作业计划,确定地点,准备仪器,编好实习作业小组。主要做好实习作业的动员,明确目的、任务、制度和纪律,提高自觉性。

2.作好实习作业过程中的指导。要认真巡视,掌握全面情况,发现问题和经验,及时进行交流、辅导,以保证质量。

3.做好实习作业总结。由个人或小组写出全面或专题总结,以巩固实习作业的收获。

(八)练习法

练习法是在教师指导下,学生巩固知识和形成技能技巧的方法。

练习法不仅能使学生巩固地掌握知识,形成技能、技巧,同时还有利于培养学生克服困难的毅力,一丝不苟的工作态度等优良品质,所以它是被广泛运用的教学方法。不同年级、不同学科都可采用。

运用练习法的基本要求是:

1.提高练习的自觉性。进行练习,要使学生明确练习的目的与要求,掌握练习的原理和方法。任何练习都以一定理论为基础,都要掌握一定的程序、规范、要领和关键。只有明确目的,掌握原理和方法,才能提高练习的自觉性,保证练习的质量,防止练习中可能产生的盲目性。

2.循序渐进,逐步提高。在练习的数量、质量、难度、速度、独立程度和熟练程度、综合应用与创造性上对学生都应有计划地提出要求,使学生由易到难逐步提高,达到熟练、完善。

3.严格要求。无论是口头练习、书法练习或操作练习,都要严肃认真,要求学生一丝不苟、刻苦训练、精益求精。对有困难的学生,教师要加以辅导,同时也要注意培养学生在练习中自我纠正的能力。

(九)讨论法

讨论法是指在教师的指导下,学生以小组或全班为单位围绕某一中心议题发表自己的看法,相互交流,相互商讨,从而获得知识的一种方法。在中小学教学中常被师生称之为"课堂讨论"。

讨论法是课堂上教师与学生、学生之间的多向意识交流的一种方法。通过讨论,可以相互启发,集思广益,对所学的内容加深理解,对有关的问题获得较为深刻的认识。同时,还可以调动学生学习的积极性、主动性,它有利于培养学生民主协商的人际关系技能和合作解决问题的能力。

但是,运用讨论法既要求学生具备有关的基础知识,又要勤于思考,敢于和善于表达,因此,一般在高年级运用较为适宜。

运用讨论法的基本要求是:

1.作好充分准备。要明确讨论的目的、要求,拟定讨论题,问题要有吸引力,能激起学生讨论的兴趣,并向学生交待清楚,向学生推荐必读的有关书籍和资料,要求他们作好发言准备。

2. 悉心指导,启发引导。教师要做好讨论现场的主持人,启发他们独立思考,鼓励发表各种不同的意见,充分听取学生的发言。在讨论过程中,要把握讨论的中心,以防偏离议题。

3. 做好讨论总结。要围绕讨论的中心议题,做出明确的结论。对讨论中有新意的见解要予以鼓励,对模糊的乃至错误的认识要加以分析。要允许学生保留意见,并启发他们通过进一步的学习、思考,能澄清认识、修正错误。

（十）研究法

研究法是学生在教师的指引下通过独立的探索,创造性地解决问题,获得知识和发展能力的办法。一般来说,学生要解决的问题都是在社会和科学上已解决了的问题,大部分问题所包含的原理都作为基础知识列入教材中。不过,这对学生来说尚是新的。在教师不作讲解而只提供一定素材、情境的条件下,解决这些问题则需要学生进行创造性的研究活动,即需要通过分析研究所提供的资料、情境,提出问题,作出假设,进行实验和验证等一系列活动,来获取科学知识。

研究法的特点是由学生完成比较复杂的课题或独立作业。所以,它有突出的优点,能使学生在研究和解决问题过程中受到极大的锻炼和提高,逐步掌握研究问题的方法和形成创造性地分析问题和解决问题的能力。

选用研究法的基本要求是:

1. 正确选定研究课题。课题有一定难度和研究价值,需要创造性运用已学的多方面知识,经过多种假设、尝试才能解决。

2. 提供必要的条件。自然科学的研究课题一般需要仪器、药品、素材、资料等。社会科学的课题则需要有必要的图书资料、调查研究的对象,还要为学生提供必要的方便条件。

3.让学生能独立思考与探索。在研究活动中应以学生为主,放手让学生独立思考,探索与研究,并在这个过程中受到锻炼提高。

4.循序渐进,因材施教。一般要从未独立研究逐步过渡到独立研究;从对单一问题的研究过渡到复杂问题的研究;从参与局部的研究过渡到掌握全过程的研究。

以上简要地阐述了十种教学方法,在体育教学中,还要重视运用体育教学特有的方法。体育教条学特有的方法是与身体练习分不开的,学生在反复练习中机体要承受一定的运动负荷。但是学生一直从事身体练习,承受运动负荷,在做完某些练习,承受一定的运动负荷后,要有一个短暂的休息时间,以清除机体的疲劳,恢复工作能力。因此,使学生承受一定的运动负荷,并使之与休息合理地交替进行,是构成体育特有的教学方法的两个基本方面。这些体育教学方法,在体育理论中有详细的讲述。

教学方法的选择与运用是否正确,对完成教学任务有重要的意义。所以,教师在选用教学方法时,还要重视以下几点:

1.要全面掌握教学方法。要掌握各种教学方法的功能、适用范围和要求。因为惟有深刻而全面地认识各种教学方法和手段的可能性,才有可能有意识地保证选择最合理的方法或者根据相应条件配合使用这些方法。

2.要注重教学方法的科学性。所选方法必须符合教学规律,有利于诸教学原则的贯彻。

3.要注重教学方法的效果。一是能突出教学内容的系统性、科学性、思想性。二是对学生的学习能产生积极影响，有利于激发学生的学习兴趣、调动学习的积极性和主动性，有利于发展学生的智能、培养良好的个性品质。

4. 要注重教法和学法的结合。选用的教学方法要有利于培养学生获得与之相应的学习方法，达到教学生会学习的目的。

5. 要注重教学方法的综合应用。教学任务的多样性及教学方法的相互联系，决定了教师在教学过程中不能孤立地运用某一种教学方法，而总是对多种教学方法的综合运用。这就要求：一要注意方法之间的过渡、衔接；二要找出在解决教学任务中起重要作用的方法为综合运用中的主要方法，并与其他方法相配合。

思 考 题

1. 什么是教学原则？它与教学过程的规律有何联系和区别？

2. 试述理论联系实际原则，贯彻这一原则有哪些基本要求？

3. 试述启发性原则，举例说明如何贯彻这一原则。

4. 怎样在教学中贯彻循序渐进原则？

5. 为什么要因材施教？如何进行因材施教？

6. 什么是教学方法？选择教学方法的依据是什么？

7. 学校常用的教学方法有哪些？各有何特点？

8. 在选择教学方法时对教师有哪些基本要求？

作 业 题

运用教学原则,对一堂体育见习课进行分析,写成见习报告。

第十三章　教学组织与教学评价

内容简介

本章由教学组织和教学评价两节构成。教学组织一节介绍教学活动产生以来各种组织形式发展变化的概况,阐述教学活动的基本单位——"课"的类型和结构,分析教学活动的基本环节。教学评价一节阐述教学评价的概念、功能、特点和分类,论述教学评价的内容、原则和方法。

重点难点

重点有三:一是教学的基本组织形式——班级授课的概念和优缺点;二是课的类型划分的依据和具体种类及不同类型课的结构;三是教学活动的基本环节,特别是备课的步骤和上课的基本要求。教学评价的原则,既是本章重点,也是难点所在。

教学要求

教学的组织一节,在理清各种组织形式发展变化的脉络及各自的优缺点之后,一方面要明确认识我国当前教学工作的基本组织形式仍然是课堂教学,同时引导学员敢于结合自己教学科目的特点和实践经验,大胆探索新的组织形式。教学工作基本环节部分,不仅应明确认识各环节的重要意义及如何去具体组织好教学工作,而且还要使学生清楚认识到教学是一项非常复杂细致的工作,必须牢固树立认真负责的态度。

学习方法

本章内容与教学实践的关系很密切,阅读教材过程中,应联系自己的教学实践经验分析、比较,以加深对教材的理解。

第一节　教学的组织

一、教学组织形式

教学组织形式是指教学活动的结构。它决定于教学任务和内容,并为完成特定的教学任务和内容服务。教学组织形式不是固定不变的,它随着社会经济、科学文化水平以及培养人才要求的不断提高而发展变化。纵观教学活动发展的历史,自教学活动产生以来,经历了各种各样的教学组织形式,其中影响较大的教学组织形式有:个别教学、班级授课制、小组教学和特朗普制等。

（一）个别教学

个别教学是指教师分别对个别学生进行教学的组织形式。在这种教学组织形式下,学生的年龄和知识程度都不相同,无固定的修业期限和上课时间,教师分别对个别学生进行不同内容的讲授,教学效率很低。这是古代学校采用的基本教学组织形式。

个别教学是历史上最早出现的教学组织形式,由于当时社会经济和科学技术水平低下,且发展速度缓慢,这种教学组织形式盛行了很长时间。欧洲持续到 16、17 世纪,中国则一直持续到 19 世纪末 20 世纪初。

古代的学校中,间或也有设坛讲学,集众议论。这虽然是以个别教学为主,但已初具班组教学的形式。所谓班组教学形式是指班组不固定,所学内容、学生年龄和文化程度都不一样的松散组织。班组教学虽已具有按班组形式组织认识活动的因素,但尚未形成一种制度,不占主要地位。

(二)班级授课制

班级授课制也称班级教学,是指把年龄和知识程度相同或相近的学生,编成固定人数的班级集体;按各门学科教学大纲规定的内容,组织教材和选择适当的教学方法;并根据固定的时间表,向全班学生进行授课的教学组织形式。

欧洲文艺复兴之后,随着资本主义生产的发展和科学文化的进步,社会对人才的培养产生了新的需求。个别教学无论在培养人才的质量上还是数量上,都不能满足社会的需求。于是,16世纪的欧洲,在一些国家创办的古典学校中,出现了班组教学的高级形式——分班上课,即班级授课制的萌芽。17世纪初,在乌克兰兄弟会学校兴起了班级上课。捷克教育家夸美纽斯总结了前人和自己的实践经验,在他所著的《大教学论》一书中对班级教学作了理论上的论证和教法上的阐述。从而确立了班级授课制度。班级授课制确立后,首先在英国、瑞典、匈牙利等欧洲国家传播,然后是在美洲各国广为传播,并不断完善,到19世纪中期,已发展为西方学校教学的基本组织形式。中国采用班级授课制始于清同治元年(公元1862年)于北京开办的京师同文馆,到了20世纪初废科举、兴学校以后,班级授课制才逐渐在全国学校实行。今天,我国学校的教学仍以班级授课制为基本组织形式。

班级授课制产生和发展至今已有三百多年的时间,在长期的教学实践过程中得到了不断的完善。

班级授课制的主要优点是:第一,把相同或相近年龄和知识程度的学生编为班级,使他们成为一个集体,可以互相促进和提高。第二,教师按固定的时间表同时对几十名学生进行教学,扩大了教育对象,加快了学习进度,提高了教学工作效率。第三,在教学内容和教学时间方面有统一的规定和要求,使教学能有计划、有组织地进行,有利于提高教学质量和发展教育事业。第四,各门学科轮流交替上课,既能扩大学生的知识领域,又可以提高学习兴趣和学习质量,减轻学习疲劳。班级授课制的出现是教育史上一个重大的进步。

班级授课制也存在着一定的局限性:第一,不能充分地适应学生的个别差异,照顾不到每个学生的兴趣、爱好和特长,也照顾不到优、差生的学习和发展。第二,学生的主体地位得不到充分体现,教学活动多由教师直接做主,学生的主动性和独立性受到一定的限制。第三,班级授课制以传递间接经验为主要任务,实践性不强,学生的动手机会少,其探索性、创造性不易发挥。

班级授课制的优越性使它迄今仍是各国学校教学的基本组织形式。班级授课制的局限性又使它一而再、再而三地受到抨击。班级授课制是一个历史时代的产物,随着科学技术的迅速发展和对人才需求的日益迫切,许多国家的教育界人士都致力于改革班级授课制。

(三)小组教学

小组教学是按照学生的能力或学习成绩分为不同的组进行教学的组织形式。

19世纪末20世纪初,由于社会生产与科学技术的迅猛发展,对人才培养的要求有了较大的变化。加之一些心理学家和教育学家的研究证明,儿童之间在智力和能力等方面,客观上确实存在着一些差异,具有不同的特长与弱点。因此在学习过程中,儿童掌握知识的速度快慢不同,学习动机和愿望不同,接受能力也不同。有些教育家提出分小组进行教学的组织形式。主要有能力分组和作业分组两种形式:能力分组是依据相同的课程、不同的学习年限,以适应儿童的能力;作业分组是按照规定的学习年限,使儿童依不同的能力,学习不同的课程。这种分组教学在一些国家风行一时。

当前西方一些国家的分组教学大致分为外部分组和内部分组两大类。

外部分组,也称校内分组制。它是指打乱了传统的按学生年龄特征所编的班级,而是按学生的智力测验成绩或学习成绩等标准重新编组的形式。其主要形式有两种:一种是跨学科能力分组,即把某一年级的学生按他们智力测验成绩或学习成绩的好、中、差分成平行的"高能组"、"中等水平组"和"低能组",教师对不同小组教学时的速度、深度要求等不同;另一种是学科能力分组,即根据某一年级学生某门学科的学习能力或学习成绩分成各种不同水平的小组。

内部分组,也称班内分组制。它是指在按学生年龄特征所编的班级内,根据学生在学习成绩上所表现出的差异,分设课程内容有深有浅的几个小组,对学习成绩差的组加强辅导,使学生赶上全班的进度,对学习成绩好的组给予附加教学,使学生扩大知识面,学得更深一点。

(四)特朗普制[①]

---

① 参照《教育学》,王道俊、王汉澜主编,人民教育出版社,1988 年 10 月,第一版,第 270 页。

特朗普制是美国实验学校实验之后提出的一种教学组织形式。这种教学组织形式试图集个别教学、班级教学和小组教学的优点于一身。它实行大班上课，即把两个以上的平行班结合起来一起上课，讲课时应用现代化教学手段，由优秀的教师任教；小班研究，每个小班二十人左右，由教师或优秀学生领导，研究和讨论大班授课材料；个人主要是独立完成作业，部分作业指定，部分作业自选，以促进学生的个性发展。其教学时间分配为：大班上课占 40％，小班研究占 20％，个别教学占40％。

总之，教学组织形式是在教学实践过程中不断发展、完善和创新的。每一种教学组织形式都是在特定的社会要求下出现并有它的特点、优点和缺点，只能在一定的范围内发挥作用，没有一种教学组织形式是万能的、一成不变的。因此，我们要用历史唯物主义的观点看待曾经流行的各种教学组织形式，全面掌握各种教学组织形式的特点，综合利用，取长补短，方能更好地改进教学，提高教学质量。

二、课的类型和结构

（一）课的类型

课的类型，即课的分类，是根据不同教学任务，或按一节课主要采用的教学方法来划分课的类别。

按一节课内主要完成的教学任务可将课划分为单一课和综合课两大类。

单一课是指在一节课内主要完成教学过程某一特定阶段的任务。这类课的名称颇不一致，通常有传授新知识的课、巩固知识的课、培养技能的实验或实习课、检查知识技能的考核课等等。中学高年级上课多采用这种单一课。

综合课又称混合课,是指在一节课内完成两个以上或全部教学阶段的任务。这种课是小学或中学低年级经常采用的上课类型。因为小学或中学低年级的学生注意力无法长时间集中,教学要活泼而多变化,这时的教学内容又比较简单,不需要一节课都用来实现单一教学任务,所以一节课内经常把讲授新课、复习和巩固、检查提问、作业练习等交叉起来进行。

按一节课主要采用的教学方法划分为观察课、讲授课、问答课、讨论课、阅读指导课、实验课、参观见习课、实习课、欣赏课、练习课、复习课、自学辅导课和综合课(几种教学方法综合运用)等等。

(二)课的结构

课的结构是指一节课的组成部分及各组成部分进行的顺序和时间分配。它反映一定教材单元体系中一节课的教学过程及其组织。课的结构与课的类型有关,不同类型的课有不同的教学任务与特点,结构亦有相应的变化。各种类型课的基本结构如下:

单一课主要完成某一特定的教学任务,故这类课的结构因其教学任务不同而有所不同。

传授新知识课的任务主要是传授新知识,其结构一般包括组织教学,检查复习(主要是为传授新知识服务),提出新教材传授的目的、内容要点及学习要求,讲授新教材(主要部分),检查巩固所学的知识,明确内容要点,布置课外作业。

巩固知识课又称复习课,其主要任务在于使所学内容概括和系统化,使之有利记忆,深入理解,灵活运用。其结构是组织教学,提出复习目的与要求,进行复习或巩固(主要部分),教师总结,布置课外作业。

培养技能课的主要任务是使学生能够运用知识。其结构是组织教学，提出培养技能技巧的目的要求，复习与所形成技能有关的知识内容，教师示范，在教师指导下学生进行练习或操作（主要部分），总结，布置作业。

检查知识课的主要任务是检查和评定所学知识，通常用于学完一个单元教材或学期之末。其结构是组织教学，指出检查知识的目的，说明检查测验的内容、要求和注意事项，测验（主要部分），当堂或专用一节课做测验分析。

单一课的主要部分一般占 30～40 分钟。

综合课在一节课内要完成多项教学任务，其结构包括组织教学，目的在于促使学生对上课作好心理上和学习用具方面的准备，集中注意力，积极自觉地进入学习情境；检查复习，目的在于复习已学过的内容，检查学习质量，弥补知识上的缺陷，为接受新知识做准备；讲授新教材，目的在于使学生在已有知识的基础上掌握新知识，一般来说，这是综合课的主要部分；巩固新教材，目的在于检查学生对新教材的掌握情况，并及时解决存在的问题，使他们达到基本巩固和消化所学新教材，为继续学习独立作业做准备；布置课外作业，目的在于培养学生运用知识、分析问题、解决问题的能力和自学能力。

综合课虽然形式多样，但新授教材份量不多，一般情况下，主要部分占用 15～25 分钟。

课的结构虽然有其确立的根据，但不是一成不变的，它是随着时间、地点、条件的不同而有所变化。

三、教学工作基本环节

教学工作是以上课为中心环节的，但要上好课，就需有课前准备,要巩固上课的成果,还要通过学生的独立作业、教师的课后辅导,此外还要适时地进行评价,使教师和学生都明确学习结果,以便为下一单元的教学或改进教学提供依据。可见备课、上课、课外辅导、课外作业布置与批改和学生成绩的考核是教学工作的基本环节。扎扎实实抓好这五个环节,就能稳步地提高教学质量。

(一)备课

备课是教学工作的首要环节,是上好课的先决条件,备课的质量直接关系着上课的质量。备课就是教师根据教学大纲和教科书的要求,结合学生的特点,明确教学任务,深入钻研教材,选择恰当的教学手段和教学方法,为学生顺利有效地进行学习做好准备。

教师备课要做好三方面工作,写好三种计划。

1. 钻研教材。教师钻研教材,包括学习和研究教学大纲、教科书和阅读有关的教学参考资料。教师应领会教学大纲的基本精神,弄清本学科的教学目的和教学任务,了解本学科教材体系和基本内容以及各部分的时间分配,掌握本学科在教学法上的基本要求。教师钻研教科书是在掌握教学大纲精神的基础上,研究教科书的全部内容,了解教科书的编写意图和编排体系,熟练掌握重点章节和各章节的重点、难点和关键。并在此基础上有选择地阅读参考资料,扩大知识面,充实教学内容、提高教学质量。

2. 了解学生。学生是教学的对象,又是教学中认识活动的主体,备课时必须透彻地了解学生。了解学生主要是了解本班学生对一定学科的有关知识、技能掌握的范围和质量,学习的态度、能力和方法,以及学习习惯、品德状况、个性特点、健康水平和家庭环境等等。在了解全班学生情况的基础上，对全班好、中、差学生的学习水平要有一个基本的估计与分析，以便使自己的教学有的放矢、因材施教。

3.研究教法。这是解决怎样教的问题。其中包括如何组织教材，确定课的类型、结构和选择教学方法等。我们应注意的是组织教材一般要求做到条理清楚，层次分明；逻辑严谨，重点突出；观点明确，论据充足；难易适度，详略得当。选择教学方法，确定教学步骤要根据教学目的、任务、内容和学科特点，也要根据学生的年龄特征和实际水平。

写好三种计划。

备课的成果最终要落实在文字材料上，也就是要制定教学计划。教学计划包括学期（或学年）教学计划、单元教学计划和课时教学计划三种。

1.学期（或学年）教学进度计划。这是为一学期（或学年）的教学工作所制定的总计划。它是在学期（或学年）开始之前制定的，其内容包括：学生情况的简要分析，学期（或学年）教学的总要求，各章、节、课教学内容的时间安排，所需的教具、参考书和参观实验等重要活动的安排，以及有关的复习、考试等的时间安排。

2.单元教学计划。也称课题教学计划。单元教学计划是在本单元教学实施之前制定的。它是学期（或学年）教学进度计划的具体化，是教师对一个单元教学内容进行全盘考虑而制定的。其内容包括：单元（或课题）名称；单元（或课题）的教学目的；课时的划分；各课时的主要教学内容（指知识、技能、品德和行为习惯的培养等）；各课时课的类型和主要教学方法与教学手段。

3.课时计划。又称教案。课时计划是单元教学计划的进一步具体化，是教师进行教学的实施方案，也是教学准备工作质量的体现。上课前，教师一定要写好并熟悉教案。教案的内容包括以下项目：班级、学科名称、授课时间、教学目的、课的类型、主要教学方法、教具、教学内容和教学进程等。其中教学进程是教案的基本部分，内含教学纲要和教学活动安排，教学方法的具体应用和一节课各组成部分的时间分配。

（二）上课

上课是学校教学活动的中心环节，是决定教学质量的关键，一所学校的工作秩序、管理水平，一个教师的理论修养、知识素养、工作能力，学生的培养质量，教育目标的达到都是通过上课反映出来的。因此，上好课是学校至关重要的工作。怎样才能上好一节课呢？上好一节课除遵循教学规律，全面贯彻教学原则，灵活运用教学方法外，还要注意符合下列基本要求：

1.目的明确。教学目的是上课的出发点，也是衡量一节课成功或失败的重要依据。因此明确的教学目的是上好课的前提。一节课要完成什么教学任务、达到什么教学目的（包括学会知识、形成技能、培养品德、发展智力和体力等）都必须明确、具体，不可笼统、流于形式。如果一节课要完成几项教学任务，必须分清主次，处理好它们之间的关系。教学目的不仅教师要明确，而且要用适当的方式让学生明白，以使学生主动地和教师配合，保证教学目的的实现。

2.内容正确。教学的基本内容是在教学大纲和教科书中明确规定的。教师教学时，在深入研究并忠于教学大纲和教科书的同时，还应保证一切解释、说明、例证和补充都是正确无误的。教师要在保证教学内容科学性的基础上坚持以辩证唯物主义和历史唯物主义的观点来阐述教学内容。

3. 方法恰当。恰当的教学方法是指根据教学目的、教学内容、学生的年龄特征和教师自身的特点所选择的教学方法。但无论采用哪一种教学方法，教师的教学都应做到条理清楚，语言清晰并具有启发性。

4. 结构紧凑。课的结构紧凑是指课的进行要有严密的计划性、组织性。教师要精心地组织和设计每一节课，每个教学步骤要一环扣一环，什么时候讲、什么时候练、什么时候板书、板书写在什么位置，都要安排得非常妥当，整堂课的进行应表现得有条不紊、秩序井然。教师还应善于机智地处理好课堂上的偶发事件，更有效地利用上课时间。

5. 积极性高。上课是师生的双边活动。上课时教师一方面要充分运用自己准备好的方法，按照预定目的积极调控教学进程；另一方面又要引导学生明确学习目的，运用生动有趣的教学内容和巧妙的教法，注意因材施教，调动全体学生的学习积极性，使每个学生都能积极地动脑、动口和动手，敢于发表自己意见，使课堂充满民主的气氛，形成生动活泼的教学局面。

上面几点只是对教师上课的基本要求。如何上好一节课并没有固定的模式，需要教师在实践中不断探索和创造。

(三)课外辅导

课外辅导是弥补班级授课制难以照顾个别差异的不足，贯彻因材施教的重要措施，也是教学工作不可缺少的环节。

课外辅导的形式有个别辅导和集体辅导两种形式。辅导的内容有解答学生学习中的疑难，指导学生的课外作业，给学习基础差和缺课的学生补课和给成绩优异的学生个别辅导，扩大他们的知识领域等。课外辅导必须在搞好课堂教学和了解学生学习情况的基础上进行，并要注意科学合理地安排课外辅导时间。

（四）课外作业

课外作业是课堂教学的延续，是教学工作的有机组成部分。课外作业是学生根据教师的要求，在上课以外的时间独立进行学习的活动。课外作业有益于学生巩固和消化课堂所学的知识，培养学生的技能、技巧，能很好地训练学生独立思考和独立工作能力，还能培养学生的责任感和克服困难的勇气和毅力。

课外作业的种类有：口头作业、书面作业和实践活动作业等。

课外作业的内容要符合教学大纲和教科书的要求，要与课内作业保持内在联系，使课内课外的学习互相促进，掌握知识和发展能力互相结合；课外作业的难易要适度，分量要适当，形式要多样；布置课外作业应有明确的要求与必要的指导，要贯彻因材施教的原则，注意培养学生进行课外作业的良好习惯，并以严肃的态度批改学生完成的课外作业，力求做到认真细致，评定公正，改后辅导。

（五）成绩考核

成绩的考核是根据教学目的，控制、激励和调节师生的教学活动和鉴定教学效果的重要环节。通过成绩考核，教师可以从中发现教学上的成败，研究改进教学；学生能从中获得矫正信息，调整自己的学习；学校领导可了解教学的情况，采用相应的改进措施；学生家长也能了解子女的学习情况，配合学校指导和督促学生的学习。

上述教学工作的五个基本环节是相互联系相互促进的，只有充分发挥各个环节的作用，才能全面提高教学质量。

第二节　教　学　评　价

一、教学评价概述

（一）教学评价的概念

教学评价是指根据教学目标，运用科学手段，对教学活动的过程及其结果进行测定，判断教学效果价值，从而使教学工作不断得到改进的过程。

自从产生了学校，评价就一直运用于学校，只是评价的方式方法不同。随着社会和教学实践活动的发展，评价经历了从传统考试、科学测验到教学评价的发展历程。教学评价为教学目标的确定或调整提供了有用的信息，使学校的培养目标得以实现。学生得到最大限度的发展。

（二）教学评价的功能

教学评价具有指导功能。这是教学评价各功能中最重要的功能。指导功能是指对教师选择和决定有效的教学计划、教学方法等发挥作用的功能。

教学评价具有学习功能。学习功能是教学评价过程中帮助学生了解自己的学习状况，确认自己的能力与能力倾向，鼓励学生向自己能有成就的方向发展，激发学生的学习动机，并对其进行评价的功能。也就是让学生通过教师对自己的评价或自我评价的方法进行评价，直接向学生反馈评价信息，以便使学生改进自己的学习。

教学评价具有管理功能。管理功能是指在班级和小组的编成,成绩和情报的记录与通知,学校的录取,企业的录用,各种资格的测定等过程中发挥作用的功能。

教学评价具有研究功能。教学评价的研究功能是指评价对研究所起的作用。教学评价本身就是一种严肃、科学的探讨,使用科学的测验方法,对收集的资料进行系统分析,并做出书面报告,以便进行有效的课程研究开发,有效的教学方法和教具的研究开发等。

(三)教学评价的特点

1.教学评价目标与教学目标的一致性。教学评价的根本目的在于全面实施教学目标。从这个意义上讲,评价目标就应该是教学目标。教学的总目标是培养全面发展的人,但是在实现教学目标的教学过程中,要涉及构成教学活动的诸因素。所以,进行教学评价要按照教学大纲和教材的要求,制定评价目标,对学生知识掌握状况,技能形成状况,智力和能力发展状况,身体发展状况,性格和道德品质形成状况等方面进行评价,以判断学生达到教学目标的程度;也要研究和评价教学过程和教学活动的诸因素,以便使其有益于学生达到教学目标的要求,获得理想的教学成果。

2.教学评价策略的多面性。教学评价的策略有客观性评价、主观性评价和主客观评价相结合三种。客观评价策略和主观评价策略各有长处,前者能排除评价者的主观因素,追求评价结论的公正和客观;后者则能比较好地评价情感、态度和动机等不易测量的因素。当前教学评价是在客观评价和主观评价统一的策略指导下进行的。

3.教学评价指标的多元性。现代教学评价指标体系是多元化的。其依据培养全面发展人才这一教学总目标,把学生学习效果的评价,学生智力和能力倾向的评价,学生性格和道德品质的评价,学生身体状况的评价,教师资格的评价,教师教学质量的评价,课程、教材的评价和教学管理的评价等全部教学领域涉及到的因素都作为评价的对象,形成多元化的评价指标体系,保证教学目标的实现。

4. 教学评价形式、方法的多样性。教学评价已改变了只注重总结性评价的状况,越来越重视诊断性评价、形成性评价和总结性评价的交替使用,以便能够更客观、及时地进行教学评价,把握和修正教学进程,形成适合学生的教学。教学评价还改变了只注重使用传统考试的方法评价学生记忆教材份量的状况,将学生的发展看作一个完整的过程,注重对整个学习过程中,每一次课和每一种行为表现,采用各种各样的评价方法进行评价,收集有关资料,把握学生的学习进展情况,以便协助和鼓励学生学习。

二、教学评价的原则

(一)客观性原则

客观性是教学评价的基本要求。教学评价的客观性原则是指教学评价要以正确的资料为基础,对教学成果进行客观的价值判断,切忌主观随意性。贯彻客观性原则,首先要做到评价标准客观,不带随意性;其次要做到评价方法客观,不带偶然性;第三要做到评价态度客观,不带主观性。这就是要求评价要以科学可靠的检测技术和方法为工具,取得真实可靠的数据资料,以客观存在的事实为基础,实事求是公正严肃地进行评价。

(二)全面性原则

全面性原则是指教学评价要树立全面的观点,把握教学工作的整体及其发展的全过程,从全局的观点出发去了解教学工作的全貌,并站在全局的立场上解决局部的问题。贯彻全面性原则,首先评价标准要全面,尽可能包括教学目标和任务的各项内容,防止突出一点,忽视其余;其次评价主体要把握主次,区分轻重,全面性不等于平均化,要抓住主要矛盾,从决定教学质量的关键因素和环节入手进行评价;第三评价方法要全面多样,将分数评价、等级评价和语言评价结合起来,相互参照,以求全面准确地进行评价。

(三)指导性原则

指导性原则是指教学评价要坚持指导教学实践,即对评价结果进行认真分析,从不同角度查找因果关系,确认产生原因。及时将评价结果和原因分析情况报告有关部门,并且反馈给教育者和受教育者,使他们明确今后的努力方向。贯彻指导性原则,首先要明确教学评价的指导思想在于帮助师生改进教学和学习,提高教学质量;其次不能只进行总结性评价,还应重视教学实践过程中的形成性评价,以便及时矫正教学活动;第三分析指导要切合实际,信息反馈要及时。

(四)计划性原则

计划性原则是指教学评价要密切配合教学工作有计划地进行,以保证教学工作计划的实现。贯彻计划性原则,首先教学评价要按学期(或学年)、单元和课时教学计划的要求进行;其次教学评价应在学期开始作出计划和安排,防止评价的杂乱无章;第三要合理安排各学科的教学评价,有计划地控制各科教学评价的总量,避免考试太多或过于集中,造成教师和学生的负担过重。

三、教学评价的分类

教学评价依据不同的标准可以划分为不同的种类。这里只介绍依据教学过程的形态不同所划分的种类。按照教学过程的形态不同可划分为诊断性评价、形成性评价和总结性评价三种。

诊断性评价是指在教学活动开始之前,为了使教学计划更有效地实施而进行的评价。诊断有两种情况:一是症状诊断,即着重找出存在的问题;二是原因诊断,即在明确问题的基础上,进而找出原因以便指导。

形成性评价是指在教学活动的过程中,为了使教学活动效果更好而修正其本身轨道而进行的评价。传统的教学评价注重学习结果,而形成性评价是建立在人们对于评价的反馈机能的认识基础之上提出的,是在教学过程中,为了把握和修正教学进程而进行的评价。

总结性评价是指在教学活动结束时,为了把握教学成果而进行的评价。这里指的教学活动结束是指一个学期、一个学年或一门学科结束时。也可以说总结性评价就是指事后的评价。

四、教学评价的内容

教学评价包括学习效果评价、智力和能力倾向评价、性格和品德评价、身体评价、教师评价和课程、教材评价等具体内容。也可以说就是对教师、学生和课程的评价。

(一)对教师的评价

教学评价中对教师的评价主要是指对教师教学工作质量的评价。教学质量的高低是由教师的专业知识、教学理论素养以及教师的职业道德修养所决定的。教师教学工作质量表现在教师根据教学规律组织教学全过程的水平上。评价教师教学工作质量的主要依据是学生对教师所教知识的理解、掌握和记忆程度以及技能、技巧形成状况,智力、体力发展状况和品德受感染的程度等反馈信息。

课堂教学是教师进行教学工作的基本形式,教学质量的评价首先要抓课堂教学的评价。教师在课堂教学的过程中,不仅体现着自己的思想水平、理论修养、教学方法艺术以及工作能力和工作态度等,而且体现着自己对教学目的的确定状况、教学方法手段选择的状况、知识的理解状况等等。

评价教师的教学质量,首要解决的问题是评价标准,我国目前还没有就全面衡量中小学教师教学工作制定统一的标准,人们对此问题的看法也不尽相同,但主要是从以下几方面对教师的教学质量进行评价。

1. 评价所授的知识。教师在课堂上向学生传授的知识应是教学大纲和教科书中规定的全部概念、理论、原理、公式和法则等基础知识,并且要有一定的深度。

2. 评价品德影响。教师的课堂讲授应挖掘教材本身所蕴含的思想性,并在此基础之上向学生进行品德教育,做到科学性与思想性的统一。另外,教师还应随时通过组织教学,严格要求学生,培养学生良好的行为习惯。

3. 评价能力培养状况。教师通过课堂知识的讲授和课堂练习,有意识地培养和发展学生运用知识于实际的能力,迁移知识分析研究和解决实际问题的能力、创造能力和鉴赏能力等,以使学生能够创造性运用知识。

4. 评价教学方法。教学方法对于实现教学目标,完成教学任务有重要意义。评价教学方法应主要从教学方法的指导思想,选择教学方法的依据和所采用的各种教学方法之间是否相互关联、相互配合等方面进行。

5.评价教学语言。教师的语言表达直接影响着教学效果。评价教师教学语言,就是要看讲授时是否条理清楚、逻辑严谨、层次分明、重点突出;是否准确、清晰、精练、生动、通俗易懂;是否能用普通话讲授等。

（二）对学生的评价

教学评价的核心问题就是对学生学习效果的评价。学生的学习效果既包括知识技能和智力等认识领域的教学成果,也包括态度、习惯、鉴赏、兴趣、意志、品德和个性形成等情感领域的教学效果。近年来国内外的许多教育家对学生学习效果的评价做了大量研究,并提出了各自的研究体系,但是评价学生学业成绩仍然是评价学生学习效果的重要途径。

学生学业成绩的评价应是定期的、连续的,应经常利用评价提供的反馈信息,增强学生学习的自觉性和兴趣,改进教学方法,使学业成绩的评价成为提高教学质量的动力和手段,同时逐步养成学生自我评价学业成绩的能力。

对学生学习效果的评价一般要经过确认评价目的、分析评价目标、收集评价资料、评价资料的处理、解释与利用等过程。

（三）对教学管理的评价

教学是一个复杂的过程,涉及到众多因素,只有加强教学管理充分发挥各因素的作用,处理好各因素的关系,才能提高教学质量。对教学管理的评价就是为了保证教学管理的科学性。它包括评价教学计划是否与学校的教育任务培养目标一致;评价学校的教学规章制度是否健全,及教学活动和各项与教学活动有关的工作的具体实施情况;评价教学指挥系统(教务处、教研室或教研组)是否健全,其作用是否充分发挥;通过对教师、学生经常化制度化的检查,评价教学质量;通过对编班、排课表、考核统计、学生学籍、教学档案和资料管理等项工作的评价看学校教务工作的质量。

(四)对教材的评价

教材是根据一定学科的任务,编选和组织具有一定范围和深度的知识和技能体系。对教材的评价首先看其是否符合教育目的的要求;其次看其是否遵循一定的教育理论,特别是课程理论的指导;第三看其是否遵循教材编选原则的指导。

五、教学评价的方法

(一)观察法

观察法是评价主体通过观察评价对象的言行、表情和动作等反应,从中捕捉评价资料,判断他们对所学内容的理解程度。它特别适用于那些难以量化的情感领域(如学习态度、学习习惯、鉴赏能力、兴趣、意志和个性品质等)和技能性的成绩(如唱歌、绘画、体育技巧和手工制作)。

观察是在一定目的的指导下进行的,并且要和评价目标相联系,不能无目标地观察。作为评价方法的观察如果没有确定把什么当作观察目标,就可能忽略评价所必需的信息。观察法虽然有一定的主观性和随意性,但在加强观察目的性的条件下会发挥一定的作用。

(二)测验法

测验法是教学评价过程中使用时间最长,也是最常用的评价方法。传统的测验经常使用的是考查和考试。考查包括日常考查和总结性考查。日常考查是为了检查学生掌握知识、技能的数量和质量，督促学生复习和巩固所学的知识技能。日常考查有口头提问、检查书面作业、书面测验和实验性作业等方法；总结性考查是在一学期或一学年结束时，学校对学生的学业成绩进行考查，借以了解学生掌握教学大纲规定内容的广度和深度，帮助学生将所学知识系统化。考试包括期中考试、学期考试、学年考试和毕业考试。考试的方法有口试、笔试和操作考试。口试可较深入确切地了解学生的学习质量；笔试便于教师较准确地评价和比较学生的成绩，笔试分闭卷考试（多用于检查基本知识或记忆性的题目）和开卷考试（多用于创造性、综合性题目）；操作考试则用于检查学生掌握技能的情况和理论联系实际的能力。经过多年的教学评价实践，人们不断完善测验的方法，目前较常用的测验法有客观测验，标准测验和问题情境测验等。

客观测验是通过学生对一系列客观性试题的回答来测定学生知识与能力水平的测验。试题包括是非题、选择题、填空题、完成题、序列题、订正题、目录题和配合题等。这种测验命题的知识覆盖面大、答案明确、客观性强，对学生知识掌握的情况测定效果较好。

标准测验是以详细的内容纲要为根据编制的测验，它使用了标准化的施测程序与计分标准，并提供了常模资料来解释分数，是一种科学性较强的测验。标准测验有多种类型，有调查测验，旨在提出说明一个学生对学科内容掌握的总指标。这种调查测验既有只包括一个学科内容的测验，也有成套的测验，甚至含有六、七种或更多的学科内容；有就业测验，用来指导拟定就业决策；有诊断测验，用来鉴定受试者的优缺点或基本技能的熟练水平，以便拟定治理措施；有预备测验，用来测验受试者是否具有学习某一学科所必备的条件；还有熟练测验，用来测验受试者是否具备某一学科或某种技巧的最低限度能力。

问题情境测验是设计一种困难复杂的问题情境，这种情境是在教科书上从未出现过的，通过向学生的提示促其反应，从而评价学生解决实际问题的能力。在问题情境测验中设计的情境范围很广，既包括实际生活情况、教师假设的困难情境，也包括实验性的问题情境和书面的问题情境等。这种测验能够测定出学生创造性地运用知识解决实际问题的能力，但情境设计比较困难。

（三）调查法

调查是评价学生学习的成绩、方法、兴趣、习惯和个性品质变化的重要方法。调查的形式主要有问卷、交谈和追踪研究等。

问卷是以书面提问形式调查了解学生情况的方法。它通过学生对预先设计好的调查题目的笔答，调查了解他们的兴趣、态度、习惯、动机等情感领域的情况。

交谈是以口头问卷的形式了解学生对教学的意见、学习上的困难和需要及课后学习状况等的方法。召集部分学生交谈称为座谈，与学生个别交谈称为谈话。教师有目的、有计划地与学生交谈，能够把平时观察与调查较好地结合起来，测定班级或个别学生的真实情况。

追踪调查是指对调查对象进行长时间反复的调查。以了解教学这种长周期的实践活动对学生的真正影响，有效地评价教学质量。教育是一项周期长且价值迟效的实践活动，人才培养的质量和社会效益往往是在学生进入高一级学校的学习或参与社会实践活动后才能得以检验。因此,对学生的评价不能只进行一次或只在本学校学习期间进行,还应在学生毕业离校后,对其升入高一级学校的学习情况或工作表现进行追踪研究,从而更真实地评价一所学校的教学质量。追踪调查可采用定期走访毕业生就业单位听取反映征求意见,与毕业生交谈,进行问卷等方式进行。

（四）自我评价法

自我评价是通过学生对自己正确的评价,认识自己的优缺点,从而明确努力的方向,提高学生的自觉性。教学过程中,学生的自我评价往往是在教师的帮助下进行的,如教师向学生提供标准答案,学生对自己的作业进行自我评价;教师向学生出示核对表,规定学生作业的质量要求,并引导学生掌握核对表的要求,然后由学生对自己的作业做出客观评价;还可以运用录音机、摄像机、放像机等现代化教学手段,记录学生的学习状况,然后再现学生的学习状况,让学生对自己的学习情况进行评价。

思 考 题

1. 什么是班级授课制? 为什么班级授课制仍然是当前学校教学的基本组织形式? 它有哪些优缺点?

2. 什么是课的类型和课的结构? 教师掌握课的类型和课的结构等知识对教学有哪些益处?

3. 教学活动中,备课有何意义? 教师应怎样备课?

4. 为什么说上课是教学活动的中心环节? 怎样才能上好一节课?

5. 什么是教学评价? 进行教学评价有何功能?

6.什么是诊断性评价、形成性评价和总结性评价？

7.进行教学评价应遵循哪些原则,使用哪些方法？

8.谈谈应如何评价教师的教学工作质量？

作 业 题

用上好一堂课的基本要求结合体育教学的特点,谈谈如何组织好中学的体育课。

第十四章　课外活动和校外教育

内容简介

本章主要阐述课外活动的意义、特点和任务，课外活动的原则和形式，学校对校外活动的指导与配合。

重点难点

本章重点是课外活动、学校教育和家庭教育几个概念的掌握，课外活动的特点和原则。难点是学校对校外教育的指导，学员一般缺乏实际感受，不易接受其原理和要求。

教学要求

讲授本章要采取讲述和讨论相结合的方式进行教学，不回避当前社会教育和家庭教育存在的问题，以增强学校教师的责任感和使命感。

学习方法

学习本章要先预习教材，联系学校实际，思考教师怎样克服困难，根据现有条件把课外活动和校外教育开展好，拟出发言提纲，在教师组织下进行讨论。

第一节　课　外　活　动

一、课外活动的意义

（一）课外活动概念

课外活动是指在教学大纲范围以外由学生自愿参加的多

种教育活动的总称。广义包括正式课程以外的校内外各种教育活动,狭义仅指学校内的课外活动。

这里,我们讲的是校内的课外活动,是指以学科为中心的教学活动以外的多种多样的教育实践活动。在学校里,学生的活动不仅有课堂的学习活动,而且有课余生活。课外活动与教学活动相对而言,主要不是活动空间上,而是从教育内容的结构方式上把两者区分为课内与课外。教学活动以课程中的学科为单位,内容受教学计划和教学大纲规定;课外活动不受计划明确规定,或者不在教学计划之内,内容不受教学大纲限制,也不一定以学科为中心组织活动内容。

课外活动是学校整个教育过程的必要组成部分,是利用课余时间对学生实施的各种富有教育意义的灵活多样的教育形式。课外活动与其他教育形式一样,都是为了实现教育目的,促进学生的身心发展,将他们培养成为全面发展的社会主义建设人才。

前几年,国内有人提出"第二课堂"、"第二渠道"等概念,倡导建立"两个课堂"、"两个渠道"的教学体系,其本意是为了纠正重课内教学而轻课外教育的偏向,强调课外教育的重要,是有积极意义的。但是这两个概念,在内涵上,并没有增加什么新的东西,没有必要用新的名称去更换学科形成的传统的概念。"第二课堂"的使用,还容易导致人们用课堂教学即第一课堂的模式去组织课外活动。其实,重视不重视课外教育活动,关键在于教育者的教育思想,有些教育思想不端正的人,正好把两个课堂混起用,把课堂上没有完成的教学任务放到所谓"第二课堂"去完成,或者赋予"第二课堂"繁重的任务,就会更加重学生的负担。

课外活动的范围很广泛，内容丰富多采，活动方式灵活多样。因此，它在学校教育过程中有其特有的地位和特殊的作用。

(二)课外活动的作用

1. 课外活动是实施"五育"不可缺少的途径。学校的整个工作都是为了促使学生在德、智、体、美、劳诸方面生动活泼地得到发展。青少年精力充沛，喜爱从事多方面的活动，他们易受来自各方面的感染，接受的教育影响远远超于课堂之外。在课外进行的灵活多样的、生动形象的教育，往往会在他们的心灵上留下深刻的印象，产生良好的教育效果。通过课外活动的生动的、实践的教育，不仅能提高学生的道德认识，而且能丰富学生的道德情感，并在实践中增强道德行为的调节作用。通过课外活动，扩展了学生的视野，使学生获得了各方面的新鲜知识，掌握一些技能技巧，发展各方面的智力和能力。通过课外活动，既有利于培养学生的审美能力，发展他们的艺术兴趣，又有利于陶冶学生的高尚情操，还可以锻炼学生的身体，调节学生的脑力劳动，促使学生体质的增加。在课外活动中，学生往往要自己动手动脑，克服困难，获得成果，这就能充分发挥学生的主动性，逐步培养创造能力，培养学生良好的意志，培养劳动精神和劳动观点。

2. 课外活动是课堂教学的必要补充。在培养人才的学校教育活动中，课堂教学仍是主要途径，因为它有利于系统的基础知识的传授；有利于教师主导作用的发挥；有利于教学效率的提高。但是，课堂教学也存在一些不足。由于课堂教学的课程和教材具有一定的稳定性，加之受教学大纲要求的制约，教学难以迅速传递时代发展的需要的新的技术科学知识；由于在课堂教学中主要是教师传授知识,难以充分发挥学生的主动性和积极性,培养学生的能力;由于课堂教学是分班教学,难以充分照顾学生的个性特征,因材施教。上述缺点和不足,在教师素质差,教育思想不端正,教学艺术水平不高的情况下,暴露得更明显。

课外活动正是避免了课堂教学的局限性,补充了课堂教学的不足。首先在传授知识上作了补充。不仅在数量上,扩展了学生知识领域,增加了新的知识信息,而且在质量上,增添了学生的感性材料,把已学的理论应用于实践,从而弥补了学生掌握知识的不完全性。其次,在能力培养上作了补充,在丰富多采的课外活动实践中,对于锻炼提高学生的能力,特别是组织能力,分析解决问题的能力,动手操作能力等,都有明显的作用。再次,在因材施教个性发展上作了补充。由于课外活动具有自主、自愿等特点,因而使学生在课堂教学中难以发挥的特长在课外活动中得以充分发展,培养多种多样的兴趣爱好,为未来选择职业打下良好的基础。

3. 课外活动是丰富学生精神生活的良好组织形式。学生精神生活的需要是多种多样的,他们不仅有学习求知的需要,还有友谊社交的需要,独立自由活动的需要,发挥特长从事创造活动的需要,从事文体活动和对美的享受的需要等等。这种种需要单靠课堂教学是不可能完全满足的。只有开展多种多样的课外活动,才能从多方面来满足学生多种多样的需要,从而使学生感到精神充实,充满活力,有利于提高教学效能。学生在集体、社会、大自然、科技、体育、艺术诸种活动中,获得丰富的情绪体验,激发求知欲,满足自我发展的需要,使学生身心愉快,积极奋发,充满自信,陶冶情感,磨炼意志。

目前,在一些学校里,课外活动被课堂教学挤掉,学生的学习负担过重,课堂上布置的家庭作业占领了学生大部甚至全部课外的时间,而学生其他方面的精神生活和自我创造能力完全被忽视,被压抑。把学生长期拴在死抠课本的狭窄胡同里,不注意扩大学生的视野,不重视调动和发挥学生的自主性和创造性,让学生长期应付没完没了的考试,这样下去,只能培养出"高分低能的书呆子"。这样的教育,令人担忧。

唯物辩证法告诉我们,事物的成长发展往往是多种因素促成的,各因素之间又是密切联系的。学生的身心发展不仅受课堂教学的影响,还受课外活动的影响,忽视任何一方面都会对学生的发展造成不利的后果。苏联教育家苏霍姆林斯基为此打了一个比方,他把教师执行教学大纲,提高课堂教学比作"选种",把学生的精神生活比作"土地"。优良的"种子"必须播种在耕耘过的"土地"上,教学必须建立在学生充实的精神生活之上,才能获得良好的效果。因此,学校必须在抓好课堂教学,提高课堂效能的同时,积极开展课外教育活动,丰富学生的精神世界。这样,才能真正为国家培养出新时代需要的人才。

二、课外活动的特点和任务

(一)课外活动的特点

课外活动与课堂教学既有密切的联系,又有明显的区别。课外活动与课堂教学相比具有如下特点:

1. 自愿性。课外活动是学生自愿选择、自愿参加的活动。因此,课外活动就具有更强的学习内部诱因,更能激发学生的活动积极性,更适应学生不同的特点、兴趣和爱好。

2. 伸缩性。课外活动的内容不受教学大纲的限制,具有较大的伸缩性。活动的内容计划是由组织者根据学校的具体情况和要求并考虑参加者的愿望要求确定的,完全可以超出教学计划和教学大纲的要求。

3.灵活性。课外活动的组织形式是灵活多样的,活动规模的大小和活动时间的长短可以根据学生的年龄特征和活动条件来确定。一般来讲,科技小组活动的人数要少些。文娱体育活动的人数可以多些,高年级学生活动的时间长些,低年级学生活动的时间短些。

4.自主性。在活动的方法上,是在教师、辅导员的指导下,由学生独立自主地进行活动。在活动中更能体现学生的主体作用,这样有利于培养学生自我教育自我约束的能力。

5.多样性。从活动的考核来说,也不同于上课课程命题考试。课外活动往往采用展览会、汇报会、运动会、经验交流会、演出会等多种多样的形式进行考核。这种做法可以减少外来的心理压力,培养学生的责任心和集体荣誉感。

(二)课外活动的任务

课外活动的性质和特点,决定了它有以下几方面的任务:

1.扩大视野,培养兴趣,发展个性。通过课外活动可以将学生已学的知识在实际中运用,在实践中丰富感性材料,加深对知识的理解,锻炼提高学生的技能和技巧,巩固知识的记忆。及时传递即时信息,扩展学生视野,培养兴趣,发展学生在科技、文艺、体育等方面的才能,促进学生个性特点发展。

2.培养学生的适应能力。组织学生参加一定的社会实践活动和公益劳动,让学生亲身投入社会主义物质文明和精神文明建设的实践中去,接触社会,认识社会,并在实践中理解自己在课堂上所学的政治理论,履行已掌握的道德准则,学会处理好各种人际关系，以增强适应社会的能力。

3.促进学生身心健康的发展。组织学生从事有益身心健康的丰富多采的娱乐体育活动，使他们获得积极的休息，做到身体健康、精神愉快、朝气蓬勃，从而进一步提高脑力劳动效率。

三、课外活动的形式

为了完成课外活动的任务，表现丰富多采课外活动内容，必须采用比教学工作更灵活多样的形式，按其参加人数的多少，一般分为群众性活动、小组活动和个人活动三种形式。

（一）群众性活动

群众性活动是课外活动的主要形式。群众性活动是各级各类学校普遍采用的一种形式，各种内容的课外活动都可以采用，更适宜于以普及性为主的活动内容。群众性活动，可以是全班性的、年级性、全校性、校际性的。它的主要特点是有群众性，容纳活动的人数较多。

群众性活动的方式随着课外活动内容的增多而日益丰富，就目前情况来看说，具体的活动方式有以下几种：

1.庆祝会和纪念会。如国庆节、"五四"青年节举行的庆祝活动，为纪念伟大革命者和科学家而举行的纪念会等。

2.专题集会。如主题班会、文艺晚会、科学晚会、夏令营、游园会等。

3.讲座和报告会。如时事政治报告、战斗英雄事迹报告、法制教育报告、各种新科学新技术讲座等。

4.竞赛活动。如文娱歌咏比赛、体育竞赛、各学科竞赛、智力竞赛等。

5.参观、访问和游览。如参观展览、革命圣地、名胜古迹、有典型性的工厂农村、访问英雄模范、革命前辈、科学家、艺术家等。

6. 社会公益活动。如参加义务劳动、普及法律知识宣传、街头卫生宣传、拥军优属等。

7. 文艺体育活动。如组织看电影、举行联欢会等。

组织群众性活动要有明确的活动目的。活动前要作好充分准备,活动内容要强调针对性,符合学生的思想实际、年龄特征和接受能力。要选择适宜的活动时间,创造良好的活动环境。在活动中要作好有效的组织工作,使整个活动有计划有步骤地展开,以取得良好的效果。活动后要抓紧总结工作,以巩固活动的成效,吸取经验教训。组织群众性活动要充分发动学生,使其积极投入参与,把整个活动的准备和实施过程都作为学生受教育的过程。

(二)小组活动

小组活动是学校课外活动的基本组织形式。小组活动的主要特点是小型分散,灵活机动,适合于发展学生的特长,更有利于因材施教。小组以自愿结合为主,它是根据部分学生的兴趣爱好和要求以及学校的具体条件组建,一般是按课题组成小组。小组成员的人数,按活动的性质、内容而定,一般不宜过多。

学校课外活动小组的内容任务与各学科紧密相关,为了满足学生各方面的兴趣和要求,根据校内、外的条件组织各类型小组,一般有以下几种类型:

1. 学科小组。按学科建立的各兴趣小组,是为了扩大和加深某学科知识,更好地培养和发展学生的学习兴趣和创造才能。如生物小组、地理小组、文学小组等。

2. 科技小组。这是以实践作业为主的兴趣小组,它是为了了解掌握科学技术知识,并在实践中加以运用,培养动手操作能力和创造才能。如气象小组、航模小组、无线电小组、计算机小组等。

3. 艺术小组。它是为了发展学生的艺术兴趣和创作才能。如音乐小组、舞蹈小组、乐器小组、曲艺小组、美术小组等。

4. 体育小组。它是为了发展学生的专项体育技能和增强学生的体质。如体操队、篮球队、足球队、田径队等。

5. 校外小组。它是根据学生的要求,把家庭住处相近的学生组成校外小组。其活动内容既可以复习功课,开展文体活动,也可以参加社会活动,如定期帮助烈军属等。

课外活动小组的建立,应在学校领导下,由教师或辅导员具体负责,各学科教研室要关心支持。小组辅导员可由教师担任或聘请校外的专家担任。小组活动不宜太多,每次活动时间也不宜过长,以免使学生负担过重。小组活动要按计划进行,要有一定的组织制度和组织纪律,活动要持之以恒,重视活动的实际效果。

(三)个人活动

这是学生在教师指导下进行课余的独立作业的活动。个别活动更能充分发挥每个学生的主动性和创造性;更能培养学生独立工作能力、自学能力;更能满足学生的兴趣,使具有特殊才能的学生得以充分的发展。

个人活动的主要内容有:课外阅读、练习创作、书法、绘画、乐器练习、采集标本等。其中课外阅读是个人活动的一项重要内容,是学生获取精神食粮的重要源泉之一,是对学生进行思想教育,培养学生爱科学、爱知识、爱书籍的有效方式。开展课外阅读的条件便利,易于普及,但在阅读活动中教师要加强指导。让学生知道应该读什么书,怎样读书,读书之后怎样办？不断提高课外阅读的质量。

课外活动的三种形式之间既有区别又有联系。群众性活动偏重于普及,往往会引起学生对某一项活动的兴趣,激发他们去参加某一个活动小组。小组、个人活动侧重于提高,其活动成果可以丰富群众性活动的内容,其成员可在群众性活动中起骨干作用。总之,在课外活动中要把几种形式有机地结合起来,做到普及与提高相结合,不断提高活动的质量和水平,活动才能持续蓬勃地开展。

四、课外活动的原则

课外活动是学校教育活动的有机组成部分,开展课外活动必须有利于促进学生德智体全面发展。因此,在组织课外活动时,必须遵循课外活动的内在规律和特点,以及长期课外教育活动实践经验所形成的一些基本要求。

（一）方向性

方向性是指组织课外活动应具有鲜明的社会主义方向,紧密结合我国社会主义建设实际,激发学生政治热情,提高思想觉悟。课外活动内容要积极健康,格调高尚,防止低级趣味和不健康的东西对学生的影响。同时,还必须始终坚持思想工作,将教育寓于活动之中,而不可以放任自流,任其自然发展。

（二）知识性

知识性是指课外活动能给学生以一定的知识技能,使学生有所收获。当然,它不同于课堂教学,而是寓知识于活动之中,在活动中接受知识教育。活动的内容应该正确,活动的方式要符合学生的年龄特点。

（三）趣味性

趣味性是指课外活动对学生来说是有趣味的、有吸引力的。课外活动是学生自由选择自愿参加的，活动没有趣味就不能激发学生参加活动的内在要求，即使学生贸然参加，也不能持久。但是，也不能一味追求趣味性而忽视课外活动的教育作用。因此，课外活动内容力求丰富多采，引人入胜，形式多种多样，新颖有趣，寓教于乐。

（四）积极性

积极性就是要求学生在整个活动中自愿、自觉、自动，以主人翁的姿态来组织和参加活动。学生在课外活动中主动性、积极性的发挥，除了活动内容形式要符合学生实际，能够引起学生兴趣外，最主要的就是让他们在活动中动手动脑，独立思考，参加活动的全过程。

课外活动中要发挥学生的主动积极性，这并不排斥教师及辅导员应有的指导作用。事实上，教师及辅导员的主导作用愈充分，就愈能调动学生的自觉性和积极性，关键是学校必须选配好指导教师。

第二节 校 外 教 育

一、校外教育概述

校外教育也称社会教育，是指由校外文化教育机构领导和组织的，旨在协同学校实现培养目标的各种教育活动。校外教育也是学校对学生进行课外教育的一部分。通过校外教育活动，可以使学校教育从"封闭式"转向"开放式"，使学校教育这一系统与整个社会系统发生密切联系，有利于培养学生的社会适应性和活动能力,有利于发展他们的兴趣和特殊能力,有利于培养四化建设需要的各项专业人才。

校外教育机构,主要是指少年宫、少年之家、少年科技站、业余体校,以及各种各样的活动站和培训班,等等。按现有的校外教育机构,根据活动项目的范围来区分,大致可分为两类:一类是综合性的,即一个机构里设立许多活动部门进行多种多样的活动,如少年宫、文化公园等;另外一类是单项性的校外教育机构,它是专为开展某一种活动而设的,如儿童阅览室、业余体校等。

根据所担负的具体任何来划分,校外教育机构又可分为提高和普及两大类,与上述两大类的划分是相互交错的。

负有提高任务的校外教育机构,如少年宫、科技站、业余体校等。这类机构目前在我国还较少,正在发展中。对参加活动的学生要求比较高,必须在某一方面有一定专长和基础,需经过一定的考核和挑选才能成为正式成员。这类教育机构,一般是由国家设立配有专职领导和辅导员,有较完善的设备和专门活动场地。

少年宫,一般设在城市和地区,一个城市或地区的少年宫常常是这个城市或地区青少年校外社会教育的中心。它起示范作用,对普及性的校外教育进行指导和帮助,为学校课外活动的开展培养骨干,还要为国家培养各种专门人才。

业余体校,随着我国体育事业的发展,业余体校发展转快,一般县城都没有,由当地体委领导。业余体校为发展青少年的体育才能,促进他们身心健康发展,为学校培养体育活动骨干和群众体育运动积极分子发挥了积极作用。同时,为国家培养优秀运动员作出了很大贡献,我国许多优秀运动员的成长都是起步于业余体校。

负有普及任务的校外教育机构种类很多,诸如儿童图书馆、阅览室、儿童公园等,还有以厂矿企业、街道小区等办的"少年之家"、"少年活动站"等。这些教育机构,因陋就简,因地制宜地把学生组织起来,聘请离退休干部、教师、工人和街道积极分子担任辅导员。活动时间一般在放学后的一定时间或放假后较集中的时间进行活动。它要求不高,便于普及,能吸引和容纳较多的学生参加。对促进青少年身心健康发展,减轻双职工家长的负担,维护社会秩序都起到一定作用。

校外教育既不同于学校教育,又不同于家庭教育,具有广泛的社会性,更富有时代特征,更能发展学生的兴趣特长,培养他们的创造才能。

在校外教育机构诸多项目活动中,学生可以根据自己的兴趣爱好及原有基础,自由选择,经批准许可,即可参加活动。凡是学生自选的活动项目,一定要求坚持参加,遵守活动纪律,自觉接受该活动机关的考核和评定。

校外教育机构的活动,不受课堂教学的限制,没有教学大纲和教科书,内容可宽可窄,可多可少,活动内容由专门教育机构,或根据社会要求和学校的需要来确定,也可根据活动者的要求来确定。在具体内容上应丰富多采,富有时代特征。因此,社会教育更能扩大学生的知识视野,发展他们的兴趣特长,培养他们的创造精神。

校外教育机构应组织学生利用课余时间以小组为单位进行。这种活动可在室内进行,也可在室外进行;可集中进行,也可个别进行,每个小组的人数可多可少,每次活动的时间可长可短,考核评定形式更是灵活多样。

在校外教育活动中,辅导员的指导作用不可忽视,但它是以学生的高度自觉性为基础。在活动中,更应强调培养学生独立工作能力,指导学生自己设计,自己动手,自己进行组织实施,发挥学生在活动中的主动性,培养自制能力和自主精神。

二、学校对校外教育的指导

（一）学校对校外教育的指导意义

校外教育和学校教育各有其特点和不足,在教育下一代的过程中,也各有不同的作用。在我们社会主义国家中有统一的组织领导,统一的指导思想,共同的培养目标,保证了我国学校教育和校外教育的一致性。但是,由于历史的原因和社会条件的限制,我国校外教育还存在着一定的问题。如不良的社会风气在相当时间内还可能存在,校外教育机构数量少,设施条件差,远不能满足广大青少年儿童的需要;许多地方还没有形成一个统一协调的强有力的领导机构;专职兼职辅导员素质还有待提高。这些都说明,校外教育需要应有的指导和帮助,才能保证发挥整体教育的作用,才能取得良好的教育效果。

（二）学校对校外教育指导的要求

由于学校是专门的教育机关,是专门研究实施教育问题的。学校对校外教育工作,不仅有指导的必要,而且有指导的可能。

1. 在统一的教育组织中发挥学校的主导作用。在我国的许多地区,正在由教育、卫生、宣传、共青团、妇联、工会、公安等部门联合组成青少年儿童教育的专门机构。学校在其中应当发挥积极主动,协调各方面力量的作用。在学校与校外教育机构的关系和联系中,发挥主导作用。因为,学校是专门的教育机构,有明确的教育目的;有反映社会要求的健康有益的教育内容;有健全的教育组织形式;有经过专业训练,具有一定教育经验和教育水平的校长和教师。学校教育与校外教育相比,更具有可控制性。学校教育的可控制性,决定了它能帮助校外教育实施有效的调控,注意趋利避害,充分发挥和利用对青少年儿童健康成长的积极因素,尽量排除和克服消极因素的影响。

2. 提高校外教育机构的管理水平和辅导员的教育素质。由于大多数校外教育机构建立时间不长,缺乏办教育的经验,教师或辅导员一般没有经过教育专业训练,缺乏教育经验。校外教育机构的这些不足,正是学校教育的长处。学校帮助指导校外教育机构,可以从以下几方面入手。

第一,学校与校外教育机构建立固定的联系形式。一般由学校派一位领导干部或有经验的教师参加所在地区的校外教育机构的领导集体,定期参加校外教育机构的有关会议,研讨有关的教育问题,充当顾问角色。

第二,形成校外教育机构辅导员与学校相关学科教研室的联系制度。比如主动邀请校外教育机构的辅导员参加学校相关教研室的业务会议研讨会,教育科学学习会,教育经验交流会等,以便提高校外教育机构辅导员的教育素质。

第三,帮助校外教育机构提供一些活动场所和设施。在不影响学校正常教育秩序的前提下,为校外教育机构尽可能地提供一些教室、场地、实验设备等活动条件,一般在星期日、节假日、寒暑假为宜。可以无偿或有偿提供,对于非经营性质的校外教育机构的有偿提供,不能以营利为目的。否则,就失去了帮助指导的意义。

三、学校对家庭教育的指导与配合

对年轻一代的教育,是由家庭教育、学校教育、社会教育三方面构成,教育成效往往都是三方面合力的结果。如果三方面教育步调统一,互相促进,它们的合力就大,效果就好;如果三方面教育不一致,就会产生分力,教育影响就被削弱,甚至抵消。

家庭教育即家庭成员之间的相互教育,通常多指父母或其他年长者对儿女辈进行的教育。家庭教育是社会整个教育事业的重要组成部分,具有奠基性、感染性、针对性、长期性的特点和作用。

家庭是社会的细胞,它以夫妻关系为基础,承担生养和教育子女的责任。一般地说,人都出生和生活在一个家庭中,家庭是人生的第一所学校,父母是第一任教师。家庭教育是学校教育的基础和重要补充。

家庭能否充分发挥教育职能,不仅关系到子女的成长、家庭的兴衰,而且影响着社会的安定,民族的发展。因此,国家总是十分重视关心和干预家庭教育,并通过法律和社会舆论来规范家长对其子女的教育。我国古代就有"养不教,父之过;教不严,师之惰"的说法,把父母与教师对下一代的教育作用相提并论,不允许父母推卸教育子女的责任。我国现行 宪法也明确规定,父母有扶养教育子女的责任。

我国有两亿个以上的家庭,抚养教育着三亿以上的少年儿童。他们是祖国的希望和未来,他们的状况如何关系到祖国的前途,民族的命运,社会主义现代化事业的成败。当今我国现实生活中还有一个不可忽视的现实,就是独生子女日益增多,其中不少家长在家庭教育中对独生子女宠爱过分,百依百顺。在许多家庭中独生子女成了全家人的"小太阳"。这不仅是家庭教育的新课题，也是学校教育的新课题。

儿童进入学校以后，接受学校有目的有系统的教育，学校教育对于他们的成长起着主导作用。然而学校也应对家庭教育予以配合与指导，其主要方式有：

1. 互访。互访包括教师访问家长即家庭访问，也包括家长访问教师，其中特别强调班主任的家访活动。家访应向家长说明学校教育的目的要求，学生在学校的表现，听取家长介绍家庭教育的情况，交流对学生进行教育的意见，统一学校教育与家庭教育的要求，商讨对学生进行教育的具体措施。教师在和家长交谈中，要真诚相见，推心置腹，以造成友好和谐的气氛。注意方法，不要使家长感到教师是去告状或责难，这样才能真正取得家长的支持和配合。

家长访问教师，也是学校与家庭联系的重要方式，教师应当热情欢迎和接待，家长的校访，也可以与家长会结合进行。

2. 家长会。学校领导和班主任对学生家长集体进行工作的一种有效方式。一般是根据学校工作不同阶段要求来确定召开家长会的内容和时间。如开学初、期中、期末召开的家长会就有不同的内容和要求。还可以根据情况召开不同类型的家长座谈会，就同一类型的问题，进行共同商讨，寻求切实可行的解决办法。

3. 家长学校。学校举办家长学校，这是近几年才兴起的一种形式。它充分利用学校的师资和设备，对家长进行系统的教育科学知识的培训，对提高家长的教育水平和教育子女的积极性起到很好的作用。

4. 书面联系。学校或班主任用书面形式与家长进行联系的一种常用方式。有定期联系和不定期联系两种。定期联系，就是每个学期结束时，将学生手册或成绩单寄去或请学生带回家，请家长签注意见，开学后带回学校；也可以与家庭设立联系卡，一周或一个月与家长联系一次。不定期联系，就是当学校或班级准备开展重大教育活动，或学生做出了某些突出成绩或出现重大问题时，采用书面方式报告家长。

思　考　题

1. 什么叫课外活动？
2. 课外活动在学校教育过程中有何特殊的作用？
3. 课外活动的本质特点是什么？
4. 课外活动的根本任务是什么？
5. 简述校外教育的概念。
6. 校外教育的特点是什么？
7. 学校如何对校外教育进行指导？
8. 学校对家庭教育的指导和配合通常有哪些方式？

作　业　题

1. 代拟一份课外活动小组的活动计划。
2. 联系实际谈谈教师家访的认识和体会。

第十五章　班主任与班级活动

内容简介

本章主要阐述班级管理对学校工作,对学生成长的意义;班集体的形成意义和标志;班主任的教育思想和行为与班级活动开展的关系。

重点难点

本章的重点是班主任的教育思想和行为与班级活动开展的关系;班主任的素质要求。难点是,班集体的形成既是班主任工作的目标,又是教育的重要力量。

教学要求

教学主要在阐明班主任与班级管理,班主任与班级活动的基本理论的基础上,让学生认识到班主任工作,是学校中最富有教师职业特色的工作,它向教师的人格、组织能力、交往能力、处理问题能力、研究学生的能力等全面提出了挑战。这是一个提高自身素质的岗位。

学习方法

学习过程中要注意用教育实践中班主任工作的成功经验和失败的教训去理解体会本章阐述的基本原理和规律。

第一节 班级管理

一、班主任是班级管理的设计师

班级是学校进行教育、教学工作的基本单位，一般是由年龄相近、学业程度大体相同、有共同的学习任务的四十至五十名学生组成。在学校期间，他们学习、活动、劳动等都在一起，相互影响，共同成长，逐步形成有共同思想基础，有严密的组织、统一的纪律的集体。学生班级的组成和班集体的形成是教育者组织和教育的结果，它一经组成便是进行德育的重要手段。

班主任是为学生班集体组织专门的德育过程而设的教师，是班集体的组织者、教育者和领导者。班主任一般由具有较高的思想觉悟、优良的道德品质、广博的文化科学知识修养和教书育人经验丰富的教师担任。

班级管理的水平直接影响到学校教育和教学工作的质量。班级管理工作是纷繁复杂的，必须有一个人总体设计全面负责，这样的教师就是班主任。班主任工作的意义集中体现在班主任工作的作用之中。班主任是对学生全面负责的教师，一个班几十名学生，能否在德、智、体、美、劳等方面全面发展，很大程度上取决于班主任工作的好坏。班主任是联系班级中各科教师的纽带。分班教学之后，如何把各学科教师的教育影响统一起来，形成教育的合力，增强教育的整体效应，这就有赖于班主任在各科教师之间充分发挥联系和协调作用。班主任是沟通学校与各种学生组织、家庭和社会的桥梁，是协调各种教育力量的"乐队"指挥。班主任工作的质量对学校的面貌和学生的成长产生着深刻的影响,学校贯彻教育方针,实施教学计划,都是通过班主任和他所组织领导的班级去执行的。搞好班级管理,对搞好整个学校的教育、教学和管理工作具有十分重要的意义。

二、班级管理是学校管理的基础

学校各项工作的管理水平都可以从学生身上直接体现出来,班级管理是学校整体管理质量提高的基础。一个个班级树立起奋发向上的优良班风,不仅对每一个班级成员的思想行为产生制约和激励作用,而且可以促进整个学校良好心理气氛的形成,影响到全体师生员工的思想行为和精神面貌,为形成良好的校风起着极大的推动作用。相反,假如班级管理一团糟,要想提高整个学校的管理水平,形成良好的校风,那是不可能的。所以,抓好班级管理质量,提高班级管理水平,是提高学校管理质量的重要基础。在具体实施上,学校对学生的管理目标应具体化为班级管理的目标。

三、班级管理是提高教学质量的保证

教学是学校的中心工作,是实现教育目的和培养目标的基本途径。班级教学是分科进行的,既需要有一定的组织制度作保证,又要求各科教师和师生之间密切配合。班主任通过对班级的管理,可以协调教学与其它教育途径的关系,协调各学科教师之间的关系,避免相互干扰,轻重失调,确保教学的中心地位和各学科的协调进展。班主任对学生的教育,可以帮助学生做好学习的心理准备,树立学习的主动性,提高学习效果。班主任还能协调任课教师与学生的关系,加强他们之间的信息反馈,促进教学工作顺利开展。

教学工作的开展需要班级内部良好而稳定的秩序,但好的秩序不可能自然形成,它是班级管理的结果。班主任对学生进行经常性的纪律教育,在班级中形成一套符合教育原理的规章制度,通过长期坚持、养成自觉遵守纪律的行为习惯,就好比为每个学生提供了一个行为准则的自动调节器,使教学工作有条不紊,课内课外秩序井然,达到如此境界,班主任工作也就显得轻松自如。所以,搞好班级管理是开展教学活动的根本前提,是提高教学质量的保证。

四、班级管理是做好德育工作的前提

搞好班级管理既是提高教学质量的保证,也是做好德育工作的先决条件。

通过班级管理,班主任可以协调班内外、校内外的各种教育力量,有效地调动积极因素,控制各种消极因素对学生思想品德的不良影响,避免德育过程中各种力量的相互抵触。从而为提高学校德育工作的效益创造了良好的客观条件。

在班级管理过程中,班主任通过建立优良的班集体,形成融洽的班级人际关系,培养学生良好的学习、生活习惯,树立起好的班风和正确的集体舆论,这就等于形成了一种无形的,但又是存在的有效的教育力量,每时每刻影响着学生。为学生良好的思想品德的形成奠定了坚实的思想基础。

第二节　班集体的形成

一、班集体的意义

一个真正的班集体,有明确的奋斗目标,健全的组织系统,严格的规章制度与纪律,强有力的领导核心,正确的舆论和优良的作风与传统。一个班的学生群体还不能称为真正的班集体。那些纪律松弛、涣散，集体功能不健全的班就算不了班集体，只能说是学生班群体。由班群体发展为班集体有一个培育与提高的进程，集体是群体发展的高级阶段。

良好的班级集体对学生是一种有形和无形的教育力量，对学生品德、个性的形成，起着感染促进和潜移默化的影响作用。有经验的班主任都懂得班集体既是教育、培养的对象，也是班主任进行教育工作的手段。因此，都十分重视班集体的建立和培养，把主要精力放在班级管理上，充分发挥班集体的教育功能。

二、班集体形成的标志

班级管理目标的核心是形成班集体，一个良好的班集体应有以下标志：

(一)有共同的奋斗目标

明确的奋斗目标为学生指明了努力的方向，它能唤醒学生的成就欲和心理潜能，激发他们的学习动机和拼搏精神；一个共同的奋斗目标可使群体具有集体的特性，对群体的行为产生凝聚作用，增强集体的向心力。由此可见，共同的奋斗目标既是班集体形成的基本条件，又是班集体形成的标志。有了它，统一全班的思想，集体也就有了前进的方向和动力，使每个学生共同为之努力奋斗。

班集体的奋斗目标主要是围绕学生在德、智、体、美、劳诸方面的全面发展和学习、纪律、生活、卫生等方面的具体要求，多方权衡，协调制定。目标应有近期、中期和远景之分，形成一个目标"梯队"。

(二)有一个坚强和谐的班级核心

班主任必须要有一批团结在自己周围的积极分子，他们是班集体的核心力量和支柱,是共同奋斗目标的积极实践者,是全班学生的带动力量,是班主任的得力助手。没有坚强的班级核心,班集体就不可能形成,因此,它也是班级管理目标之一。

要形成坚强的班级核心,关键是选好学生干部。素质好威信高的学生干部,能对全班学生产生强大的吸引力和凝聚力。对学生干部的要求是:第一,必须有为同学服务的热情,能团结人,有明确的是非观,以身作则,严于律己。第二,学习上刻苦认真,有良好的学习成绩。第三,工作上应有一定的社会活动能力和组织能力。

(三)有健全的规章制度

规章制度是一个集体为了共同的奋斗目标而制订的规划、法规,它是按一定程序办事的规程,也是这个集体每个成员必须遵守的行为准则。规章制度对于维持集体内部的团结,协调集体中的人际关系,指导每个集体成员的行为准则,具有不可代替的作用,对于班级来说,健全的有效的规章制度也是班级管理的目标之一。

班级规章制度的内容应当根据《学生守则》、学校的各项规章制度和班级的具体情况制定。制订班级规章制度时,必须注意以下几点:第一,符合学生的年龄特征,有利于学生身心健康发展。第二,规章制度一旦确立,应当保持相对的稳定性和维护规章制度的严肃性。第三,要让学生参与规章制度的建立,以增强执行规章制度的自觉性。

(四)有良好的班风

班风反映班级的群体心理气氛,不同的班风会对学生个性特点的形成具有不同的影响作用。例如,积极向上不甘落后的风气,会激励学生勤奋读书,好学上进;相反,懒散疲沓自甘落后的风气,就会造成学生情绪消沉,不思上进。所以,良好班风的形成与班级传统、集体风貌紧密联系。

为了建立良好的班风,班主任必须重视形成正确的集体舆论,正确的集体舆论是良好班风形成的标志,又是维护良好班风的巨大力量。它对学生的言行有极大的约束力,同时又具有无形的导向力,能有力地促进学生思想品德健康发展,对培养良好的班风,巩固班集体起着举足轻重的作用。

第三节　班主任与班级活动

班级是学校中开展各类活动的最基本且稳定的基层组织。学校的任何工作都离不开班级组织,班集体为学校开展各种活动提供基础性保证意义的条件。同时,班集体的建设和发展是通过各种班级活动实现的。为建设和发展班集体而开展的各种班级活动,具有鲜明的教育价值。对于学生思想品德的健康成长,社会交往与适应能力的培养,自我教育能力的培养诸方面提供了良好的心理环境。因此,组织开展班级活动就成了班主任工作的重要内容。班级活动开展能否有成效,与班主任的教育思想和教育行为有直接的关系,也与班主任自身的修养、人格、威信直接相关。

一、教育思想与班级活动

班主任在组织学生开展班级活动时,最重要的是要树立班级活动应是学生的自主活动的思想和班级活动是学生自我教育活动的思想。在教育实践活动中出现班级活动由班主任包办指挥或学生放任自流的局面,就是忽视了"自主"和"自我"两点。从实质上说,这是教育思想的问题。

要使学生能自主开展活动,需要教师对他们力量的信任和意愿的尊重。自然,学生的力量并非生而有之,他们的意愿也并非都有道理。因此,需要教师的支持和指点,但教师必须创造条件,让他们有显示自己的力量和在实践中锻炼的机会,必须了解他们的意愿,而后才作判断和引导。教师对学生有了信任,才敢于给学生提供机会;有了尊重,才会发现他们的积极面,才可能加以指导。因此,班主任对学生的信任与尊重是自主活动能否开展起来的首要条件。

有活动未必有自觉的自我教育,需要班主任有意识的加以引导。这里的有意识,就是班主任头脑里要有明确的教育思想:班级活动是以建设和发展班集体为目标,班主任的教育是围绕引导学生在活动中进行自我教育开展的。班级活动的自我教育,不仅指学生个体,而且有学生集体的自我教育和集体成员之间通过相互作用所实现的自我教育。在班级活动中,自我教育的重点在班集体这个层次上,班主任应努力通过集体实现学生的教育与自我教育,也只有在集体能发挥对成员教育和自我教育的作用时,一个真正富有生命力的集体才真实存在。每个真正投入到集体中的学生也会在集体建设的过程中得到发展与进步。

二、教育行为与班级活动

班主任在组织学生开展班级活动时,还需要用具体的教育行为来保证班级活动的健康开展。

第一,班主任教育工作的重点应放在日常的班级活动上。这会产生一种真正强有力的、持久的、潜移默化的教育影响。由于日常班级活动的"成果"远没有阶段性活动那样显明和容易被外界承认，所以存在着被班主任忽视的可能。

第二，班主任要负起协调各种教育力量的责任。其中包括与班级中任课教师配合、发挥他们帮助学生开展班级活动的作用；启发和引导学生利用社会力量开展集体活动，争取家长对班级活动的关心与支持；协调学生集体内干部与群众的关系；协调学生集体与各种组织的关系。这里并不是要班主任亲自出面去处理，但他需要顾及、协调、组织人去处理出现的问题。

第三，班主任要重视抓好舆论宣传活动。班集体形象和良好风气的形成要靠实实在在的行动，也要靠舆论宣传。通过舆论宣传，使班上好的、先进的思想与行为得到肯定和发扬；使个人感受到集体对个人成长的关注；使学生相互激励，发现了解他人的长处，不断从自己生活的集体中吸取继续前进的力量。从另一角度看，班级舆论的形成也是集体自我意识形成与强化的过程，是集体成员共塑集体精神形象的过程，个人对集体的关心、热爱、奉献也与对集体形象和价值的认识相关。因此，在班级活动班集体形成过程中不能没有舆论宣传活动。

第四，班主任要随时把握班级活动的情况，不断积累班集体形成与发展的档案。班主任从接受任务起，就应设计班级档案材料的种类和具体栏目，并且要持之以恒地进行积累。这是班主任指导班集体活动的需要，也是研究班集体发展道路、寻找规律，自己积累经验和提高教育能力的需要。

三、班主任的素质要求

学校中最繁重和复杂的工作是班主任工作，同时，也是最具有教师职业特色的工作。班主任是一名教师，因此首先必须具备教师的基本素质；但班主任又是一种特殊的教师，其工作要求高,难度大,因此又必须具备比普通教师更高的素质要求。

第一,要有坚定的教育信念。信念是一个人的信仰和内在追求。班主任坚定的教育信念是,对每个学生都充满希望,确信每个学生都有可塑性,每个学生都可以教育、培养和塑造好。同时,还要不断将教育信念转化为教育动力,激励自己不断克服困难,以积极热情的态度去对待学生。

第二,要有关心、热爱、理解学生的心理。班主任要全面关心学生的成长,既要严格要求,又尊重信任他们。现代的学生大多思想活跃,兴趣广泛,敢于提不同意见。他们希望班主任给他们更多的自主权。由于学生年轻幼稚,有时会做出这样或那样的错事,对此,班主任要理解他们,做好帮助教育的工作。一味批评讽刺,只能导致消极后果,甚至会扼杀学生智慧的幼芽。班主任对学生的尊重信任,会使学生深切感受到教师对他们的爱护和期望,从而积极进取。这时,班主任也能从中体验到教育工作的乐趣,更加坚定教育的信念。

第三,要有较强的组织管理能力。较强的组织管理能力是班主任素质的基本要求。在班级管理过程中,班主任既要负责学生的课内学习,又要组织丰富多采的课外活动;还要精心策划,合理安排班级的日常管理工作;要协调各方面的关系和处理随时可能出现的偶发事件。因此,班主任只有具备较强的组织管理能力,才能使班组管理工作有条不紊地进行。

思 考 题

1. 为什么要搞好班级管理?
2. 为什么说班集体具有教育功能?

3.班集体形成的主要标志是什么？

4.班主任的教育思想怎样影响班级活动的开展？

5.为什么说班主任工作是一个提高教师自身素质的岗位？

作 业 题

在报刊上选一篇班主任工作经验或先进事迹介绍的文章,认真阅读后,对它作出评点。

第十六章　教师和学生

内容简介

本章主要阐述教师的作用和地位，教师劳动的特点，教师的素养，学生在教育活动中的双重地位，以及学生的基本特征。对函授学员的学习来说，正确处理好学习与工作的关系，掌握函授教学的环节，发挥函授学员的优势。

重点难点

本章重点是教师的作用，教师的素养和学生在教育活动中的双重地位。教师劳动的特点既是重点也是难点。

教学要求

在教学中要讲清教师和学生各自的作用和特征，使学生能对社会主义学校新型的师生关系有一个新的认识，对当一名新型的人民教师有一种光荣感和自豪感。

学习方法

学习过程中要对照自身，充分反思，在理解教师的作用和劳动特点，提高自己的素养方面进行比较对照，处理好师生关系，当一名合格的人民教师。

第一节　教　　师

一、教师的作用和地位

（一）教师的作用

教师是向受教育者传递人类积累的文化科学知识和进行思想品德教育,把受教育者培养成一定社会所需要的人才的专业人员。教师的作用,我们可以从不同的角度进行分析。

1. 教师是人类文化知识的传递者,对人类社会的延续和发展起着承前启后的桥梁作用。人类为了自身的生存和社会的延续发展,必须通过教育向年轻一代传授劳动知识技能和思想观点。最初的教育活动是由全体劳动者在劳动过程中进行的。随着生产力的发展,教育和生产劳动分离,产生了专门的教育机构——学校,同时也产生了以教育教学为职业的教师。

教师,作为脑力劳动者,向年轻一代传授人类的生产劳动、社会生活的知识经验,为人类社会培养和造就一代又一代既能从事生产又能积极参加社会生活的社会成员。这对整个人类社会的生存与延续,对人类思想文化的传播与发展,都是必不可少的。一般来说,教师在人类社会的发展中起着承前启后、继往开来的桥梁作用。没有教师,人类积累起来的文化科学知识和思想观点就会中断,人类社会就会退回到愚昧野蛮的时代,这是不可想象的。今天,人类已处在科技革命时代,教师能使学生掌握现代文化科学知识,这对提高生产力,促进社会的进步,将起重要作用。

2. 教师是人类灵魂的工程师,对青少年一代的成长起关键作用。长期以来,人们把教师比喻为"人类灵魂的工程师"。说明教师不仅向学生传授知识,而且还塑造学生的精神风貌,即所谓的"灵魂"。教师代表了社会的要求,是一定社会政治经济的路线、方针、政策的体现者和执行者,决定着学校教育的思想政治方向。在我国学校中,党的教育方针、政策要通过教师贯彻执行；教学计划、教学大纲要通过教师的教学教育活动去完成。一所学校能否按照党和国家的要求，为社会培养出又多又好的德智体美劳全面发展、又红又专的高质量人才，关键是教师。

3. 教师是教育工作的组织者、领导者，在教育过程中起主导作用。教师身处教学教育工作第一线，是教育活动的组织者和领导者。学生在学校的活动主要是在教师的指导下进行。教师指导、调整、控制着学生的学习活动，对学生起着潜移默化的作用，深刻地影响着学生的成长。可以说，学生思想觉悟的提高，知识技能的掌握，智力体力的发展，无不渗透着教师的智慧和心血。

教师是专门的教育工作者，受过系统的严格的专业训练，有比较丰富的知识经验，承担着"传道、授业、解惑"的重任。而青少年学生年轻幼稚，知之不多，为谁学，学什么，怎样学都有赖于教师的教。教师通过选择最佳的方法途径，缩短学生的认识过程，有效地把社会意识和人类的知识经验内化为学生个人的精神财富，培养他们成为社会所需要的一代人。这一切，都说明教师在教育过程中起着主导作用。

（二）教师的地位

从上述教师的作用中可以看出，教师的地位应该是崇高的，理所当然要受到人们的尊重。

然而在历史上，不同历史时期教师的地位不尽相同；不同的教师又处于不同的社会地位。在古代希腊，教师被称为"教仆"，陪送奴隶主子弟上学或伴读，地位和奴隶相同。我国封建社会，儒家把教师地位抬得很高，常常把师与君相提并论。荀况把师纳入天、地、君、亲的序列；读书人家把"天、地、君、亲、师"刻写在牌位上,摆在厅堂供奉。对于社会上有地位和声望的"经师",古代有"一日为师,终身为父"的说法。但对于下层蒙师(普通启蒙教师),社会地位就很低下。我国元朝统治者曾把社会上的人分为十等,即"一官、二吏、三僧、四道、五医、六工、七猎、八民(一说为七匠、八娼)、九儒、十丐"。知识分子和教师排行第九,仅高于"乞丐",其社会地位可想而知。十年动乱,林彪、"四人帮"污蔑教师为"臭老九",盖出于此。"家有三斗粮,不当孩儿王",也是对下层教师地位的一种调侃。

现代社会,在一些发达国家,近几十年来,由于科技的飞速进步,生产力的高度发展,人们越来越认识到造就人才、开发智力对于经济竞争和社会生存的巨大意义,因而重视教育,精心选拔教师。教师的职业比较稳定,有优厚的工资待遇和较好的工作与生活条件,有比较充裕的假期和继续学习提高的机会。教师在社会上得到人们普遍的尊重。

我国解放以后,教师在党和政府的关怀下,政治地位和社会地位得到很大提高。不少教师被选为"人民代表"、"政协委员",参与国家大事。对于为社会主义教育事业作出贡献的有突出成绩的教师,被授予"特级教师"、"模范班主任"等光荣称号。1985 年初,六届全国人大常委会第九次会议通过决议,规定每年 9 月 10 日为我国的"教师节";1993 年 10 月 31 日,八届全国人大常委会第四次会议通过了《中华人民共和国教师法》,决定自 1994 年 1 月 1 日起施行。并在第四条中规定:"各级人民政府应当采取措施,加强教师的思想政治教育和业务培训,改善教师的工作条件和生活条件,保障教师的合法权益,提高教师的社会地位。全社会都应当尊重教师。"把提高教师的社会地位以法律的形式规定下来,这对于广大教师来讲是一种极大的鼓舞。我们相信,随着《中华人民共和国教师法》的颁布施行,随着现代化建设事业的发展、国民经济水平的提高,教师的社会地位和生活待遇一定会有很大的改善,尊师重教必将成为我国的优良社会风尚。

二、教师劳动的特点

教师劳动的目的是为了培养人才。教师劳动的对象是年轻一代,是在生理和心理上既有共同的年龄特征、又有千差万别的个性的活生生的人。他的"产品"是各行各业的人才。人才是生产力的重要因素,具有经济上的效益和价值。从这个意义上说,教师的劳动是直接创造精神财富,间接创造物质财富。由此看出,教师的劳动有别于其他劳动的一些基本特点。

(一)示范性

教师劳动同其他劳动的一个最大的不同点,就在于教师主要是用自己的思想、学识和言行,通过示范的方式去直接影响劳动对象。教师的示范方式主要是"言传身教",也就是说运用语言工具,依靠言语手段和非言语手段(表情、姿态、手势)以及教师自己的个性和行为对学生施加影响。这种影响又主要是通过知识、信息的传递,情感的感染,意志的努力和行为的引导等方式来实现的。从而把劳动的对象——学生导向人才培养的预定轨道。

由此,要求教师首先能够把凝集在教材中的知识、思想、情感等等完全内化为自己的东西,运用语言工具"言传"给学生,使学生能掌握丰富的知识,获得良好的思想、情感。其次要求教师本身的人格、行为、举止等,凭借自己业已形成的理想、智能、品德、情操、言行以及他的事业心与献身精神去"身教"自己的学生,使学生能形成一定社会所要求的人品。

教师劳动的示范性是依据青少年学生的模仿性特点。教师劳动的示范性几乎表现在教育活动的所有方面。任何一名教师，不管他是否意识到这一点，不管他是自觉还是不自觉，他都时时处处在对学生进行示范。为此，教师必须十分重视自身的修养和发展，这种修养和发展的水平就构成了教师劳动手段的先进与落后，它将直接影响教师劳动的效果。

（二）创造性

教师的劳动不同于物质生产部门的劳动，物质生产部门的劳动总是有些环节、部件需要固定的模式、统一的程序来操作，不仅允许甚至规定人们必须模仿别人的动作或重复自己的动作。而教师的劳动任务不是单纯模仿或机械重复所能完成的。因为教师劳动的对象不是死的自然材料或没有意识的动植物，而是具有各种独特品质的活生生的人。由于遗传和环境的作用，学生有不同的兴趣、爱好，不同的能力、气质、性格，他们还具有主观能动性。同一种教育影响对不同的学生来说，产生的效果往往大不一样。因此，教师的劳动没有千篇一律的模式可循。他必须在充分了解学生的基础上，对不同的学生区别对待，因材施教，一把钥匙开一把锁，才能取得良好的教育效果。这就迫使教师在劳动中必须发挥极大的创造性。

创造性是教师劳动的特点，并非是其他劳动就不具有创造性。教师劳动的创造性同其他创造性劳动所不同的特点是需要教师更具有灵活性。

教师劳动的创造性，总体上要求对学生应因材施教，不搞"一刀切"、"一锅煮"，不依照固定的程序和模式。具体来说是表现在教育、教学活动的各个方面，如教材内容的处理加工，教育原则的灵活运用，教学方法的恰当选择，对教育过程中突发性教育情景随机应变的教育机智等。

（三）长期性

教师劳动的长期性是由人才培养周期长的规律决定的。俗话说"十年树木，百年树人"。物质生产部门的产品在短时期内就能生产出来，并通过质量检验是否合格；人才的培养要经过相当长的周期才能见到效果。要经过学校数十年的培养，有赖于教师群体的长期共同努力，花费相当多的劳动，才能见到成果，并且这种成果不会随学生学业结束而消失，教师在学生身上曾经付出的劳动往往会影响学生的一生。教师为学生在德智体美劳诸方面打下的基础，会成为学生一生发展的宝贵财富。这就是教师劳动长期性的特点。

教师劳动的长期性特点，要求教师始终以长远的眼光来看问题。不要让上课、作业、评分吞没了学校和学生的一切领域，不要仅仅根据分数来判断一个学生的好坏。要使所有的学生都热爱学习、热爱生活、富有理想、有高尚的情操和丰富的精神生活，使每一位学生从学校毕业时不只是带走高分，更重要的是带走真才实学和创造精神，带走对崇高理想的追求和渴求知识的火种，并使它终身不熄地燃烧下去。

当然，千里之行，始于足下。教师要处理好这种长远利益和阶段性的关系，既要有长远的眼光，又要脚踏实地，一步一个脚印地去培养。这就要求教师一方面在自己的工作岗位上兢兢业业，锲而不舍；另一方面还要做好各教育阶段的衔接工作，使各级各类学校教师的劳动能上下连贯，共同塑造学生成为国家有用的人才。

（四）复杂性

教师劳动的复杂性，表现为教育任务的多方面性。教师既要教书，又要教人；既要传授知识，又要发展学生的智力；既要关心学生的学习、思想，又要关心他们的身体健康；既要管课内，又要管课外；……总之，要使学生在德智体美劳各方面都得到生动活泼的主动发展，这个任务是非常复杂艰巨的。

教师劳动的复杂性，还表现为影响学生成长因素的多异性。学生天赋及身体条件的差别，家庭与社会环境的不同，原有学习兴趣、习惯、能力的区别，以及同教师和班集体的关系等等，都对学生的学习和思想发生影响。而且当前社会信息量大而多变，社会环境影响复杂多样。因此，需要教师精心观察了解，周密调查研究，多方联系配合，综合利用各方面的积极因素，努力排除不利因素，来促进学生的成长。

教师的劳动主要是脑力劳动，脑力劳动是一种复杂劳动，为了培养好人才，教师自身还要不断地学习，从各方面充实自己，不断地开拓和更新自己的知识，不断地丰富和提高自己的思想修养。只有这样，才能把最精良的东西奉献给学生。

三、教师的素养

我国的教师担负着为现代化建设培养人才的光荣任务。教师的职业道德品质、业务能力、工作态度以及为人处世的精神状态等，都直接关系到学生的成才与否。《中华人民共和国教师法》第三条规定："教师是履行教育教学职责的专业人员，承担教书育人，培养社会主义事业建设者和接班人、提高民族素质的使命。教师应当忠诚于人民的教育事业。"因此，对于教师的素质和修养，必须提出严格的要求。教师的职业是崇高的，不是任何人都可以担当，一个合格的教师，必须具备以下几个基本条件：

（一）高尚的师德

师德是教师的职业道德。教师不但要具有一般的做人的美德，在职业道德上还必须做到以下几个方面：

1. 热爱教育事业。教师必须对教育工作有正确的、深刻的认识，能为自己当一名教师而感到光荣和自豪，忠诚党的教育事业。这是教师不怕艰苦，战胜困难，做好本职工作的力量源泉。热爱教育事业需具有高度的责任感，在工作中勤勤恳恳、任劳任怨，既教书，又育人；既管教，又管学，循循善诱，耐心引导，诲人不倦，是一位辛勤的园丁。教师应具有强烈的事业心，在工作中勇于探索，不断创新，决不因循守旧，满足于现状，安于做个"教书匠"。

2. 热爱学生。教育是爱的共鸣，是心与心的呼应。教师对学生的爱，是一种巨大的教育力量，也是一种重要的教育手段。教师对学生的爱和学生对教师的爱是一种感情的双向流动，情感在这里起了催化作用。教师热爱学生是做好教育工作的重要前提。教师应该对学生的学习、思想、生活和身体全面关心，处处想学生之所想，帮学生之所难，做他们的贴心人，成为学生的朋友和知己，而不是高高在上，以教导者和监督者的身份出现在学生面前，那样只会引起学生的反感和抵触。

当然，热爱学生决不等于"溺爱"学生，尊重、信任学生决不等于放松对学生的要求，姑息、纵容学生的缺点和错误。教师的爱应该体现在对学生的严格要求和信任、期望之上。

3. 为人师表，严以律己。教师劳动的示范性，决定了教师在思想、品德和作风上必须成为学生的表率。教师只有以身立教，为人师表，才能确立自己在教育中的地位。教师的榜样，对学生来说，最具有直观性，最容易被理解，因而也最具有说服力和感染力。因此，教师的言谈举止、仪容教态、气量风度等等,无不对学生产生潜移默化的影响。凡是要求学生做到的,教师应该首先做到。这样的教师在学生心目中才有威信,受学生尊敬。

4. 有崇高的精神境界。教师的职业是一项崇高的职业,必须要有崇高的精神境界。应该具有自我牺牲精神,愿意为人民的教育事业备尝艰辛,不辞劳累,奋斗终身。一生默默无闻,把心血洒在平凡的岗位上,但内心却充满了幸福和自豪的感情。象蜡烛一样,照亮了别人,熄灭了自己。严以律己、宽以待人,对学生充满爱心,尊重学校领导,团结其他教师,配合学生家长,争取校外力量,协调一致,共同教育好学生。人际关系方面能正确地处理好。这一切都属于教师的职业道德范畴。

(二)渊博的知识和多方面的才能

教师的主要任务是向学生传授科学文化知识,促进学生个性的全面发展。因此,一名优秀的教师必须要有比较渊博的知识和多方面的才能。

教师的知识结构应该兼备精深、博大,在纵向和横向方面有一个有利于培养学生的合理布局。

1. 教师要拥有精而深的专业知识。教师对自己所教的学科,不但要对教学大纲所规定的教学内容知识全面掌握,透彻理解,而且还要在专业知识方面远远超出教学大纲的范围。"给学生一杯水,教师要准备一桶水"。此外,还要了解掌握本学科发展的最新成就。由于科学技术迅猛发展,教师要随时注意吸收新信息,不断更新、充实自己的知识。只有这样,才能在教学中思路开阔,左右逢源,得心应手,使课上得生动,有足够的知识传授给学生,解决学生在学习中碰到的问题。

2. 教师要具有广博的文化科学知识。由于当代的科学一方面高度分化,一方面又高度综合,教师还必须具备广博的文化科学知识,要努力做到既学有专长,又广泛涉猎,既精通一门学科,又研究相邻学科。文科教师要涉猎数、理、化、天文、地理、生物学等基础知识;理科教师也要具备文、史、哲、政、法、经济等的基本理论。所有的教师都要懂得人生的哲理、社会生活规范和音、体、美的基本知识。当代学生求知欲旺盛,好奇心强,他们会提出各种各样的问题。只有具备广博知识的教师,才能有效地塑造学生的灵魂,培养学生的理想,发展学生的智力,开阔学生的视野,带领他们遨游于充满乐趣和魅力的知识海洋中。

3. 教师应具有多方面的兴趣和活动才能。学校除了正常的教学活动以外,还有丰富多采的文艺活动、体育活动、科技活动、公益劳动等等。教师应该是这些活动的组织者和参加者。如果教师在学校丰富多采的活动中有某些兴趣特长,就更有条件接近和深入学生,赢得更多的教育机会。

(三)教育的技能

教师仅有广博精深的知识还不一定就能做好教学教育工作,还必须具备教育理论修养和形成教育技能技巧,善于总结教育经验。

1. 掌握好教育理论。教师要认真学习教育学、心理学以及所教学科的教学法等教育科学知识,树立正确的教育观点,了解教育工作的基本规律和基本方法。这样可以增强教师教育工作的自觉性,减少盲目性,避免走弯路,犯错误。

2. 提高教育技能技巧。一个才华横溢的优秀教师,除了多才,还必须多能。这里的多能主要是指教育的技能技巧。这种以教育理论为指导的教育教学的实际能力包括了解和研究学生的能力,全面掌握和善于运用教材的能力,选择和运用教育教学原则及方法的能力,组织管理能力,语言表达能力等等;同时,还必须具备组织教学、提问、说服、表扬与批评,以及板书、板绘的技能和技巧,并在此基础上形成自己的教育艺术和教育机智。

3. 善于总结教育经验,提高教育科研能力。教师的工作主要是从事教育、教学活动,在教育、教学活动的过程中有成功的经验,也有失败的教训。教师掌握了教育科学理论,不仅可以指导自己的教育教学工作,同时也是总结教育经验,进行教育科学研究所必须的。第一线的广大教育实际工作者应该成为教育科学研究的积极参加者,他们也最有条件进行教育科学研究。诸如教材内容的选择,教法的探讨,师生关系等等都可以成为教育科学研究的课题。目前我国的教育科学研究还很落后,理论和实践有脱节的现象。为了有效地指导教育实践,作为一名教师,应该积极参与教育科学研究,并为此作出自己应有的贡献。

教师的素养直接关系到教育工作的成败,也是建立教师威信的基础。教师的威信具有强大的凝聚力和感召力,一旦形成就会在教育活动中发挥其独特的作用。然而,威信既不能强加,也不能窃取,只有靠教师自身优良的素养才能获得。

第二节 学 生

一、学生在教育活动中的双重地位

学生,广义的是泛指一切受教育的人;一般是指初等学校、中等学校、高等学校以及研究机构中学习的儿童、少年和青年。

　　学校的教育过程是由教师和学生构成的一个双边活动过程，缺少任何一方都不可能成为教育活动。不仅如此，在教育过程中，任何一方缺乏积极性、活动性，而单纯强调另一方的决定作用都不是真正的教育过程，都不可能取得预期的教育效果。只有既重视教师在教育过程中的主导作用，把学生看成教育的对象；又重视学生在教育过程中的能动作用，把学生看成是学习的主体，才能收到良好的教育效果，提高教育工作的效率。这就是我们强调的学生在教育活动中的双重地位。

　　（一）学生是教育对象

　　教育是培养人的一种社会活动。一个国家规定教育目的，设置教育内容以及教育方法手段的运用，都是为了通过教师有目的、有计划地作用于学生，以期把学生培养成为社会所需要的人才。如果没有学生作为教育对象，那么一切教育目的、教育内容、教育方法和措施都将失去意义，教育的成果也无从体现出来。另外，从学生这方面来看，学生处在个体发展的初期阶段，正是学习、掌握知识技能和社会行为规范的时期。要想迅速而富有成效地实现对知识技能和道德行为规范的掌握，学生就必须受教育，成为教育的对象。这比起一个人受环境影响自发成才来说更简捷，更具有目的性和方向性。

　　（二）学生是学习的主体

　　我们不仅应看到学生是教育的对象，而且还是学习的主体。这是因为：

　　第一，根据辩证唯物主义观点，外因是变化的条件，内因是变化的根据，外因通过内因起作用。对学生来说，教师的教只是一个外部条件，学生对知识的掌握、思想品德的形成，不是对人类科学文化知识和社会意识的简单"接受",而必须通过学生内部的心理活动过程才能实现。事物发展的根本原因,不在于事物的外部而是在于事物的内部,在于事物内部的矛盾性。

第二,学生是人,人是具有主观能动性的。在教育过程中,学生主观能动性的发挥与否,发挥的程度如何,决定着他们学习的好坏。同样的教师、同样的学习内容,在基础较一致的条件下,由于学生的主观努力程度,如勤奋、刻苦钻研、顽强毅力等不一样,学习的效果就大相径庭。教学活动中优等生和差生形成的原因很多,但主观能动性不同是一个很主要的原因。

第三,学生身心发展是有规律的,他们的学习过程、思想品德的形成过程也是有规律的,不是教师可以随意摆布或改变的。教师的工作要取得良好的成效,就必需遵循学生身心发展和学习以及思想品德形成的规律,否则会导致失败。

为此,要发挥学生在学习中的主体作用,取得良好的教育效果,教师首先要充分认识学生在教育过程中的双重地位,不仅把学生当成教育的对象,而且要把学生看作是学习的主体,并创造多种条件,保证他们主体作用的发挥。其次要根据学生的身心发展、学习活动和思想品德形成的规律进行教育工作。教法要得当,引导学生科学地进行学习,不断提高他们学习的积极性和主动性,提高学习质量。最后还要考虑个性差异,因材施教,使每一位学生都根据其不同的特点成为学习的主体。

二、学生的基本特征

学生是受教育的人,因为他们要接受教育,又可称之为发展中的人,特别是发展中的青少年学生,有其基本特征:

(一)青少年学生具有与成人不同的身心特点

青少年学生有着与成人不同的身心特点,我们不能把他们当作"小大人"看待而"一视同仁"。过去由于生产力水平低下,大多数少年儿童生活准备期很短,很早就要参加生产劳动,承担与成人同样的社会义务,没有他们独自的生活领域,得不到社会对他们的特殊照顾,没有专门受学校教育的机会。加之研究人的科学没有充分发展起来,并不认为他们与成人有什么质的差别,不认识他们所应有的需要和发展的特点。因此,在教育工作中往往抹煞他们身心发展的特殊性,向他们提出与成人同等的要求和行为标准。今天,随着教育事业的发展,青少年儿童的整个年龄阶段基本上都在学校学习,生活准备期大大延长,这也是社会对未来的人提出了更高的要求。如果不了解青少年儿童的身心特点与成人不同的特殊性,教育就不可能取得应有的效果。

(二)青少年学生具有发展的潜在可能

对于发展中的青少年学生来说,在他们身上所展现的各种特征都还不稳定,处在变化之中,他们有一个趋向于逐渐成熟的过程,潜藏着各方面发展的极大可能性。因此,教育得法就可以使他们的身心获得最佳的发展,为社会造就出优秀人才。即使是青少年学生身上已经出现的某种身心发展的不足之处,或思想行为上的缺点错误,相对于成人来说一般也有较大的矫正可能性。

(三)青少年学生具有获得成人教育关怀的需要

由于青少年学生身心各方面发展有一个逐渐成熟的过程,也就是说他们还不够成熟,因此,获得成人的教育和关怀就成为他们发展中的必然需要。只有充分认识这一点,才能在学生走向成熟的发展过程中,以一种培养的观点来加以点拨、指导,积极发挥教育的作用。

总之,了解青少年学生在教育活动中的双重地位,了解学生的基本特征,便于我们教师能在教育、教学过程中更好地处理师生关系,教学关系,这对培养好学生具有重要的理论意义。

第三节　函授学员的学习

函授学员的学习是一种不脱产的在职学习,这同全日制在校学生的学习有所区别。具体应注意以下三个方面:

一、正确处理好学习与工作的关系

函授学员的学习其性质是业余学习。在学习期间,他的主要精力和时间还是花在自己的本职工作上。因此,要能正确合理地处理好学习与工作的关系。

首先要有一个正确的态度。不要因为参加了学习影响自己的本职工作;同样,也不要因为工作忙而影响了函授学习。真正做到学习、工作两不误,双丰收。

其次要会合理地安排时间。函授学习期间,时间是最宝贵的,一般白天大家都要工作,不可能一面工作,一面学习,一心两用,也不要因学习占用工作时间。那就必须充分利用晚上和休息天,挤出时间用于学习。另外,时间的利用要科学合理,根据学习的科目和内容,哪些需要整块时间长的,哪些可以利用零星时间的,都要有科学合理的安排。

再次要能处理好人际关系。函授学习期间有时要参加面授辅导不得不影响正常的工作,单位的请假制度,和同事的协商等会牵涉到一系列的领导与同事的人际关系处理;另外在家庭,有的函授学员已成家,有的未成家,同家庭成员的关系也是一种人际关系。我们要保证自己正常的函授学习，还必须考虑好这方面的问题。

二、掌握好函授教学的各个环节

每门学科的函授教学都有自学、面授、辅导、考核等环节。学员要根据各门学科的性质和内容以及教师的教学安排掌握好函授教学的各个环节，以利于自己更好地组织学习。

一般的函授教学是以自学为主、面授辅导为辅进行的。因此，自学是函授教学的主要环节，包括面授前的预习，面授辅导后的复习，都要重视。由于教学时数限制，面授时教师不可能作系统知识的传授，而只能以重点、难点、关键内容开路作引导性讲授，学员如果事先没有对教材的预习和准备，面授听课有时就会出现不知所云的现象，这就会影响知识的掌握。面授以后除了及时巩固消化所学知识以外，对于难点和不懂之处要搜集整理好，以便日后请教师辅导答疑。切忌不预习、不复习、不要答疑、考试临场抱佛脚。那样的学习即使偶然有些学科也能通过考核，但知识的获得毕竟是不巩固的，"虽终其业，其去之必速"。

三、发挥优势，学习、思考和实践相结合

函授学员学习的一大优势，就是不管是体育教师还是教练员，本身有工作的实践经验，这是全日制在校学生无法与之相比的。我们要很好地发挥自己这方面的优势，把自己的学习、思考同自己的工作实践结合起来。这包括：

（一）学以致用

一般来说，函授学习的各门学科内容都同自己的本职工作有关。因此，学习过程中要经常进行一些实践性的反馈思维。也就是说，教师课上是怎么讲的，我在实际工作中是如何

做的,是一致还是不一致,我今后如何改进提高。由于有实践经验作依托,这样的反馈思维是必要的。函授学习过程中,我们不能就知识而学习知识,而应做到学以致用。

(二)理论和实践结合,搞好科学研究工作

函授学习除了基础知识和基本技能外,还有大量的基础理论。这些基础理论都是前人实践经验的概括与总结,反过来,又能指导实践。体育教师和教练员有了丰富的教学、训练的实践经验,通过函授学习,在基础理论方面能再上一个新台阶,必将对自己的工作有巨大的促进作用。同时对进一步从事科学研究工作也会带来好处。无论是工作的经验总结还是撰写科研论文,都能从理论和实践的结合上加以论证和探讨。

总之,函授学员的学习有着与全日制学生学习不同的特点,有短处,也有长处。我们要扬长避短,总结经验,更好地搞好函授学习。

思 考 题

1. 什么是教师?教师的作用表现在哪些方面?
2. 教师劳动有什么特点?
3. 人民教师应具有哪些素养?
4. 为什么说学生在教育活动中具有双重地位?
5. 学生的基本特征是什么?
6. 函授学员如何组织好自己的函授学习?

作 业 题

新型的师生关系应如何处理?

说　明

　　本书原为上海世界图书出版公司出版,1999 年 1 月以版权转让形式由我社出版。为应急需,此次再版我们只对初步检查发现的差错作了更正,具体见下表。

人民体育出版社
1999 年 2 月

页数	行数	误	正
3	4	综观	纵观
3	倒 3	份量	分量
21	倒 4	都是按照……的要求,加以选择了。	都是按照……的要求加以选择的。
25	11	即承认模仿即是最初的教育形式	即承认模仿是最初的教育形式
25	倒 4	而是一个发展、变化的……	而且是一个发展、变化的……
34	2	生理功能是通过的基因的传递……	生理功能是通过基因的传递……
37	10	而环境是在自发地起作用,	即环境是在自发地起作用,
46	倒 3	5 ~ 20%,……60 ~ 80%。	5% ~ 20%,……60% ~ 80%。
50	倒 5	……受教育的权,	……受教育的权利,
50	倒 4	奴隶是没有受教育的权利。	奴隶是没有受教育的权利的。
69	倒 6	……;它的任务是……	……,其任务是……
72	15、17	流生	流失生
73	3	片面追求升学道;	片面追求升学率;

页数	行数	误	正
137	倒3	……之所以以学习书本知识为主。因为……	……之所以以学习书本知识为主是因为……
163	6	只有坚持经常、循序渐进，	只有经常坚持，循序渐进，
164	4	普及工作提高工作	普及工作与提高工作
171	倒5	一是艺术认识的途径	二是艺术认识的途径
173	倒6	审美素美不同	审美情趣不同
188	15	革命导师列列	革命导师列宁
195	倒6	良好劳动纪律	遵守劳动纪律
196	2	……社会条件，学校自身条件，	……社会条件及学校自身条件出发，
212	倒5	因地置宜	因地制宜
245	倒1	……时行思维的，	……进行思维的。
264	10	体育教条学	体育教学
281	2	班级和小组的编成	班级和小组的编排
294	倒1	发展的需要的	发展所需要的
298	14	可以是全班性的、年级性、……	可以是全班性、年级性、……
298	17	就目前情况来看说	就目前情况来说
303	10	具体任何来划分	具体任务来划分
303	倒4	一般县城都没有	一般县城都设有
307	16	社会的安定，民族的发展。	社会的安定和民族的发展。
328	1	既要教书，又要教人；	既要教书，又要育人；